Multinationalität der SE-Mitbestimmungsordnung

Schriften zum Arbeitsrecht und Wirtschaftsrecht

Herausgegeben von Abbo Junker

Band 84

PL ACADEMIC RESEARCH

Christine Kumpf

Multinationalität der SE-Mitbestimmungsordnung

PL ACADEMIC RESEARCH

Bibliografische Information der Deutschen Nationalbibliothek
Die Deutsche Nationalbibliothek verzeichnet diese Publikation in der DeutschenNationalbibliografie; detaillierte bibliografische Daten sind im Internet über http://dnb.d-nb.de abrufbar.

Zugl.: München, Univ., Diss., 2014

D 19
ISSN 1433-4666
ISBN 978-3-631-65564-1 (Print)
E-ISBN 978-3-653-04765-3 (E-Book)
DOI 10.3726/978-3-653-04765-3

PL Academic Research ist ein Imprint der Peter Lang GmbH.

Peter Lang – Frankfurt am Main · Bern · Bruxelles · New York · Oxford · Warszawa · Wien

Diese Publikation wurde begutachtet.

www.peterlang.com

Vorwort

Die vorliegende Arbeit wurde im Wintersemester 2013/2014 von der Juristischen Fakultät der Ludwig-Maximilians-Universität in München als Dissertation angenommen. Rechtsprechung, Literatur und Gesetzesänderungen sind bis Januar 2014 berücksichtigt.

Mein außerordentlicher Dank gilt meinem Doktorvater Herrn Prof. Dr. Volker Rieble für die Überlassung des Themas und die Betreuung des Dissertationsvorhabens. Dieses hat er mit zahlreichen wertvollen Anregungen unterstützt. Für die Erstellung des Zweitgutachtens danke ich Herrn Prof. Dr. Richard Giesen. Herrn Prof. Dr. Abbo Junker danke ich für sein freundliches Angebot, die Arbeit in seiner Schriftenreihe zu veröffentlichen.

Zu großem Dank verpflichtet bin ich der Kanzlei Walter Sigle Rechtsanwälte in Stuttgart für die großzügige Unterstützung in allen Phasen der Erstellung dieser Arbeit. Besonders dankbar bin ich Herrn Dr. Georg Zinger für den Anstoß des Dissertationsvorhabens und seine Vermittlung an Herrn Prof. Dr. Volker Rieble.

Ebenso danken möchte ich Frau Dr. Bianca Beutel für ihre zahlreichen konstruktiven Ratschläge und das zeitintensive Korrekturlesen. Herrn Dr. Philipp Epe danke ich für seine geduldige Unterstützung und Nachsicht in dieser Zeit. Besonders dankbar bin ich meinen Eltern, Gertraud Kumpf und Hans Friedrich Kumpf, die mich auf meinem gesamten Lebensweg in jeglicher Hinsicht unterstützt haben. Meinen Eltern ist diese Arbeit gewidmet.

Stuttgart, August 2014 Christine Kumpf

Gliederung

Inhaltsverzeichnis

Abkürzungsverzeichnis

Gesetze ohne besondere Kennzeichnung sind deutsche. Die Abkürzungen der ausländischen Gesetze finden sich im Anhang „Ausländische Gesetze". Im Übrigen wird verwiesen auf *Kirchner/Butz*, Abkürzungsverzeichnis in der Rechtssprache.

a.A.	andere Ansicht
ABl.	Amtsblatt
Abs.	Absatz
AcP	Archiv für civilistische Praxis (Zeitschrift)
a.E.	am Ende
AEUV	Vertrag über die Arbeitsweise der Europäischen Union
AG	Die Aktiengesellschaft, Zeitschrift für das gesamte Aktienwesen, für deutsches, europäisches und internationales Unternehmens- und Kapitalmarktrecht
AktG	Aktiengesetz
allg.	allgemein
Alt.	Alternative
Anh.	Anhang
AP	Arbeitsrechtliche Praxis (Nachschlagewerk des Bundesarbeitsgerichts)
ArbR	Arbeitsrecht
Art.	Artikel
AT	Österreich
BAG	Bundesarbeitsgericht
BB	Betriebsberater (Zeitschrift)
BDA	Bundesvereinigung der deutschen Arbeitgeberverbände
BdB	Bundesverband deutscher Banken
BDI	Bundesverband der Deutschen Industrie
BE	Belgien
BG	Bulgarien
Begr.	Begründer; Begründung
ber.	berichtigt
bes.	besondere

BOE	Boletín Oficial del Estado (spanisches Amtsblatt)
RegE	Regierungsentwurf
BetrVG	Betriebsverfassungsgesetz 1972
BGBl.	Bundesgesetzblatt
BGHZ	Entscheidungssammlung des Bundesgerichtshofs in Zivilsachen
BR	Betriebsrat
Buchst.	Buchstabe
BT-Drucks.	Bundestagsdrucksache
BVerfG	Bundesverfassungsgericht
BVerfGE	Sammlung der Entscheidungen des Bundesverfassungsgerichts
BVG	besonderes Verhandlungsgremium
bzw.	beziehungsweise
CISG	Übereinkommen der Vereinigten Nationen über Verträge über den internationalen Warenkauf
CZ	Tschechische Republik
D.	Partie réglementaire (Décrets simple)
DAI	Deutsches Aktieninstitut
DAV	Deutscher Anwaltsverein
DB	Der Betrieb (Zeitschrift)
DE	Deutschland
ders.	derselbe
DIHK	Deutscher Industrie- und Handelskammertag
Diss.	Dissertation
DK	Dänemark
DrittelbG	Drittelbeteiligungsgesetz
DStR	Deutsches Steuerrecht (Zeitschrift)
Dz.U.	Dziennik Ustaw (polnisches Amtsblatt)
EBRG	Gesetz über Europäische Betriebsräte
EE	Estland
EG	Europäische Gemeinschaft
EGBGB	Einführungsgesetz zum Bürgerlichen Gesetzbuche
Einl.	Einleitung
ErfK	Erfurter Kommentar
ES	Spanien
ETUC	European Trade Union Confederation
ETUI	European Trade Union Institut

EU	Europäische Union
EuGH	Europäischer Gerichtshof
EUV	Vertrag über die Europäische Union (Lissabon-Fassung)
EuZA	Europäische Zeitschrift für Arbeitsrecht
EWR	Europäischer Wirtschaftsraum
f.	folgende
ff.	die folgenden
FI	Finnland
FR	Frankreich
Fn.	Fußnote
FS	Festschrift
GB	Vereinigtes Königreich
GDV	Gesamtverband der Deutschen Versicherungswirtschaft
grds.	grundsätzlich
GS	Gedächtnisschrift; Gedenkschrift
GVÜ	Übereinkommen über die gerichtliche Zuständigkeit und die Vollstreckung gerichtlicher Entscheidungen in Zivil- und Handelssachen
Hrsg.	Herausgeber
Hs.	Halbsatz
HU	Ungarn
i.d.F.	in der Fassung
i.E.	im Ergebnis
IE	Irland
IntGesR	Internationales Gesellschaftsrecht
IS	Island
i.S.d.	im Sinne des
i.S.v.	im Sinne von
IT	Italien
i.V.m.	in Verbindung mit
IPR	Internationales Privatrecht
J.O.	Journal officiel (französisches Amtsblatt)
KK	Kölner Kommentar
KOM	Kommission
KSchG	Kündigungsschutzgesetz
L.	Partei législative
LGBl.	Liechtensteinisches Landesgesetzblatt
LI	Liechtenstein

LO	Landsorganisationen
LT	Litauen
LU	Luxemburg
M.B.	Moniteur Belge (belgisches Amtsblatt)
MgVG	Gesetz über die Mitbestimmung der Arbeitnehmer bei einer grenzüberschreitenden Verschmelzung
MitbestG	Mitbestimmungsgesetz
MM	Mindermeinung
MT	Malta
MüKo	Münchener Kommentar
m.w.N.	mit weiteren Nachweisen
NHO	Næringslivets Hovedorganisasjon
NJW	Neue Juristische Wochenzeitschrift
NL	Niederlande
NO	Norwegen
Nr.	Nummer
NZA	Neue Zeitschrift für Arbeitsrecht
NZG	Neue Zeitschrift für Gesellschaftsrecht
PL	Polen
PT	Portugal
R.	Partie réglementaire (Décrets en Conseil d'Etat)
RdA	Recht der Arbeit (Zeitschrift)
Rn.	Randnummer
Rs.	Rechtssache
RSA	Rappresentanza Sindicale Aziendali
RSU	Rappresentanza Sindicale Unitaria
R.T.	Riigi Teataja (offizielle Datenbank der estnischen Gesetzgebung)
S.	Seite
Sb.	Sbírka zákonů (tschechisches Gesetzblatt)
SDK	Suomen säädöskokoelma (finnisches Amtsblatt)
SE	Societas Europaea; Schweden
SEAG	SE-Ausführungsgesetz
SEBG	SE-Beteiligungsgesetz
SEEG	SE-Einführungsgesetz
SFS	Svensk författningssamling (schwedische Gesetzessammlung)
SI	Slowenien
S.I.	Statutatory Instrument

SK	Slowakische Republik
Slg.	Sammlung
Stb.	Staatsblad (niederländisches Amtsblatt)
Unterabs.	Unterabsatz
Ur.l.	Uradni list (slowenisches Amtsblatt)
v.	vom
Verf.	Verfasser; Verfasserin
vgl.	vergleiche
Vorb.	Vorbemerkung
WiRO	Wirtschaft und Recht in Osteuropa (Zeitschrift)
z.B.	zum Beispiel
ZESAR	Zeitschrift für europäisches Sozial- und Arbeitsrecht
ZfA	Zeitschrift für Arbeitsrecht
ZfRV	Zeitschrift für Rechtsvergleichung, Internationales Privatrecht und Europarecht
ZGR	Zeitschrift für Unternehmens- und Gesellschaftsrecht
ZIAS	Zeitschrift für ausländisches und internationales Arbeits- und Sozialrecht
ZIP	Zeitschrift für Wirtschaftsrecht und Insolvenzpraxis
zugl.	zugleich

§ 1 Rechtliche Grundlagen

A. Multinationalität statt Supranationalität

Transnationalität, Supranationalität und Multinationalität – diese drei Begriffe prägen die Arbeitnehmerbeteiligung in einer Europäischen Aktiengesellschaft („SE"). Der Begriff Transnationalität steht für das Überschreiten der nationalen Grenzen. Supranationalität bezeichnet die gemeinschaftsrechtliche Regelungsebene, die über den nationalen Rechtsordnungen angesiedelt ist. Der Begriff Multinationalität kann wörtlich mit „Vielstaatlichkeit" übersetzt werden. Er ist vor allem in Verbindung mit weltweiten Konzernstrukturen bekannt. Dort steht er für die Verteilung der Produktionsstandorte eines Unternehmens auf verschiedene Staaten.[1] Vorliegend geht es nicht um wirtschaftliche sondern um juristische Multinationalität. Der Terminus soll das Zusammentreffen vieler Rechtsordnungen in einem transnationalen Sachverhalt umschreiben.

Die supranationale Gesellschaftsform SE stellt für die wirtschaftliche Multinationalität in der EU einen einheitlichen rechtlichen Rahmen zur Verfügung.[2] Der grenzüberschreitende Bezug lässt auch für die Arbeitnehmerbeteiligung homogene Vorschriften auf supranationaler Ebene erwarten. In der Praxis finden auf die Arbeitnehmerbeteiligung in einer SE jedoch mindestens zwei nationale Rechtsordnungen Anwendung. Dies hat zur Folge, dass die SE-Mitbestimmungsordnung von verschiedenen einzelstaatlichen Regelungen bestimmt und geprägt wird. Sie hat eher multinationalen als supranationalen Charakter. Der rechtliche Hintergrund, das Ausmaß der Multinationalität und die damit verbundenen Probleme sind Gegenstand dieser Untersuchung. Ausgangspunkt ist eine SE mit Sitz in Deutschland.

---

1 Der Brockhaus, Wirtschaft, „multinationale Unternehmen".

2 2. Erwägungsgrund SE-Richtlinie; *Henssler* in Ulmer/Habersack/Henssler, Mitbestimmung, Einl. SEBG Rn. 9. Neben den Mitgliedstaaten der EU ist aufgrund völkerrechtlicher Verträge auch den weiteren Vertragsstaaten des EWR – derzeit Island, Liechtenstein und Norwegen – die Einbeziehung in die Rechtsform der SE gestattet, Begr. zum RegE zu § 3 Abs. 2 SEBG, BT.-Drucks. 15/3405, S. 45.

B. Gemeinschaftsrechtliche Grundlagen

Die Verordnung über das Statut der Europäischen Gesellschaft[3] regelt die Struktur und Funktionsweise einer SE.[4] In sozialer Hinsicht wird die SE-Verordnung von der SE-Richtlinie[5] flankiert. Dort sind die Grundlagen der Arbeitnehmerbeteiligung verortet.

I. Historische Entwicklung

Der Einführung des SE-Statuts als supranationale Rechtsform sind jahrzehntelange Verhandlungen und Bemühungen des europäischen Gesetzgebers vorausgegangen.[6] Die nationalen Unterschiede im Bereich der Arbeitnehmerbeteiligung haben sich in dem Verhandlungsverfahren als immenses Hindernis erwiesen.[7] Umstritten war insbesondere die Mitbestimmung der Arbeitnehmer im Aufsichts- oder Verwaltungsorgan der SE.[8] Im Vergleich zu Deutschland ist die Repräsentation der Arbeitnehmer in den Gesellschaftsorganen in vielen Mitgliedstaaten deutlich weniger ausgeprägt oder findet überhaupt nicht statt.[9] Erwartungsgemäß musste daher ein Spagat zwischen Schutz der Mitbestimmung und Vermeidung

---

3 Verordnung 2157/2001/EG des Rates vom 8. Oktober 2001 über das Statut der Europäischen Gesellschaft (SE), ABl. EG Nr. L 294 vom 10.11.2001 S. 1, geändert durch Verordnung 1791/2006/EG, ABl. EG Nr. L 363 S. 1 vom 20.11.2006 („SE-Verordnung“).

4 6. Erwägungsgrund SE-Verordnung.

5 Richtlinie 2001/86/EG des Rates vom 8. Oktober 2001 zur Ergänzung des Statuts der Europäischen Gesellschaft hinsichtlich der Beteiligung der Arbeitnehmer, ABl. EG Nr. L 294 vom 10.11.2001 S. 22.

6 *Heinze*, ZGR 2002, 66 (66 ff.); *Kleinsorge*, RdA 2002, 343 (343 f.) jeweils m.w.N.

7 *Feuerborn* in KK zum AktG, Vorb. § 1 SEBG Rn. 1; *Hohenstatt/Müller-Bonanni* in Habersack/Drinhausen, SE, Vorb. §§ 1 bis 3 SEBG Rn. 1; *Jacobs* in MüKo, Europäisches Aktienrecht, Vor § 1 SEBG Rn. 2; *Kienast* in Jannott/Frodermann, SE, 13. Kapitel Rn. 1; *Kleinmann/Kujath* in Manz/Mayer/Schröder, SE, Teil C Vorb. Rn. 1.

8 Statt vieler *Henssler* in Ulmer/Habersack/Henssler, Mitbestimmung, Einl. SEBG Rn. 2; *Jacobs* in MüKo, Europäisches Aktienrecht, Vor § 1 SEBG Rn. 2; *Wissmann*, FS Wiedemann (2002), 687 (687 f.).

9 Einen Überblick geben jeweils *Henssler* in Ulmer/Habersack/Henssler, Mitbestimmung, Einl. SEBG Rn. 14 und *Weiss*, NZA 2003, 177 (177 ff.); Zusammenfassungen der nationalen Arbeitsbeziehungen sind abrufbar auf der Homepage des ETUI (Forschungseinrichtung der europäischen Gewerkschaftsorganisation ETUC), abrufbar unter http://de.worker-participation.eu/Nationale-Arbeitsbeziehungen/Laender, zuletzt abgerufen am 09.02.2014.

derselben bewerkstelligt werden.[10] Dies konnte letztlich nicht mit einer homogenen Regelung, sondern nur mit einem Kompromiss erreicht werden, der die nationalen Besonderheiten ausreichend berücksichtigt.[11] So waren die ersten Vorschläge der Kommission zur Einführung eines SE-Statuts von 1970 und 1975 noch von dem Ziel geprägt, eine einheitliche Regelung zu schaffen.[12] Hinsichtlich der Arbeitnehmerbeteiligung in den Organen der Gesellschaft sah der Vorschlag von 1970 in Anlehnung an das deutsche Mitbestimmungsrecht eine drittelparitätische Besetzung des Aufsichtsorgans vor. Der überarbeitete Entwurf von 1975 orientierte sich demgegenüber am sogenannten Drei-Bänke-Modell, d.h. neben den Aufsichtsratsmitgliedern der Aktionäre und Arbeitnehmer sollte der Aufsichtsrat zu einem weiteren Drittel aus Vertretern der Öffentlichkeit bestehen, die gemeinsam von der Arbeitnehmer- und Aktionärsgruppe gewählt werden.[13] Die Anwendung des Rechts der Mitgliedstaaten war hinsichtlich der von der Verordnung geregelten Gegenstände grundsätzlich ausgeschlossen. Regelungslücken sollten mithilfe allgemeiner Grundsätze geschlossen werden.[14]

Bereits in der zweiten Entwurfsrunde von 1989 und 1991 zeichnete sich eine Tendenz zur Verzahnung von Gemeinschaftsrecht und mitgliedstaatlichen Rechtsordnungen ab.[15] Die umfangreichen Regelungen der Verordnung aus den vorhergehenden Entwürfen wurden durch zahlreiche Verweisungen auf die nationalen Rechtsordnungen gekürzt.[16] Zudem sahen die Vorschläge von 1989 und 1991 erstmals eine Aufteilung des Regelungskomplexes in Verordnung und Richtlinie vor.[17] Die Richtlinie sollte den nationalen Gesetzgebern mehr Spielraum bei der umstrittenen Frage der Arbeitnehmerbeteiligung gewähren.[18] Trotz dieser umfangreichen Änderungen konnten die Entwürfe erneut wegen der Meinungsverschiedenheiten über die Arbeitnehmerbeteiligung nicht durchgesetzt werden.[19]

---

10 Eingehend zu den beiden Lagern *Hohenstatt/Müller-Bonanni* in Habersack/Drinhausen, SE, Vorb. §§ 1 bis 3 SEBG Rn. 4 m.w.N.

11 *Wissmann*, FS Wiedemann (2002), 687 (687).

12 *Jacobs* in MüKo, Europäisches Aktienrecht, Vor § 1 SEBG Rn. 3; *Kleinmann/Kujath* in Manz/Mayer/Schröder, SE, Teil C Vorb. Rn. 2.

13 Zum Ganzen *Oetker* in Lutter/Hommelhoff, SE, Vor § 1 SEBG Rn. 2 f.

14 *Schröder* in Manz/Mayer/Schröder, SE, Art. 9 SE-Verordnung Rn. 2.

15 *Jacobs* in MüKo, Europäisches Aktienrecht, Vor § 1 SEBG Rn. 4.

16 *Blanquet* ZGR 2002, 20 (24).

17 *Jacobs* in MüKo, Europäisches Aktienrecht, Vor § 1 SEBG Rn. 4.

18 *Blanquet* ZGR 2002, 20 (25).

19 *Herfs-Röttgen*, NZA 2001, 424 (425); *Hohenstatt/Müller-Bonanni* in Habersack/Drinhausen, SE, Vorb. §§ 1 bis 3 SEBG Rn. 7.

Erst im Jahr 2000 konnte eine Einigung über die Arbeitnehmerbeteiligung erzielt werden.[20] Diese ging auf den Bericht einer Expertengruppe zurück, die von der Kommission beauftragt wurde.[21] Der sogenannte Davignon-Bericht[22] sah vor, dass die Unternehmensleitung und ein besonderes Verhandlungsgremium der Arbeitnehmer („BVG") über die Beteiligung der Arbeitnehmer verhandeln sollen.[23] Der Lösung lag die Erkenntnis zu Grunde, dass eine „generelle Harmonisierung" der unterschiedlichen Arbeitnehmerbeteiligungsmodelle nicht durchsetzbar ist.[24] Vorreiter war die im Jahr 1994 verabschiedete Richtlinie über Europäische Betriebsräte.[25]

Nachdem einige Jahre seit der Verabschiedung der SE-Verordnung und der SE-Richtlinie vergangen sind, fordert das deutsche Schrifttum eine Überarbeitung des SE-Statuts.[26]

II. Richtlinie 2001/86/EG des Rates

1. *Ziel und Gegenstand*

Ausdrücklich erklärtes Regelungsziel und Grundprinzip der SE-Richtlinie ist der Schutz erworbener Beteiligungsrechte der Arbeitnehmer.[27] Die Gründung einer SE darf nicht zur Beseitigung oder Einschränkung der Gepflogenheiten der Arbeitnehmerbeteiligung führen, die in den an der Gründung einer SE beteiligten

---

20 Statt vieler *Herfs-Röttgen*, NZA 2001, 424 (425).

21 Vgl. *Jacobs* in MüKo, Europäisches Aktienrecht, Vor § 1 SEBG Rn. 5.

22 Abschlussbericht „European Systems of Worker Involvement", Mai 1997; *Hohenstatt/Müller-Bonanni* in Habersack/Drinhausen, SE, Vorb. §§ 1 bis 3 SEBG Rn. 9.

23 *Hohenstatt/Müller-Bonanni* in Habersack/Drinhausen, SE, Vorb. §§ 1 bis 3 SEBG Rn. 9.

24 *Kleinmann/Kujath* in Manz/Mayer/Schröder, SE, Teil C Vorb. Rn. 5.

25 Richtlinie 94/45 EG des Rates vom 22. September 1994 über die Einsetzung eines Europäischen Betriebsrats oder die Schaffung eines Verfahrens zur Unterrichtung und Anhörung der Arbeitnehmer in gemeinschaftsweit operierenden Unternehmen und Unternehmensgruppen, ABl. L 254 vom 30.09.1994 S. 64; geändert durch Richtlinie 97/74/EG vom 15.12.1997, ABl. L 10 vom 16.01.1998 S. 22; *Fleischer*, AcP 204 (2004), 502 (534).

26 Z.B. *Arbeitskreis Aktien- und Kapitalmarktrecht*, ZIP 2010, 221 (221 ff.); *Henssler* ZHR 173 (2009), 222 (222 ff.); *Jacobs* in MüKo, Europäisches Aktienrecht, Vor § 1 SEBG Rn. 40b; *Kiem*, ZHR 173 (2009), 156 (170 ff.).

27 18. Erwägungsgrund SE-Richtlinie; *Henssler* in Ulmer/Habersack/Henssler, Mitbestimmung, Einl. SEBG Rn. 12; *Kienast* in Jannott/Frodermann, SE, 13. Kapitel Rn. 18; *Kleinmann/Kujath* in Manz/Mayer/Schröder, SE, § 1 SEBG Rn. 2.

Gesellschaften herrschen.[28] Deshalb sind die vor der Gründung bestehenden Beteiligungsrechte der Arbeitnehmer die Basis der Gestaltung ihrer Rechte in der SE.[29]

Der Begriff der Arbeitnehmerbeteiligung als Regelungsgegenstand der SE-Richtlinie ist weit auszulegen. Grund sind die unterschiedlichen Mitbestimmungsmodelle der Mitgliedstaaten.[30] Nach der SE-Richtlinie ist mit dem Begriff Arbeitnehmerbeteiligung jedes Verfahren gemeint, durch das die Vertreter der Arbeitnehmer auf die Beschlussfassung innerhalb der Gesellschaft Einfluss nehmen können.[31] Hierzu gehören insbesondere das grenzüberschreitende Unterrichtungs- und Anhörungsverfahren und die Mitbestimmung der Arbeitnehmer im Aufsichts- oder Verwaltungsorgan der SE. Ersteres ist mit Teilen der betriebsverfassungsrechtlichen Beteiligungsrechte vergleichbar.[32] Als letzteres wird nach deutscher Nomenklatur die Unternehmensmitbestimmung bezeichnet.[33] Diesem Begriffsschema der SE-Richtlinie folgend wird nachstehend die Arbeitnehmerbeteiligung als Oberbegriff für (i) die Unterrichtungs- und Anhörungsverfahren und (ii) die Unternehmensmitbestimmung im Aufsichts- oder Verwaltungsorgan verwendet.

2. *Regelungsgrundsätze*

Aufgrund der vielfältigen nationalen Regelungen zur Arbeitnehmerbeteiligung verzichtet die SE-Richtlinie darauf, ein einheitliches Modell zu installieren.[34] Sie stellt nur einen Rahmen für die Ausgestaltung der Beteiligungsrechte in der SE zur Verfügung.[35]

---

28 3. Erwägungsgrund SE-Richtlinie; eine beteiligte Gesellschaft ist gemäß Art. 2 Buchst. b SE-Richtlinie eine Gesellschaft, die unmittelbar an der Gründung einer SE beteiligt ist. Der Begriff „unmittelbare Gründungsgesellschaft" wird im Folgenden als Synonym verwandt.

29 Das Vorher-Nachher-Prinzip ist verankert im 7., 9. und 18. Erwägungsgrund SE-Richtlinie; statt vieler *Henssler* in Ulmer/Habersack/Henssler, Mitbestimmung, Einl. SEBG Rn. 12.

30 *Kleinmann/Kujath* in Manz/Mayer/Schröder, SE, § 2 SEBG Rn. 9.

31 Art. 2 Buchst. h SE-Richtlinie.

32 *Hohenstatt/Müller-Bonanni* in Habersack/Drinhausen, SE, Vorb. §§ 1 bis 3 SEBG Rn. 15.

33 *Feuerborn* in KK zum AktG, Vorb. § 1 SEBG Rn. 20.

34 5. Erwägungsgrund SE-Richtlinie; *Herfs-Röttgen*, NZA 2002, 358 (359).

35 *Jacobs* in MüKo, Europäisches Aktienrecht, Vor § 1 SEBG Rn. 13; *Kienast* in Jannott/Frodermann, SE, 13. Kapitel Rn. 16.

Primär soll eine Vereinbarung zwischen der Arbeitgeber- und Arbeitnehmerseite das Recht auf Arbeitnehmerbeteiligung in einer SE sicherstellen (Vorrang der Vereinbarungslösung).[36] Dabei müssen bereits erworbene Beteiligungsrechte der Arbeitnehmer erhalten bleiben (Vorher-Nachher-Prinzip).[37] Die Arbeitnehmerseite wird bei den Verhandlungen von einem BVG vertreten.[38] Für dessen Zusammensetzung und Beschlussfassung enthält die SE-Richtlinie konkrete Bestimmungen.[39] Für die abzuschließende Vereinbarung der Arbeitnehmerbeteiligung sieht die SE-Richtlinie nur einige Mindestinhalte vor.[40]

Scheitern die Verhandlungen über eine Beteiligungsvereinbarung, greift eine gesetzliche Auffangregelung ein.[41] Diese ist im Anhang zur SE-Richtlinie verortet und enthält für das Unterrichtungs- und Anhörungsverfahren eine gleichwohl „lückenhafte Regelung".[42] Die gesetzliche Mitbestimmung im Aufsichts- oder Verwaltungsorgan der SE ist nicht einheitlich geregelt, sondern lehnt sich an das bisherige Modell in den beteiligten Gesellschaften an. Das Maß der Repräsentation richtet sich nach dem bisher höchsten Anteil.[43] Bei der Gründung durch Umwandlung finden regelmäßig alle Komponenten der bisherigen Unternehmensmitbestimmung auch in der SE Anwendung.[44] Im Übrigen muss sich für das Eingreifen der Auffangregelung die nationale Unternehmensmitbestimmung auf einen bestimmten Prozentsatz der Arbeitnehmer der beteiligten Gesellschaften erstreckt haben. Dieser Prozentsatz hängt von der jeweiligen Gründungsform der SE ab.[45]

---

36 8. Erwägungsgrund, Art. 4 Abs. 1 SE-Richtlinie; *Grobys* NZA 2005, 84 (85); *Henssler* in Ulmer/Habersack/Henssler, Mitbestimmung, Einl. SEBG Rn. 11; *Kleinmann/Kujath* in Manz/Mayer/Schröder, SE, § 1 SEBG Rn. 4.

37 Statt vieler *Jacobs* in MüKo, Europäisches Aktienrecht, Vor § 1 SEBG Rn. 13.

38 Art. 3 Abs. 2 SE-Richtlinie.

39 *Kienast* in Jannott/Frodermann, SE, 13. Kapitel Rn. 20.

40 Im Einzelnen Art. 4 Abs. 2 SE-Richtlinie.

41 8. Erwägungsgrund, Art. 7 SE-Richtlinie.

42 *Rieble* in Rieble/Junker, Vereinbarte Mitbestimmung, § 3 Rn. 107 ff.

43 Teil 3 Buchst. b des Anhangs zur SE-Richtlinie; *Feuerborn* in KK zum AktG, Vorb. § 1 SEBG Rn. 23; *Jacobs* in MüKo, Europäisches Aktienrecht, Vor § 1 SEBG Rn. 22.

44 Teil 3 Buchst. a des Anhangs zur SE-Richtlinie.

45 Im Einzelnen Art. 7 Abs. 2 Buchst. b und c SE-Richtlinie; *Feuerborn* in KK zum AktG, Vorb. § 1 SEBG Rn. 22; *Kienast* in Jannott/Frodermann, SE, 13. Kapitel Rn. 33.

C. Nationale Rechtsgrundlagen

Trotz ihrer unmittelbaren Regelungswirkung[46] erforderte auch die SE-Verordnung den Erlass von Ausführungsgesetzen durch die Mitgliedstaaten.[47] Sie enthält zahlreiche Verpflichtungen bzw. Ermächtigungen des nationalen Gesetzgebers, abweichende oder konkretisierende Bestimmungen zu erlassen.[48] Solche Regelungsaufträge betreffen beispielsweise den organisatorischen Aufbau der SE im dualistischen oder monistischen System, soweit das Recht eines Mitgliedstaates nur Vorschriften zu einem Organisationssystem bereithält.[49]

I. Umsetzung der SE-Richtlinie

Die SE-Richtlinie enthält kraft ihrer Rechtsnatur kein in den Mitgliedstaaten unmittelbar geltendes Recht.[50] Adressaten der Richtlinie sind gemäß Art. 288 Abs. 3 AEUV nur die Mitgliedstaaten, für welche die Richtlinie hinsichtlich des zu erreichenden Ziels verbindlich ist. Entgegen dem Wortlaut der Vorschrift gibt die Richtlinie aber nicht nur abstrakte Zielsetzungen verbindlich vor, sondern legt auch das zu erreichende Ergebnis fest.[51] Die Mitgliedstaaten waren gemäß Art. 14 Abs. 1 SE-Richtlinie verpflichtet, den angestrebten Rechtszustand fristgerecht und zielkonform umzusetzen.[52] Sie mussten insbesondere sicherstellen, dass die in den beteiligten Gesellschaften vorhandenen Arbeitnehmerbeteiligungsrechte erhalten bleiben.[53]

Art. 288 Abs. 3 AEUV zufolge können die Mitgliedstaaten zwar die Formen und Mittel zur Umsetzung frei wählen.[54] Nach dem in der Rechtsprechung des

46 Art. 288 Abs. 2 AEUV.

47 *Hohenstatt/Müller-Bonanni* in Habersack/Drinhausen, SE, Vorb. §§ 1 bis 3 SEBG Rn. 59; *Kleinsorge*, RdA 2002, 343 (352).

48 *Kuhn* in Jannott/Frodermann, SE, 2. Kapitel Rn. 5; *Veil* in KK zum AktG, Art. 9 SE-Verordnung, Rn. 59.

49 *Hohenstatt/Müller-Bonanni* in Habersack/Drinhausen, SE, Vorb. §§ 1 bis 3 SEBG Rn. 59; *Ihrig/Wagner*, BB 2003, 969 (974). Eine Übersicht über die Wahlrechte der SE-Verordnung gibt *Neye*, ZGR 2002, 377 (381 Fn. 17).

50 *Nettesheim* in Grabitz, Das Recht der EU, Art. 288 AEUV Rn. 104.

51 *Oppermann/Classen/Nettesheim*, Europarecht, § 9 Rn. 83; *Schroeder* in Streinz, EUV/AEUV, Art. 288 AEUV Rn. 76.

52 Allg. zur Umsetzungsverpflichtung *Ruffert* in Calliess/Ruffert, EUV/AEUV, Art. 288 AEUV Rn. 23; *Schroeder* in Streinz, EUV/AEUV, Art. 288 AEUV Rn. 76 f.

53 Dies folgt aus dem 3. und 18. Erwägungsgrund SE-Richtlinie.

54 *Nettesheim* in Grabitz, Das Recht der EU, Art. 288 AEUV Rn. 112; *Schroeder* in Streinz, EUV/AEUV, Art. 288 AEUV Rn. 90.

EuGH entwickelten effet-utile-Grundsatz sind die Mitgliedstaaten aber verpflichtet, die Richtlinienbestimmungen so wirkungsvoll wie möglich in das mitgliedstaatliche Recht zu transformieren.[55] Bei der Umsetzung sind diejenigen Formen und Mittel zu wählen, „die sich zur Gewährleistung der praktischen Wirksamkeit (effet utile) der Richtlinien unter Berücksichtigung des mit ihnen verfolgten Zwecks am besten eignen".[56] Infolgedessen müssen die Mitgliedstaaten im Rahmen der Umsetzung Vorschriften erlassen, die es dem Einzelnen ermöglichen, „seine Rechte in vollem Umfang zu erkennen und sich vor den nationalen Gerichten auf sie zu berufen".[57]

Der deutsche Gesetzgeber hat die Vorschriften zur SE durch das SEEG[58] in das deutsche Recht integriert. Das SEEG ist ein Artikelgesetz, das in Art. 1 mit dem SEAG[59] ergänzende bzw. ausführende Regelungen zur SE-Verordnung und in Art. 2 mit dem SEBG[60] Regelungen zur Umsetzung der SE-Richtlinie enthält.

II. Nationaler Gestaltungsspielraum

Bei der Umsetzung der SE-Richtlinie in nationales Recht ist zu differenzieren zwischen Regelungen, die in jedem Mitgliedstaat zwingend identisch umzusetzen sind, und Regelungen, die dem nationalen Gesetzgeber einen Gestaltungsspielraum einräumen.[61] Zwingend identisch umzusetzen sind Regelungen, die detaillierte Vorgaben für die Mitgliedstaaten enthalten.[62] Obwohl die Verbindlichkeit einer Richtlinie auf ihr Ziel bzw. Ergebnis beschränkt ist, verstößt eine

---

55 Z.B. EuGH vom 10.04.1984, Rs. 14/83, Slg. 1984, 1891 Rn. 15 (von Colson und Kamann); *Schroeder* in Streinz, EUV/AEUV, Art. 288 AEUV Rn. 90; *Vedder* in Vedder/Heintschel von Heinegg, EU-Recht, Art. 288 AEUV Rn. 29.

56 Grundlegend EuGH vom 08.04.1976, Rs. 48/75, Slg. 1976, 497 Rn. 69/73 a. E. (Royer).

57 Z.B. EuGH vom 30.05.1991, Rs. C-361/88, Slg. 1991, I-2567 Rn. 15 (KOM/Deutschland); EuGH vom 23.05.1985, Rs. 29/84, Slg. 1985, 1661 Rn. 23 (KOM/Deutschland); *Schroeder* in Streinz, EUV/AEUV, Art. 288 AEUV Rn. 91.

58 Gesetz zur Einführung der Europäischen Gesellschaft (SEEG) vom 28.12.2004, BGBl. I S. 3675.

59 Gesetz zur Ausführung der Verordnung (EG) Nr. 2157/2001 des Rates vom 8. Oktober 2001 über das Statut der Europäischen Gesellschaft (SE) (SE-Ausführungsgesetz – SEAG) vom 22.12.2004, BGBl. I S. 3675, zuletzt geändert durch Art. 6 Gesetz zur Umsetzung der Aktionärsrechterichtlinie vom 30.07.2009, BGBl. I S. 2479.

60 Gesetz über die Beteiligung der Arbeitnehmer in einer Europäischen Gesellschaft (SE-Beteiligungsgesetz – SEBG) vom 22.12.2004, BGBl. I S. 3675.

61 Begr. zum RegE, Allgemeines, BT-Drucks. 15/3405, S. 42; *Kienast* in Jannott/Frodermann, SE, 13. Kapitel Rn. 43; *Niklas,* NZA 2004, 1200 (1200).

62 *Schroeder* in Streinz, EUV/AEUV, Art. 288 AEUV Rn. 89.

solche Regelungsdichte nicht gegen das Verhältnismäßigkeitsprinzip nach Art. 5 Abs. 4 EUV[63] und ist daher zulässig.[64]

Beispiele für zwingende Bestimmungen der SE-Richtlinie sind der Vorrang der Vereinbarungslösung, die Einrichtung des BVG, das Abstimmungsverfahren im BVG und die Mindestinhalte der Auffangregelung.[65] Auch bei diesen genauen Vorgaben müssen die Richtlinienbestimmungen aber nicht wörtlich in das nationale Recht übernommen werden.[66]

Neben den verbindlichen Bestimmungen enthält die SE-Richtlinie zahlreiche Gestaltungsspielräume zugunsten der nationalen Gesetzgeber. Die lückenhaften Regelungen sind auf den Umstand zurückzuführen, dass sich die Mitgliedstaaten nicht auf ein einheitliches europäisches Modell der Arbeitnehmerbeteiligung einigen konnten.[67] Der Spielraum kann sich aus Wahlmöglichkeiten zwischen alternativen Regelungen oder offenen Gestaltungsermächtigungen ergeben.[68] Die SE-Richtlinie hat von beiden Möglichkeiten Gebrauch gemacht, so insbesondere:

- Die Verfahren für die Bestimmung der Mitglieder des BVG, die in dem jeweiligen Hoheitsgebiet zu wählen oder zu bestellen sind, werden von den Mitgliedstaaten festgelegt.[69] Dabei kann vorgesehen werden, dass auch externe Gewerkschaftsvertreter Mitglied des BVG sein können.[70]
- In der gesetzlichen Auffangregelung legen die Mitgliedstaaten die Verfahren zur Bestimmung der Mitglieder des SE-Betriebsrats fest, die in ihrem Hoheitsgebiet zu wählen oder zu bestellen sind.[71]

---

63 Vertrag über die Europäische Union, zuletzt geändert durch Art. 1 Vertrag von Lissabon vom 13.12.2007, ABl. Nr. C 306 S. 1, ber. ABl. 2008 Nr. C 111 S. 56 und ABl. 2009 Nr. C 290 S. 1.

64 *Biervert* in Schwarze, EU, Art. 288 AEUV Rn. 26; *Schroeder* in Streinz, EUV/AEUV, Art. 288 AEUV Rn. 89; zum Hintergrund eingehend *Ruffert* in Calliess/Ruffert, EUV/AEUV, Art. 288 AEUV Rn. 25.

65 Begr. zum RegE, Allgemeines, BT-Drucks. 15/3405, S. 42.

66 Z.B. EuGH vom 09.04.1987, Rs, 363/85, Slg. 1987, 1733 Rn. 15 (KOM/Italien); *Biervert* in Schwarze, EU, Art. 288 AEUV Rn. 28; *Schroeder* in Streinz, EUV/AEUV, Art. 288 AEUV Rn. 89.

67 So bereits für die Entwürfe der Kommission aus den Jahren 1989 und 1991 *Hanau* in Hanau/Steinmeyer/Wank, Europäisches Arbeitsrecht, § 19 Rn. 143; zur Entstehungsgeschichte § 1 B. I (S. 2).

68 *Vedder* in Vedder/Heintschel von Heinegg, EU-Recht, Art. 288 AEUV Rn. 22.

69 Art. 3 Abs. 2 Buchst. b Unterabs. 1 SE-Richtlinie.

70 Art. 3 Abs. 2 Buchst. b Unterabs. 2 SE-Richtlinie.

71 Teil 1 Buchst. b des Anhangs zur SE-Richtlinie.

- Darüber hinaus haben die Mitgliedstaaten in der gesetzlichen Auffangregelung das Recht, die Verteilung der ihnen zugewiesenen Sitze im Aufsichts- oder Verwaltungsorgan der SE zu bestimmen.[72]
- Im Übrigen verzichtet die SE-Richtlinie darauf, ein einheitliches Schutzniveau für die Arbeitnehmervertreter in der SE festlegen. Stattdessen verweist sie auf die Rechtsvorschriften und Gepflogenheiten der jeweiligen Beschäftigungsländer.[73]

Die Regelung wesentlicher Fragen ist sonach den nationalen Umsetzungsgesetzen überlassen.[74] Die Lücken der SE-Richtlinie werden durch Verweisungen auf mitgliedstaatliches Recht geschlossen. Dieses mitgliedstaatliche Recht wird entweder im Rahmen der Umsetzung erlassen oder existiert bereits.

Im Gegensatz zu anderen arbeitsrechtlichen Richtlinien enthält die SE-Richtlinie aber keine allgemeine Öffnungsklausel, die mitgliedstaatliche Abweichungen zugunsten der Arbeitnehmer zulässt.[75] Dies ist darauf zurückzuführen, dass der europäische Gesetzgeber das Ziel der Harmonisierung mitgliedstaatlichen Rechts vor dem Hintergrund der umfangreichen Gestaltungsoptionen nicht noch weiter gefährden wollte.

D. Anzuwendendes Recht

I. Transnationalität der Arbeitnehmerbeteiligung

Die Bestimmung des auf die Arbeitnehmerbeteiligung anzuwendenden Rechts ist zwingend erforderlich. Die Arbeitnehmerbeteiligung in einer SE weist Bezüge zu Rechtsordnungen verschiedener Staaten auf. Aufgrund der Transnationalität einer SE sind regelmäßig Arbeitnehmer zu beteiligen, die in unterschiedlichen Mitgliedstaaten beschäftigt sind.[76] Zudem ist das anzuwendende Recht von

72 Teil 3 Buchst. b Unterabs. 3 des Anhangs zur SE-Richtlinie.

73 Art. 10 Abs. 1 SE-Richtlinie.

74 *Kienast* in Jannott/Frodermann, SE, 13. Kapitel Rn. 19; a.A. *Grobys*, NZA 2004, 779 (780).

75 *Krause*, BB 2005, 1221 (1222); eine allg. Öffnungsklausel findet sich z.B. in Art. 7 Richtlinie 91/533/EWG des Rates vom 14.10.1991 über die Pflicht des Arbeitgebers zur Unterrichtung des Arbeitnehmers über die für seinen Arbeitsvertrag oder sein Arbeitsverhältnis geltenden Bedingungen und Art. 8 Richtlinie 2001/23/EG des Rates vom 12.03.2001 zur Angleichung der Rechtsvorschriften der Mitgliedstaaten über die Wahrung von Ansprüchen beim Übergang von Unternehmen, Betrieben oder Unternehmens- und Betriebsteilen.

76 Allg. zum Auslandsbezug *Fritz Sturm/Gudrun Sturm* in Staudinger, Einl. zum IPR Rn. 1 ff.; zur Transnationalität der Arbeitnehmerbeteiligung in einer SE *Feuerborn* in KK zum AktG, § 3 SEBG Rn. 3.

maßgebender Bedeutung für die Ziele der SE-Richtlinie. Die Arbeitnehmerbeteiligung in einer SE ist nicht vollständig harmonisiert, sondern beruht auf einem Minimalkonsens. Folglich ist zu erwarten, dass sich die einzelstaatlichen Umsetzungsregelungen nicht nur unerheblich unterscheiden.[77]

Welches nationale Umsetzungsgesetz zur Anwendung kommt, ist mithilfe von Kollisionsnormen zu ermitteln. Kollisionsnormen legen entweder allgemein den Anwendungsbereich einer Rechtsordnung fest oder regeln den Anknüpfungspunkt für die Bestimmung des anzuwendenden Rechts.[78] Sie verweisen auf eine bestimmte Rechtsordnung, die für den jeweiligen Sachverhalt maßgeblich ist.[79] In Anbetracht der Fülle der nationalen und europäischen Kollisionsnormen stellt sich zunächst die Frage, welche vorliegend für die Bestimmung des anzuwendenden Rechts maßgeblich sind.

II. Kollisionsrechtliche Vorgaben der SE-Richtlinie

Die SE-Richtlinie enthält nur vereinzelt ausdrückliche Regelungsanweisungen an die Mitgliedstaaten hinsichtlich der Bestimmung des anzuwendenden Rechts:

- Art. 6 SE-Richtlinie bestimmt, dass für das Verhandlungsverfahren grundsätzlich das Recht des Mitgliedstaates maßgeblich ist, in dem die SE später ihren Sitz haben wird. Dies gilt nicht, wenn in der SE-Richtlinie etwas anderes vorgesehen ist.
- Für die Auffangregelung gilt gemäß Art. 7 Abs. 1 S. 2 SE-Richtlinie das Umsetzungsgesetz desjenigen Mitgliedstaates, in dem die SE ihren Sitz haben wird.
- Art. 10 SE-Richtlinie bestimmt, dass sich der Schutz der Arbeitnehmervertreter nach den innerstaatlichen Rechtsvorschriften und Gepflogenheiten des Landes richtet, in dem die Arbeitnehmervertreter beschäftigt sind.

Die kollisionsrechtliche Lösung der SE-Richtlinie liegt in einer Kombination aus primärer Anwendung des Sitzstaatrechts[80] und besonderen Verweisungen auf das Recht der Mitgliedstaaten, in denen von der SE-Gründung betroffene Arbeitnehmer beschäftigt sind. Kollisionsnormen im eigentlichen Sinn entstehen

77 Zum Ganzen *von Hoffmann*, ZfRV 1995, 45 (47): „Somit ist bei bloßer Mindestharmonisierung sowie bei einer sachlich begrenzten Harmonisierung weiterhin die Bestimmung des anwendbaren Rechts erforderlich: Das Kollisionsrecht legt hier fest, welches nationale Umsetzungsgesetz zur Anwendung kommt“; vgl. auch *Pluskat*, DStR 2001, 1481 (1484).

78 *Creifelds*, Rechtswörterbuch, „Internationales Privatrecht“.

79 *Lorenz* in Bamberger/Roth, BeckOK BGB, Einl. IPR Rn. 1.

80 Nachfolgend § 1 D. III (S. 12).

erst durch die ordnungsgemäße Umsetzung in nationales Recht.[81] Aus diesem Grund genießen die Richtlinienbestimmungen mit kollisionsrechtlichem Gehalt keinen unmittelbaren gemeinschaftsrechtlichen Vorrang vor den sonstigen Kollisionsnormen des deutschen IPR.[82] Erst die im Rahmen der Richtlinienumsetzung entstandenen Regelungen des SEBG mit kollisionsrechtlichem Gehalt gehen als leges speciales den allgemeinen Kollisionsnormen vor.[83]

Nach dem lex-fori-Grundsatz ist stets von dem Kollisionsrecht der eigenen Rechtsordnung auszugehen, da ein „Kollisionsrecht für das Kollisionsrecht" nicht existiert.[84] Ausgehend von der Prämisse, dass die SE ihren Sitz in Deutschland hat, wird daher im Folgenden das SEBG in Verbindung mit den Richtlinienvorgaben für die Ermittlung des anzuwendenden Rechts betrachtet.

III. Geltungsbereich des SEBG

Die zentrale Kollisionsnorm des SEBG befindet sich in § 3 Abs. 1, der den räumlichen Geltungsbereich des Gesetzes festlegt. Dieser ist aufgrund der legislativen Territorialhoheit der einzelnen Mitgliedstaaten auf Sachverhalte beschränkt, die einen Bezug zum Inland haben.[85] Darüber hinaus definiert die Vorschrift den personellen Anwendungsbereich hinsichtlich der von dem Gesetz erfassten Gesellschaften und Arbeitnehmer.[86]

Der Anwendungsbereich des SEBG erfasst gemäß § 3 Abs. 1 S. 1 eine SE mit Sitz in Deutschland. Maßgeblich ist nach allgemeiner Auffassung nicht der tatsächliche, sondern der in der Satzung genannte Sitz.[87] Unerheblich ist, ob die SE

---

81 *Oetker* in Münchener Handbuch Arbeitsrecht, Band 1, § 11 Rn. 5; *Sonnenberger* in MüKo, BGB, Einl. IPR Rn. 183.

82 *Sonnenberger* in MüKo, BGB, Art. 3 EGBGB Rn. 2.

83 In diesem Sinne *Oetker* in Münchener Handbuch Arbeitsrecht, Band 1, § 11 Rn. 5; *Sonnenberger* in MüKo, BGB, Einl. IPR Rn. 152.

84 Zum lex-fori-Grundsatz als Einstieg in die kollisionsrechtliche Prüfung BGH vom 14.06.1965, Az. GSZ 1/65, BGHZ 44, 46 (50); *Lorenz* in Bamberger/Roth, BeckOK BGB, Einl. IPR Rn. 51.

85 Ähnlich Begr. zum RegE zu § 3 Abs. 1 SEBG, BT-Drucks. 15/3405, S. 45; *Feuerborn* in KK zum AktG, § 3 SEBG Rn. 2; zum Zusammenhang des räumlichen Geltungsbereichs eines Gesetzes mit der Gebietshoheit der Staaten *Merten* in Staudinger, Kommentar zum BGB, Art. 1 EGBGB Rn. 39.

86 *Evers* in Manz/Mayer/Schröder, SE; § 3 SEBG Rn. 1; *Henssler* in Ulmer/Habersack/Henssler, Mitbestimmung, § 3 SEBG Rn. 1 ff; a.A. *Feuerborn* in KK zum AktG, § 3 SEBG Rn. 1, der nur den räumlichen Geltungsbereich erfasst sieht.

87 Statt vieler *Evers* in Manz/Mayer/Schröder, SE; § 3 SEBG Rn. 1; *Feuerborn* in KK zum AktG, § 3 SEBG Rn. 5.

in Deutschland gegründet wurde oder ihren Sitz später dorthin verlegt.[88] Diese Anknüpfung an den Sitz der SE entspricht den Vorgaben der SE-Richtlinie in Artt. 6 und 7 Abs. 1.[89] Befindet sich der satzungsmäßige Sitz der SE in Deutschland, sind die Vorschriften über das Verhandlungsverfahren, den Inhalt der Beteiligungsvereinbarung als maßgeblichen Verhandlungsgegenstand und die gesetzliche Auffangregelung grundsätzlich dem SEBG zu entnehmen.[90]

Darüber hinaus richten sich die in Deutschland zu erfüllenden Mitwirkungspflichten beteiligter Gesellschaften nach dem SEBG, auch wenn diese ihren Sitz in einem anderen Mitgliedstaat haben.[91] Der Hinweis in der Gesetzesbegründung hat lediglich eine klarstellende Funktion, da die Mitwirkungspflichten als Teil des Verhandlungsverfahrens ohnehin grundsätzlich den Vorschriften des Sitzstaates unterliegen.[92]

§ 3 Abs. 1 SEBG ist als einseitige Kollisionsnorm zu qualifizieren.[93] Sie regelt zwar, unter welchen Voraussetzungen und auf welche Bereiche das SEBG anzuwenden ist, trifft aber keine Aussage über die Anwendbarkeit ausländischen Rechts.[94] So bleibt offen, nach welchem Recht sich diejenigen Aspekte des Arbeitnehmerbeteiligungsverfahrens richten, die sich nicht unmittelbar in Deutschland abspielen.[95]

IV. Sonderanknüpfungen

1. Korrektur des primär anzuwendenden Rechts

Die vorrangige Anknüpfung des SEBG an den Sitz der SE ist nicht allumfassend.[96] Deshalb enthält das SEBG für einzelne Aspekte des Arbeitnehmerbeteiligungsverfahrens

---

88 Begr. zum RegE zu § 3 Abs. 1 SEBG, BT-Drucks. 15/3405, S. 45; *Feuerborn* in KK zum AktG, § 3 SEBG Rn. 6.

89 *Forst*, S. 49 f.; *Hohenstatt/Müller-Bonanni* in Habersack/Drinhausen, SE, § 3 SEBG Rn. 1; nach a.A. setzt § 3 SEBG keine Regelung der SE-Richtlinie um: *Feuerborn* in KK zum AktG, § 3 SEBG Rn. 1; *Jacobs* in MüKo, Europäisches Aktienrecht, § 3 SEBG Rn. 1; *Oetker* in Lutter/Hommelhoff, SE, § 3 SEBG Rn. 2.

90 *Henssler* in Ulmer/Habersack/Henssler, Mitbestimmung, § 3 SEBG Rn. 1.

91 Begr. zum RegE zu § 3 Abs. 1 SEBG, BT-Drucks. 15/3405, S. 45.

92 Vgl. die kollisionsrechtliche Anweisung in Art. 6 SE-Richtlinie.

93 *Deinert*, Internationales Arbeitsrecht, § 17 Rn. 85.

94 Allg. *Lorenz* in Bamberger/Roth, BeckOK BGB, Einl. IPR Rn. 45.

95 Allg. zur einseitigen Kollisionsnorm *Deinert*, Internationales Arbeitsrecht, § 17 Rn. 84 f.

96 Allg. zur natürlichen Begrenzung einer Anknüpfung *Deinert*, Internationales Arbeitsrecht, § 1 Rn. 9.

besondere Kollisionsnormen. Diese sehen für die Bestimmung des anwendbaren Rechts eine vom Sitz der SE abweichende Anknüpfung vor, in deren Folge aus Sicht des Sitzstaates auf ausländische Rechtsordnungen verwiesen wird.[97]

Nach kollisionsrechtlicher Terminologie handelt es sich dabei um allseitig formulierte Sonderanknüpfungen, durch die das Sitzstaatrecht für einzelne Regelungsgegenstände teilweise verdrängt wird.[98] Denn eine Sonderanknüpfung liegt vor, „wenn die Beurteilung einzelner Elemente eines Rechtsverhältnisses nach einer anderen Rechtsordnung als der für das Rechtsverhältnis im Übrigen maßgeblichen erfolgt".[99] Diese Sonderanknüpfungen dienen der Korrektur des vorrangig anzuwendenden Sitzstaatrechts. Dass eine solche Korrektur erforderlich ist, besagt auch Art. 6 SE-Richtlinie:

> *„Sofern in dieser Richtlinie nichts anderes vorgesehen ist, ist für das Verhandlungsverfahren gemäß den Artikeln 3 bis 5 das Recht des Mitgliedstaates maßgeblich, in dem die SE ihren Sitz haben wird."*
>
> (Anm.: Hervorhebung durch die Verf.)

Die Gründe für eine Sonderanknüpfung können unterschiedlicher Natur sein.[100] Vorliegend erfordert der Inlandsbezug einzelner Aspekte des Arbeitnehmerbeteiligungsverfahrens eine Abweichung vom Sitzstaatrecht. Das nationale Umsetzungsgesetz ist aufgrund seines beschränkten Geltungsbereichs gehindert, diejenigen Bereiche des Arbeitnehmerbeteiligungsverfahrens zu regeln, die sich außerhalb des Hoheitsgebietes des Sitzstaates der SE ereignen.[101]

Das SEBG knüpft für einzelne Bereiche wie etwa die Verfahren zur Bestimmung der Mitglieder des BVG, SE-Betriebsrats und Aufsichts- oder Verwaltungsorgans sowie deren persönliche Rechtsstellung ausdrücklich an vom Sitz der SE abweichende Momente an. Für andere Aspekte, wie insbesondere die Informationspflicht der beteiligten Gesellschaften nach § 4 Abs. 2 SEBG, muss durch Auslegung ermittelt werden, ob eine Sonderanknüpfung vorliegt.[102]

---

97 Ausführlich zu den einzelnen Verweisungen § 2 (S. 19).

98 Allg. zur Sonderanknüpfung *Deinert*, Internationales Arbeitsrecht, § 1 Rn. 9; *Schotten/Schmellenkamp*, IPR, § 2 Rn. 15.

99 *Tilch/Arloth*, Deutsches Rechtslexikon, „Sonderanknüpfung".

100 *Deinert*, Internationales Arbeitsrecht, § 10 Rn. 2.

101 *Evers* in Manz/Mayer/Schröder, SE, § 3 SEBG Rn. 2.

102 Zu den einzelnen Verweisungen § 2 (S. 19).

2. *Verweisung auf Rechtsvorschriften und Gepflogenheiten*

Die aus den Sonderanknüpfungen folgenden Verweisungen beziehen sich auf die unmittelbar zur Anwendung berufenen Regelungen des jeweiligen mitgliedstaatlichen Rechts (Sachnormverweisungen). Nationale Kollisionsnormen sind nicht von der Verweisung umfasst. Die SE-Richtlinie gibt die Anknüpfungen für das anzuwendende Recht vor. Diese waren in die einzelstaatlichen Rechtsordnungen umzusetzen, so dass die Anwendung nationaler Kollisionsnormen nicht erforderlich ist.[103] Für diese Auslegung spricht auch die Tendenz des europäischen Rechts zu Sachnormverweisungen.[104] Diese werden regelmäßig gewählt, um einen Widerspruch zu der angestrebten Rechtsangleichung zu vermeiden.[105]

Die Verweisungen der SE-Richtlinie beziehen sich nicht nur auf Sachnormen sondern auch auf Gepflogenheiten. Hierdurch wird den Mitgliedstaaten ein größerer Gestaltungsspielraum eingeräumt.[106] Neben der SE-Richtlinie verwenden auch andere gemeinschaftsrechtliche Richtlinien diese Verweisungstechnik.[107] Grund ist die Schwierigkeit, das vielschichtige nationale Arbeitsrecht zu harmonisieren.[108] Zudem ist in mehreren Mitgliedstaaten die Arbeitnehmerbeteiligung nicht nur durch Gesetze, sondern auch durch nichtnormative Übungen geregelt.[109]

Fraglich ist, welche Voraussetzungen die Gepflogenheiten vorliegend erfüllen müssen. Eine Gepflogenheit ist nach ihrem Wortsinn eine „durch häufige Wiederholung zur Gewohnheit gewordene, oft bewusst gepflegte und kultivierte Handlung oder Handlungsweise".[110] Nach dem 20. Erwägungsgrund der

---

103 Zur Begründung von Gesamtverweisungen *Sonnenberger* in MüKo, BGB, Art. 4 EGBGB Rn. 1 f.

104 *Lorenz* in Bamberger/Roth, BeckOK BGB, Art. 4 EGBGB Rn. 7.

105 *Hausmann* in Staudinger, Kommentar zum BGB, Art. 4 EGBGB Rn. 158.

106 *Rebhahn* in Riesenhuber, Europäische Methodenlehre, § 18 Rn. 14.

107 Beispiele sind Artt. 7, 8, 10 und 18 der Richtlinie 93/104/EG des Rates vom 23.11.1993 über bestimmte Aspekte der Arbeitszeitgestaltung, geändert durch Richtlinie 2000/43/EG sowie Artt. 7, 8b und 8c der Richtlinie 76/207/EG des Rates vom 09.02.1976 zur Verwirklichung des Grundsatzes der Gleichbehandlung von Männern und Frauen hinsichtlich des Zugangs zur Beschäftigung, zur Berufsausbildung und zum beruflichen Aufstieg sowie in Bezug auf Arbeitsbedingungen, geändert durch Richtlinie 2002/73/EG.

108 Ähnlich *Rebhahn*, NZA 2001, 763 (774); *Stoffels* in GS Heinze (2005), 885 (885 f.); *Weiss* in GS Heinze (2005), 1067 (1067 f.); zu den Systemunterschieden in der betrieblichen Arbeitnehmerbeteiligung *Junker*, ZfA 2001, 225 (225 ff.).

109 20. Erwägungsgrund SE-Richtlinie.

110 Duden, Deutsches Universalwörterbuch, „Gepflogenheit".

SE-Richtlinie zählen zu den Gepflogenheiten auch Tarifverträge auf nationaler, sektoraler und unternehmensbezogener Ebene. Daraus lässt sich schließen, dass die erfassten Gepflogenheiten in einem Mitgliedstaat oder Betrieb bzw. Unternehmen allgemeine Geltung haben müssen. Gepflogenheiten zwischen dem Arbeitgeber und einem einzelnen Arbeitnehmer gehören nicht dazu.[111]

Die allgemeine Geltung der Gepflogenheiten kann auf vertraglicher Grundlage beruhen. Hierzu zählen in Deutschland neben den Tarifverträgen etwa auch Betriebsvereinbarungen und Gesamtzusagen.[112] Auch die im Ausland beschäftigten Arbeitnehmer und ihre Arbeitgeber können durch ähnliche Institute gebunden sein. Dies bedarf einer Einzelfallbetrachtung.

Darüber hinaus kann die allgemeine Geltung der Gepflogenheiten auf einem „Anerkennungsakt" durch beispielsweise die Rechtsprechung beruhen. Für das Erfordernis eines entsprechenden „Anerkennungsakts" spricht das Rechtsstaatsprinzip. Danach muss sich das staatliche Handeln stets im Rahmen der Rechtsordnung bewegen.[113] Deutschland erkennt als solche Gepflogenheit das Gewohnheitsrecht an. Für dessen Legitimation ist neben der langandauernden Übung eine gewisse Rechtsüberzeugung zu fordern.[114] Es kann an dieser Stelle nicht abschließend beurteilt werden, welche Voraussetzungen das Gewohnheitsrecht in den einzelnen Mitgliedstaaten erfüllen muss. Da die Rechtsstaatlichkeit Voraussetzung für den Beitritt in die EU ist,[115] muss jedoch stets eine gewisse rechtliche Legitimation der Gepflogenheiten vorliegen.

V. Zwischenergebnis

Der Anwendungsbereich der Umsetzungsgesetze richtet sich nicht ausschließlich nach dem Sitzstaat. Daher sind in der Praxis regelmäßig mehrere nationale Umsetzungsgesetze anzuwenden. Dies lässt sich wie folgt veranschaulichen:

---

111 Aus diesem Grund kann auch nicht auf die Auslegung in Zusammenhang mit der Vorschrift Art. 9 Abs. 1 CISG zurückgegriffen werden, die ebenfalls den Begriff der Gepflogenheit verwendet. Art. 9 CISG betrifft nur die zwischen zwei Parteien bestehenden Gepflogenheiten, *Saenger* in Bamberger/Roth, BeckOK BGB, Art. 9 CISG Rn. 3.

112 Zur Rechtsnatur von Betriebsvereinbarungen *Kania* in ErfK, § 77 BetrVG Rn. 4; zur rechtlichen Qualifikation von Gesamtzusagen *Preis* in ErfK, § 611 BGB Rn. 218.

113 *Degenhart*, Staatsrecht I, § 3 Rn. 137: „Rechtsstaatlichkeit insbesondere bedeutet Handeln im Rahmen der Rechtsordnung [...]."

114 *Tilch/Arloth*, Deutsches Rechtslexikon, „Gewohnheitsrecht".

115 *Ohler* in Grabitz, Das Recht der EU, Art. 49 EUV Rn. 15.

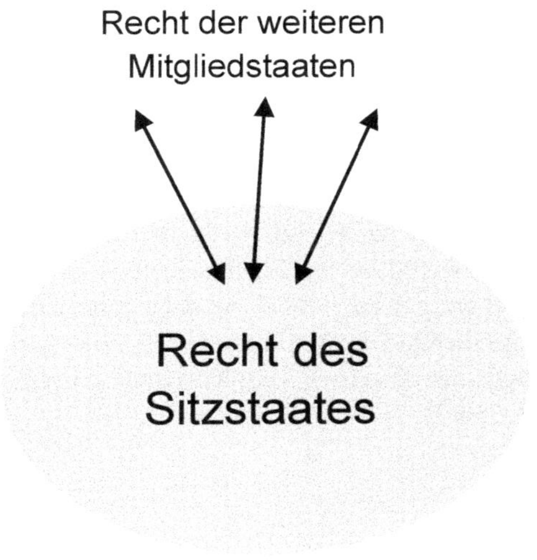

(Eigene Darstellung)

Die SE-Richtlinie räumt den Mitgliedstaaten in den maßgeblichen Punkten einen Gestaltungsspielraum ein oder nimmt auf bereits existierendes, jedoch nicht harmonisiertes nationales Recht Bezug.[116] Die darauf basierende Rechtsunsicherheit könnte weiter durch den Umstand intensiviert werden, dass der ungenaue Begriff der Gepflogenheiten als Verweisungsziel in das Arbeitnehmerbeteiligungsverfahren einbezogen wird. Zur Veranschaulichung der aus den Verweisungen folgenden Multinationalität soll folgendes Beispiel dienen:

> *Eine deutsche AG, die eine Tochtergesellschaft in Ungarn hat, wird in eine SE umgewandelt. Die SE soll ihren Sitz in Deutschland haben. Daher ist das SEBG für das Verhandlungsverfahren und die gesetzliche Auffangregelung maßgeblich. Für die in Ungarn beschäftigten Arbeitnehmer der betroffenen Tochtergesellschaft gilt im Hinblick auf die Informationsadressaten und die Bestimmung der konkreten Mitglieder des BVG das ungarische Umsetzungsrecht. Und auch hinsichtlich der Schutzbestimmungen für die ungarischen Arbeitnehmervertreter ist ungarisches Recht anzuwenden.*

116 Zur mangelnden Harmonisierung des nationalen Kollektivarbeitsrechts *Thüsing*, Europäisches Arbeitsrechts, § 1 Rn. 1.

Die Probleme in der praktischen Anwendung lassen sich bereits hier in Grundzügen erkennen. Je mehr Mitgliedstaaten und damit unterschiedliche Rechtsordnungen betroffen sind, desto schwieriger und komplizierter ist das Arbeitnehmerbeteiligungsverfahren in der Praxis durchzuführen.

Der nachfolgende Vergleich der verschiedenen einzelstaatlichen Regelungen soll zeigen, in welchem Umfang die Verweisungen auf ausländische Rechtsordnungen tatsächlich Schwierigkeiten bei der Rechtsanwendung verursachen. Probleme sind zu erwarten, wenn die einzelnen Regelungen erheblich differenzieren oder sich sogar widersprechen. Hierzu wird zunächst herausgearbeitet, hinsichtlich welcher Aspekte das SEBG im Einzelnen nicht anwendbar ist und wo die Arbeitnehmerbeteiligung in einer SE demzufolge multinationalen Charakter hat (§ 2, S. 19 ff.). Anschließend werden die von den Verweisungen betroffenen nationalen Regelungen der einzelnen Mitgliedstaaten dargestellt und miteinander verglichen (§ 3, S. 75 ff.).

§ 2 Verweisungen des SEBG auf ausländisches Recht

A. Begriffsdefinitionen

Das SEBG lehnt sich in § 2 an die Begriffsdefinitionen der SE-Richtlinie an.[117] Bei der Umsetzung lassen sich drei verschiedene Regelungstechniken unterscheiden. Zum Teil enthält die SE-Richtlinie eigene Definitionen, die von den Mitgliedstaaten in das jeweilige nationale Recht zu übernehmen sind. Für einzelne Begriffe wird auf die jeweiligen nationalen Rechtsvorschriften und Gepflogenheiten verwiesen. Hinsichtlich anderer Termini findet sich weder in der SE-Richtlinie noch im SEBG eine Definition. Hier ist zu ermitteln, ob die Auslegung durch alle Mitgliedstaaten einheitlich zu erfolgen hat, oder ob nach dem Willen des Richtliniengebers die nationalen Begrifflichkeiten Anwendung finden.[118]

I. Arbeitnehmer und Arbeitnehmervertreter

1. Nationale Rechtsvorschriften und Gepflogenheiten

Die SE-Richtlinie enthält weder eine gemeinschaftsrechtliche Definition des Arbeitnehmers noch eine Verweisung auf den jeweiligen nationalen Arbeitnehmerbegriff. § 2 Abs. 1 SEBG bestimmt, dass sich der Begriff des Arbeitnehmers nach den Rechtsvorschriften und Gepflogenheiten der jeweiligen Mitgliedstaaten richtet. Die SE-Richtlinie hat bewusst auf eine einheitliche Regelung verzichtet.[119]

Hintergrund dieser Verweisung auf mitgliedstaatliches Recht ist der Zweck der SE-Richtlinie. Die SE-Richtlinie soll lediglich die Beteiligungsrechte der Arbeitnehmer schützen, die vor der Gründung der SE in den beteiligten Gesellschaften erworben wurden.[120] Diesen Beteiligungsrechten liegt immer der

---

117 Begr. zum RegE, Allgemeines, BT-Drucks. 15/3405, S. 42: „Die Umsetzung in Artikel 2 orientiert sich an der Systematik und dem Aufbau der Richtlinie. Zielsetzung, Grundsätze und Begriffsbestimmungen werden – soweit von der Richtlinie vorgegeben – übernommen."

118 *Rebhahn* in Riesenhuber, Europäische Methodenlehre, § 18 Rn. 13.

119 Begr. zum RegE zu § 2 Abs. 1, BT-Drucks. 15/3405, S. 43.

120 Zum Regelungsziel § 1 B. II. 1 (S. 4).

jeweilige nationale Arbeitnehmerbegriff zu Grunde.[121] Folgerichtig schützt die SE-Richtlinie auch nur solche Personen, die nach nationalem Recht als Arbeitnehmer definiert sind.[122] Die Verwendung eines einheitlichen europarechtlichen Arbeitnehmerbegriffs wäre nicht sachgerecht, da dann auch Personen in den Schutzbereich einbezogen wären, die nach nationalem Recht keinen Arbeitnehmerstatus und mithin keine Beteiligungsrechte besitzen.

Parallel verweist die SE-Richtlinie hinsichtlich des Begriffs der Arbeitnehmervertreter auf die Rechtsvorschriften und Gepflogenheiten der Mitgliedstaaten.[123] Entsprechend umfasst die Definition der Arbeitnehmervertretung in § 2 Abs. 6 SEBG nur die nach dem BetrVG bestehenden Vertretungen, nicht aber die Vertreterorgane der anderen Mitgliedstaaten.[124] Diese Verweisung ist darauf zurückzuführen, dass es in denjenigen Bereichen, in denen der Begriff der Arbeitnehmervertretung in der SE-Richtlinie eine Rolle spielt, gerade auf die nach nationalem Recht bestehenden Arbeitnehmervertretungen ankommt. So sind etwa nach Art. 3 Abs. 1 SE-Richtlinie die erforderlichen Schritte einzuleiten, um mit den Arbeitnehmervertretungen der Gesellschaften Verhandlungen über die Beteiligungsvereinbarung in der SE aufzunehmen. Es kann sich nur um die nach nationalem Recht eingerichteten Vertreterorgane handeln. Eine einheitliche gemeinschaftsrechtliche Auslegung wäre nicht zielführend.

2. *Verweisungsfolgen*

Das Fehlen eines einheitlichen Arbeitnehmerbegriffs hat weitreichende Auswirkungen. Es muss in allen Mitgliedstaaten, in denen Arbeitnehmer an der SE-Gründung zu beteiligen sind, nach dem jeweiligen nationalen Recht geprüft werden, wer als Arbeitnehmer zu qualifizieren ist. Enthält das jeweilige Umsetzungsrecht keine diesbezügliche Regelung, ist hilfsweise an die allgemeinen Vorschriften und Gepflogenheiten anzuknüpfen.[125] Dies kann zu erheblichen Schwierigkeiten bei der SE-Gründung führen, da der Arbeitnehmerbegriff in zahlreichen Vorschriften eine wichtige Rolle spielt.[126]

---

121 So legt z.B. das BetrVG in § 5 fest, wer Arbeitnehmer im Sinne des Gesetzes ist.

122 So i.E. auch *Feuerborn* in KK zum AktG, § 2 SEBG Rn. 3.

123 Art. 2 Buchst. e SE-Richtlinie.

124 Begr. zum RegE zu § 2 Abs. 6, BT-Drucks. 15/3405, S. 44.

125 *Hohenstatt/Müller-Bonanni* in Habersack/Drinhausen, SE, § 2 SEBG Rn. 8; *Rieble* in Rieble/Junker, Vereinbarte Mitbestimmung, § 3 Rn. 51.

126 *Hohenstatt/Müller-Bonanni* in Habersack/Drinhausen, SE, § 2 SEBG Rn. 4 mit einer Aufzählung der Vorschriften des SEBG, für die der Arbeitnehmerbegriff bedeutsam ist.

So muss bereits die Information zur Einleitung des Verhandlungsverfahrens Angaben über die jeweiligen Beschäftigtenzahlen enthalten.[127] Fehlerhafte oder unvollständige Angaben führen zu einer Verzögerung des Gesamtprojekts, da die Frist zur Bildung eines BVG gemäß § 11 Abs. 1 S. 1 SEBG an die ordnungsgemäße Information anknüpft.[128] Auch für die Zusammensetzung des BVG und des SE-Betriebsrats ist die Zahl der Arbeitnehmer entscheidend.[129] Darüber hinaus kommt es für das Überschreiten bestimmter Schwellenwerte darauf an, wer als Arbeitnehmer zu qualifizieren ist. Dies betrifft die erforderliche Mehrheit bei einem Beschluss des BVG über die Minderung von Mitbestimmungsrechten sowie den Schwellenwert, der für das Eingreifen der gesetzlichen Auffangregelung erforderlich ist.[130]

Weiterer Nachteil der Verweisung ist, dass sich die Arbeitnehmerbegriffe der Mitgliedstaaten unterscheiden.[131] Einzelne Personengruppen, wie z.B. Leiharbeitnehmer sind nur in manchen Staaten von der SE-Richtlinie erfasst.[132] Ein Wertungswiderspruch entsteht durch die Verweisungstechnik indessen nicht, da diese Personen eben nur in manchen Mitgliedsländern ein schützenswertes Recht auf Beteiligung haben.

II. Tochtergesellschaft

Die SE-Richtlinie enthält in Art. 2 Buchst. c eine gemeinschaftsrechtliche Definition der Tochtergesellschaft:

> *[...] bezeichnet der Ausdruck [...] ‚Tochtergesellschaft' einer Gesellschaft ein Unternehmen, auf das die betreffende Gesellschaft einen beherrschenden Einfluss [...] ausübt, [...].“*
>
> (Anm.: Hervorhebung durch die Verf.)

Die Definition der Tochtergesellschaft in der SE-Richtlinie sollte einer Vereinheitlichung des Begriffs dienen.[133] Diese Begriffsdefinition wurde in das SEBG nicht wortgleich übernommen. § 2 Abs. 3 SEBG lautet wie folgt:

> *„Tochtergesellschaften sind rechtlich selbständige Unternehmen, auf die eine andere Gesellschaft einen beherrschenden Einfluss [...] ausüben kann.“*
>
> (Anm.: Hervorhebung durch die Verf.)

127 *Rieble* in Rieble/Junker, Vereinbarte Mitbestimmung, § 3 Rn. 49.
128 *Oetker* in Lutter/Hommelhoff, SE, § 4 SEBG Rn. 31.
129 §§ 5 Abs. 1 S. 2, 23 Abs. 1 S. 3 SEBG.
130 Vgl. § 15 Abs. 3 und § 34 Abs. 1 Nr. 2 und 3 SEBG.
131 *Riesenhuber*, Europäisches Arbeitsrecht, § 1 Rn. 2.
132 Kritisch *Rebhahn* in Riesenhuber, Europäische Methodenlehre, § 18 Rn. 55.
133 So für das deutsche Recht Begr. zum RegE zu § 2 Abs. 3, BT-Drucks. 15/3405, S. 44.

Die Definition der SE-Richtlinie kommt § 18 Abs. 1 AktG nahe. Danach ist für die Beherrschungslage zwingend eine einheitliche Leitung erforderlich. Die Regelung des SEBG hingegen lässt für das Vorliegen einer Tochtergesellschaft eine Beherrschungssituation i.S.d § 17 Abs. 1 AktG ausreichen.[134] Hierfür spricht das Wort „kann". Es reicht somit eine nur potentielle Beherrschungslage aus.[135] Aufgrund dieser Abweichung unterfallen mehr Gesellschaften dem SEBG als von der Richtlinie vorgesehen.[136]

Die Regelung des § 2 Abs. 3 SEBG wird deshalb vereinzelt für europarechtswidrig gehalten.[137] Grundsätzlich ist eine überschießende Richtlinienumsetzung aber zulässig, solange damit nicht den Richtlinienvorgaben widersprochen wird.[138] Vorliegend könnte ein Widerspruch entstehen, wenn § 2 Abs. 3 SEBG die im Ausland beschäftigten Arbeitnehmer diskriminiert. Hierfür müssten die im Ausland sitzenden Gesellschaften anders behandelt werden als Gesellschaften mit Sitz in Deutschland. Dies wäre der Fall, wenn die jeweiligen nationalen Definitionen anzuwenden wären. Da alle untersuchten ausländischen Umsetzungsgesetze im Einklang mit der SE-Richtlinie die engere Definition verwenden, würden im Ausland weniger Gesellschaften in die Arbeitnehmerbeteiligung einbezogen werden.[139]

Die jeweiligen mitgliedstaatlichen Begriffsbestimmungen sind jedoch nur maßgeblich, wenn die SE-Richtlinie auf eine eigene Definition verzichtet.[140] Dies ist vorliegend nicht der Fall. § 2 Abs. 3 SEBG gilt somit auch für Tochtergesellschaften mit Sitz im Ausland.[141] Mangels Ungleichbehandlung ist § 2 Abs. 3 SEBG als richtlinienkonform zu bewerten.

III. Betrieb

Die SE-Richtlinie bzw. das SEBG nehmen an einigen Stellen auch auf den Betriebsbegriff Bezug.[142] Weder die SE-Richtlinie noch das SEBG definieren, was unter einem Betrieb zu verstehen ist.

---

134 *Hohenstatt/Müller-Bonanni* in Habersack/Drinhausen, SE, § 2 SEBG Rn. 12.
135 *Oetker* in Lutter/Hommelhoff, SE, § 2 SEBG Rn. 9.
136 *Hohenstatt/Müller-Bonanni* in Habersack/Drinhausen, SE, § 2 SEBG Rn. 13.
137 So *Hohenstatt/Müller-Bonanni* in Habersack/Drinhausen, SE, § 2 SEBG Rn. 12 f.
138 *Nettesheim* in Grabitz, Das Recht der EU, Art. 288 AEUV Rn. 131.
139 Eine Liste der untersuchten Gesetze befindet sich im Anhang „Ausländische Gesetze".
140 Begr. zum RegE, Allgemeines, BT-Drucks. 15/3405, S. 42.
141 Zur Anwendbarkeit des Sitzstaatrechts § 1 D. III (S. 12).
142 Z.B. Art. 3 SE-Richtlinie, §§ 4 Abs. 2 S. 1, 5 Abs. 1 SEBG.

Nach der Gesetzesbegründung zum SEBG sind die in den einzelnen Mitgliedstaaten bestehenden Definitionen maßgeblich, sofern die Richtlinie auf Begriffsbestimmungen verzichtet.[143] Für die Anwendung der jeweiligen nationalen Begriffe scheint das Ziel der SE-Richtlinie zu sprechen, das in der Sicherung bereits erworbener Beteiligungsrechte besteht.[144] Diese Beteiligungsrechte werden in Betrieben ausgeübt, die nach nationalem Recht definiert sind. Sonach könnte eine Ungleichbehandlung einzelner Belegschaften gerechtfertigt sein. Entsprechend vertritt das deutsche Schrifttum, dass der Betriebsbegriff des BetrVG Anwendung findet.[145]

Andererseits gibt es keine ausdrückliche Verweisung auf die jeweiligen nationalen Rechtsvorschriften und Gepflogenheiten. Dies deutet grundsätzlich auf eine Auslegung nach europarechtlichen Grundsätzen hin.[146] Zudem indiziert die gemeinschaftsrechtliche Definition der Tochtergesellschaft, dass auch der Betriebsbegriff einheitlich auszulegen ist. Es gibt keinen Grund, die beiden Begriffe unterschiedlich zu behandeln. Auch der Betriebsbegriff in der Richtlinie über Europäische Betriebsräte, die Vorreiter der SE-Richtlinie war,[147] wird „nach Maßgabe des Gemeinschaftsrechts" ausgelegt.[148]

Somit muss der Betrieb lediglich ein „Mindestmaß an organisatorischer Einheit" erfüllen. Voraussetzung ist, dass der Arbeitseinsatz von einer Leitung im Betrieb gesteuert wird.[149] Diese weite gemeinschaftsrechtliche Auslegung erfasst auch Einheiten, die nach nationalem Recht nicht die Voraussetzungen eines Betriebes erfüllen. So ist z.B. der Betriebsbegriff des BetrVG deutlich enger gefasst.[150] Betrieb im Sinne des SEBG ist folglich auch der Betriebsteil gemäß

---

143 Begr. zum RegE, Allgemeines, BT-Drucks. 15/3405, S. 42.

144 Hierzu § 1 B. II. 1 (S. 4).

145 *Feuerborn* in KK zum AktG, § 2 SEBG Rn. 24; *Henssler* in Ulmer/Habersack/Henssler, Mitbestimmung, § 2 SEBG Rn. 6; *Hohenstatt/Müller-Bonanni* in Habersack/Drinhausen, SE, § 2 SEBG Rn. 23; *Jacobs* in MüKo, Europäisches Aktienrecht, § 2 SEBG Rn. 26; *Oetker* in Lutter/Hommelhoff, SE, § 2 SEBG Rn. 12; a.A. *Hennings* in Manz/Mayer/Schröder, SE (1. Auflage 2005), Art. 2 SE-Richtlinie Rn. 5.

146 *Rebhahn* in Riesenhuber, Europäische Methodenlehre, § 18 Rn. 13 und § 11 Rn. 7 f.

147 § 1 B. I (S. 2).

148 *Blanke*, EBRG, § 1 Rn. 11; *Hanau* in Hanau/Steinmeyer/Wank, Europäisches Arbeitsrecht, § 19 Rn. 35 f.; i.E. ebenfalls zustimmend *Hennings* in Manz/Mayer/Schröder, SE (1. Auflage 2005), Art. 2 SE-Richtlinie Rn. 5; a.A. *Müller*, EBRG, § 10 Rn. 2.

149 *Hanau* in Hanau/Steinmeyer/Wank, Europäisches Arbeitsrecht, § 19 Rn. 36.

150 „Nach der ständigen Rechtsprechung des BAG ist ein Betrieb i. S. des BetrVG eine organisatorische Einheit, innerhalb derer der Unternehmer allein oder zusammen

§ 4 Abs. 1 Nr. 2 BetrVG, da dieser sich unter anderem durch eine eigenständige Organisation auszeichnet.[151]

B. Information der Arbeitnehmerseite

Die Arbeitnehmerbeteiligung in einer SE lässt sich in verschiedene Verfahrensstadien unterteilen. Zunächst sind nach Bekanntgabe des Gründungsvorhabens die notwendigen Schritte zur Aufnahme von Verhandlungen mit den Arbeitnehmervertretern einzuleiten.[152] Hierzu gehört gemäß Art. 3 Abs. 1 SE-Richtlinie auch die Unterrichtung über die Identität der beteiligten Gesellschaften und der betroffenen Tochtergesellschaften oder betroffenen Betriebe sowie die Zahl ihrer Beschäftigten. Das SEBG hat diese Richtlinienvorgabe in § 4 konkretisiert. Danach sind die ersten notwendigen Schritte die schriftliche Aufforderung zur Bildung eines BVG sowie die Information der Arbeitnehmerseite über das Gründungsvorhaben.[153] In der Praxis werden Aufforderung und Information regelmäßig in einem gemeinsamen Schreiben übermittelt.[154] Die Adressaten der Information und Aufforderung sind dieselben.[155] Die Information soll die Bildung des BVG ermöglichen.[156]

I. Pflicht der Leitungen

1. Anzuwendendes Recht

Die Geschäftsführungs- und Vertretungsorgane der unmittelbaren Gründungsgesellschaften tragen die Initiativlast für die Verhandlungen mit den

---

mit den von ihm beschäftigten Arbeitnehmern bestimmte arbeitstechnische Zwecke fortgesetzt verfolgt. Dazu müssen die in einer Betriebsstätte vorhandenen materiellen und immateriellen Betriebsmittel für den oder die verfolgten arbeitstechnischen Zwecke zusammengefasst, geordnet und gezielt eingesetzt und die menschliche Arbeitskraft von einem einheitlichen Leitungsapparat gesteuert werden", BAG vom 14.05.1997, AP BetrVG 1972 § 8 Nr. 6.

151 *Richardi* in Richardi, BetrVG, § 4 Rn. 27.

152 Art. 3 Abs. 1 SE-Richtlinie.

153 *Krause*, BB 2005, 1221 (1223).

154 *Feuerborn* in KK zum AktG, § 4 SEBG Rn. 7.

155 *Henssler* in Ulmer/Habersack/Henssler, Mitbestimmung, § 4 SEBG Rn. 4; *Köklü* in Van Hulle/Maul/Drinhausen, SE, Abschnitt 6 Rn. 24.

156 *Feuerborn* in KK zum AktG, § 4 SEBG Rn. 22; *Jacobs* in MüKo, Europäisches Aktienrecht, § 4 SEBG Rn. 14.

Arbeitnehmern, wenn sie planen eine SE zu gründen.[157] Ausgehend von der Prämisse, dass die SE ihren Sitz in Deutschland haben wird, ist zunächst zu klären, ob die Pflicht nach § 4 SEBG sowohl die Leitungen inländischer als auch ausländischer Gesellschaften betrifft. Denn an der Gründung durch Verschmelzung oder Errichtung einer gemeinsamen Holding- bzw. Tochter-SE sind aufgrund des Erfordernisses der Mehrstaatlichkeit auch Gesellschaften beteiligt, die ihren Sitz nicht in Deutschland haben. Hinsichtlich dieser Gesellschaften ist umstritten, nach welchem Recht sich Zeitpunkt und Inhalt der Information beurteilt. Neben einer transnationalen Anwendung des § 4 SEBG kommt alternativ ein Rückgriff auf die jeweiligen nationalen Vorschriften hinsichtlich der Informationspflicht in Betracht.

Die Befürworter der Anwendung des jeweiligen nationalen Rechts argumentieren mit dem Territorialitätsprinzip. § 4 SEBG erfasse nur inländische Leitungen. Die Leitungen beteiligter Gesellschaften mit Sitz in einem anderen Mitgliedstaat würden der Informationspflicht des dort geltenden Umsetzungsgesetzes unterliegen.[158] Darüber hinaus könnte die Gesetzesbegründung zu § 3 Abs. 1 SEBG für die Anwendung der jeweiligen nationalen Vorschriften sprechen. Danach soll das SEBG die am Sitz der SE zu erfüllenden Mitwirkungspflichten beteiligter Gesellschaften umfassen, selbst wenn diese ihren Sitz im Ausland haben.[159] Im Umkehrschluss könnte dies bedeuten, dass sich die Informationspflicht prinzipiell nach den Umsetzungsgesetzen der Beschäftigungsländer richtet, da jene naturgemäß dort und nicht am Sitz der zukünftigen SE zu erfüllen ist.[160]

Das Territorialitätsprinzip schließt jedoch die Anwendung inländischen Rechts auf Sachverhalte, die einen Bezug zum Ausland aufweisen, nicht grundsätzlich aus. Der Begriff Territorialität weist lediglich auf eine räumliche Verknüpfung der Norm hin.[161] So ist z.B. in der Rechtsprechung des BAG anerkannt, dass das BetrVG trotz seines durch das Territorialitätsprinzip beschränkten Geltungsbereichs auf Arbeitnehmer ausstrahlen kann, die vorübergehend im Ausland tätig sind. Voraussetzung ist, dass der betroffene Arbeitnehmer einem

157 § 2 Abs. 5 S. 1 SEBG; *Köklü* in Van Hulle/Maul/Drinhausen, SE, Abschnitt 6 Rn. 13.

158 *Evers* in Manz/Mayer/Schröder, SE, § 4 SEBG Rn. 6; *Oetker* in Lutter/Hommelhoff, SE, § 4 SEBG Rn. 20; wohl auch *Henssler* in Ulmer/Habersack/Henssler, Mitbestimmung, § 4 SEBG Rn. 3 ff.

159 Begr. zum RegE zu § 3 Abs. 1, BT-Drucks. 15/3405, S. 45.

160 So jedenfalls *Henssler* in Ulmer/Habersack/Henssler, Mitbestimmung, § 4 SEBG Rn. 4.

161 Allg. *Kropholler*, Internationales Privatrecht, § 22 S. 152 f.

Betrieb mit Sitz in Deutschland zuzuordnen ist.[162] Maßgebend ist somit nicht das Territorialitätsprinzip, sondern das eigentliche Anknüpfungsmoment. Vorliegend sieht die SE-Richtlinie kein Anknüpfungsmoment vor, aufgrund dessen auf das Recht des Sitzstaates der beteiligten Gesellschaft verwiesen wird. Zudem würde die Anknüpfung an den Sitz der beteiligten Gesellschaft der unmissverständlichen Anweisung des Art. 6 SE-Richtlinie widersprechen:

> *„Sofern in dieser Richtlinie nichts anderes vorgesehen ist, ist für das Verhandlungsverfahren gemäß den Artikeln 3 bis 5 das Recht des Mitgliedstaates maßgeblich, in dem die SE ihren Sitz haben wird."*
>
> (Anm.: Hervorhebung durch die Verf.)

Da die Information das Verhandlungsverfahren einleitet, ist sie von der Verweisung des Art. 6 SE-Richtlinie auf das Sitzstaatrecht umfasst. Dies belegt die Systematik des Art. 3 Abs. 1 SE-Richtlinie. Der europäische Richtliniengeber hat die Nähe zum Sitzstaat und das Erfordernis einer einheitlichen Regelung offenbar höher bewertet als die räumliche Verbindung mit dem Sitz der beteiligten Gesellschaft.

Auch der Verweis auf die Gesetzesbegründung zu § 3 Abs. 1 SEBG ist nicht überzeugend. Denn diese widerspricht der Begründung zu § 4 Abs. 3 SEBG, wonach die Informationspflicht auch für beteiligte Gesellschaften mit Sitz im Ausland gilt.[163] Die Begründung zur Informationspflicht ist vorrangig, da es sich bei dieser um die inhaltlich konkretere Bestimmung handelt. Die Pflicht des § 4 SEBG trifft deshalb – unabhängig vom jeweiligen Sitz – alle Gesellschaften, die sich an der Gründung einer SE mit zukünftigem Sitz in Deutschland beteiligen.[164]

In der Praxis wird die Problematik dadurch relativiert, dass eine der beteiligten Gesellschaften federführend die Aufforderung und Information der Arbeitnehmerseite durchführen kann.[165] Denn die einzelnen Adressaten in den Mitgliedstaaten sind nicht zwingend durch die für sie jeweils zuständigen

---

162 BAG vom 25.04.1978, Az. 6 ABR 2/77, AP IPR (ArbR) Nr. 16; BAG vom 21.10.1980, Az. 6 AZR 640/79, AP IPR (ArbR) Nr. 17; *Richardi* in Richardi, BetrVG, Einl. Rn. 73 ff.

163 Begr. zum RegE zu § 4 Abs. 3, BT-Drucks. 15/3405, S. 45.

164 Begr. zum RegE zu § 4 Abs. 3, BT-Drucks. 15/3405, S. 45; *Jacobs* in MüKo, Europäisches Aktienrecht, § 4 SEBG Rn. 10; *Kienast* in Jannott/Frodermann, SE, 13. Kapitel Rn. 108; *Köklü* in Van Hulle/Maul/Drinhausen, SE, Abschnitt 6 Rn. 19, zustimmend wohl auch *Hohenstatt/Müller-Bonanni* in Habersack/Drinhausen, SE, § 3 SEBG Rn. 6.

165 Zutreffend *Henssler* in Ulmer/Habersack/Henssler, Mitbestimmung, § 3 SEBG Rn. 3; *Jacobs* in MüKo, Europäisches Aktienrecht, § 4 SEBG Rn. 11; *Oetker* in Lutter/Hommelhoff, SE, § 4 SEBG Rn. 19.

Leitungen zu informieren. Dies ergibt sich weder aus der Gesetzesbegründung zum SEBG noch aus der SE-Richtlinie.[166]

2. *Informationszeitpunkt*

Die SE-Richtlinie legt keinen konkreten Zeitpunkt für die Information fest und überlässt den Mitgliedstaaten einen Gestaltungsspielraum.[167] Infolgedessen sehen einzelne Mitgliedstaaten wie z.B. Litauen, Spanien und Malta eine Frist für die Informationserteilung vor.[168]

Richtet sich die Informationspflicht nicht einheitlich nach dem Recht des zukünftigen Sitzstaates, kann es zu Schwierigkeiten in der Praxis kommen. Aufgrund divergierender Umsetzungsregelungen würden die Arbeitnehmer möglicherweise nicht gleichzeitig über die geplante SE-Gründung informiert werden. Eine einheitliche Regelung ist unbedingt erforderlich, um diesbezügliche Diskrepanzen zu vermeiden. Auch dies spricht für das unter Ziffer 1 hergeleitete Ergebnis.

3. *Informationsinhalt*

Bei einer Anwendung der jeweiligen nationalen Vorschriften würde weiter die Gefahr bestehen, dass nicht alle Arbeitnehmer dieselben Informationen erhalten. Die SE-Richtlinie räumt den Mitgliedstaaten in Art. 3 Abs. 1 auch hinsichtlich des Informationsinhalts einen Gestaltungsspielraum ein. Sie gibt nur einzelne Punkte wie die Identität der beteiligten Gesellschaften und betroffenen Tochtergesellschaften oder betroffenen Betriebe sowie die Beschäftigtenzahlen vor.[169] § 4 Abs. 3 SEBG sieht einen umfangreicheren, jedoch nicht abschließenden Informationskatalog vor.[170] Den einzelnen Leitungen steht es frei, über den Katalog hinaus solche Informationen zu erteilen, welche die Bildung des BVG beschleunigen. Dies können z.B. Informationen über die Adressen und Ansprechpartner

---

166 *Feuerborn* in KK zum AktG, § 4 SEBG Rn. 21; a.A. *Evers* in Manz/Mayer/Schröder, SE, § 4 SEBG Rn. 6.

167 „[…] leiten sie nach der Offenlegung des Verschmelzungsplans oder des Gründungsplans für eine Holdinggesellschaft oder nach der Vereinbarung eines Plans zur Gründung einer Tochtergesellschaft oder zur Umwandlung in eine SE so rasch wie möglich die erforderlichen Schritte […] ein“, Art. 3 Abs. 1 SE-Richtlinie.

168 Art. 9 Abs. 2 SEBG (LT); Art. 3 Abs. 4 S. 2 SEBG (MT); Art. 5 Abs. 2 SEBG (ES).

169 *Feuerborn* in KK zum AktG, § 4 SEBG Rn. 23.

170 Begr. zum RegE zu § 4 Abs. 3, BT-Drucks. 15/3405, S. 45; *Feuerborn* in KK zum AktG, § 4 SEBG Rn. 22; *Hohenstatt/Müller-Bonanni* in Habersack/Drinhausen, SE, § 4 SEBG Rn. 11; *Oetker* in Lutter/Hommelhoff, SE, § 4 SEBG Rn. 25.

der Arbeitnehmervertretungen in anderen betroffenen Mitgliedstaaten sein.[171] Denkbar sind außerdem Angaben über die jeweils geltenden nationalen Mitbestimmungsregelungen, da die Kenntnis der bestehenden Arbeitnehmerbeteiligungsmodelle in den betroffenen Mitgliedstaaten Grundlage der Verhandlungen ist.[172]

II. Informationsadressaten

In einem nächsten Schritt müssen die Leitungen der beteiligten Gesellschaften ermitteln, an wen die maßgeblichen Informationen zu erteilen sind. Die SE-Richtlinie trifft keine klare Aussage darüber, wer genau über die geplante SE-Gründung zu informieren ist. *Kiem* bezeichnet die diesbezüglichen Bestimmungen sogar als „kryptisch".[173] Klar ist insoweit nur, dass die Belegschaften aller beteiligten Gesellschaften, betroffenen Tochtergesellschaften und betroffenen Betriebe zu informieren sind.

Das SEBG greift in der maßgeblichen Vorschrift des § 4 Abs. 2 S. 1 und 2 auf die vorhandenen Vertretungsstrukturen zurück. Die Information ist an die Arbeitnehmervertretungen und Sprecherausschüsse in den beteiligten Gesellschaften, betroffenen Tochtergesellschaften und betroffenen Betrieben zu richten. In vertreterlosen Betrieben hat die Information unmittelbar gegenüber den Arbeitnehmern zu erfolgen.

Bei der Information der Arbeitnehmer, die nicht in Deutschland beschäftigt sind, können sich aufgrund der jeweiligen nationalen Besonderheiten Abweichungen zum SEBG ergeben. Trotz fehlender Vorgabe in der SE-Richtlinie ist sich die Literatur einig, dass die Information in der Sprache des jeweiligen Mitgliedstaates zu erfolgen hat.[174] Teilweise wird vertreten, dass die Information nicht zwingend in der jeweiligen Landessprache stattzufinden hat, wenn die Unternehmen hinsichtlich der internen Kommunikation „abweichende Übungen" praktizieren.[175] Dieser Auffassung ist aus Praktikabilitätsgründen zuzustimmen. Allerdings empfiehlt es sich bei Zweifeln, ob eine dahingehende Übung ausreichend lang praktiziert wurde, die Information zusätzlich in der jeweiligen Landessprache zu erteilen.

---

171 *Kleinsorge* in Nagel/Freis/Kleinsorge, SE, § 4 SEBG Rn. 4.

172 *Köklü* in Van Hulle/Maul/Drinhausen, SE, Abschnitt 6 Rn. 18.

173 *Kiem*, ZHR 713 (2009), 156 (171).

174 *Hohenstatt/Müller-Bonanni* in Habersack/Drinhausen, SE, § 4 SEBG Rn. 9; *Rieble* in Rieble/Junker, Vereinbarte Mitbestimmung, § 3 Rn. 44.

175 *Feuerborn* in KK zum AktG, § 4 SEBG Rn. 12; *Oetker* in Lutter/Hommelhoff, SE, § 4 SEBG Rn. 9.

Darüber hinaus besteht weitgehend Einigkeit, dass sich auch die Bestimmung der Adressaten nach dem jeweiligen nationalen Recht richtet.[176] Die Gegenauffassung, wonach die ausländischen Arbeitnehmervertretungen als Informationsadressaten durch einen „funktionalen Vergleich" mit den Betriebsräten des BetrVG zu ermitteln sind[177], ist unzutreffend. Dies belegt die Verweisung des Art. 2 Buchst. e SE-Richtlinie auf die nationalen Begriffe der Arbeitnehmervertreter.[178] Die Definition des § 4 Abs. 2 S. 1 SEBG erfasst nur Vertreter nach dem BetrVG.[179] Die Arbeitnehmervertretungen in anderen Mitgliedstaaten sind nach dem dort geltenden Recht zu ermitteln.

Im Übrigen steht die Informationserteilung in engem Zusammenhang mit der Bestimmung der BVG-Mitglieder, die sich ebenfalls nach den jeweiligen nationalen Vorschriften beurteilt.[180] Widersprüchlich wäre es daher etwa, bestimmte nationale Arbeitnehmervertretungen zu informieren, obwohl diese in dem betreffenden Mitgliedstaat nicht für die Bestellung der BVG-Mitglieder zuständig sind. Dementsprechend müssen sich die Leitungen der beteiligten Gesellschaften darüber informieren, welche Arbeitnehmervertretungen in den ausländischen Tochtergesellschaften und Betrieben vorhanden sind[181] und ob diese nach dem dort geltenden Umsetzungsrecht für den Empfang der Information zuständig sind.

Auch der Zugang der Information richtet sich nach dem jeweiligen nationalen Recht. Dies kann insbesondere problematisch werden, wenn im Ausland keine Arbeitnehmervertretung existiert und die Arbeitnehmer direkt zu informieren sind.[182] Die zuständige Leitung muss dann prüfen, ob wie im deutschen Recht die im Betrieb üblichen Informationswege wie etwa E-Mail, Intranet oder schwarzes Brett genügen. Alternativ ist ein „Einzelzuleitungsnachweis" an jeden Arbeitnehmer in Erwägung zu ziehen.[183]

---

176 *Hohenstatt/Dzida* in Henssler/Willemsen/Kalb, Arbeitsrecht, SEBG Rn. 12; *Hohenstatt/Müller-Bonanni* in Habersack/Drinhausen, SE, § 4 SEBG Rn. 6; *Rieble* in Rieble/Junker, Vereinbarte Mitbestimmung, § 3 Rn. 43.

177 So wohl *Ziegler/Gey*, BB 2009, 1750 (1751); ferner *Henssler* in Ulmer/Habersack/Henssler, Mitbestimmung, § 4 SEBG Rn. 4.

178 § 2 A. I (S. 19); *Köklü* in Van Hulle/Maul/Drinhausen, SE, Abschnitt 6 Rn. 14.

179 Dies besagt die Definition in § 2 Abs. 6 SEBG.

180 Im Einzelnen § 2 C. II (S. 36); zum Zweck der Information § 2 B am Anfang (S. 24).

181 *Rieble* in Rieble/Junker, Vereinbarte Mitbestimmung, § 3 Rn. 43.

182 *Jacobs* in MüKo, Europäisches Aktienrecht, § 4 SEBG Rn. 13.

183 Für die direkte Information inländischer Arbeitnehmer z.B. *Henssler* in Ulmer/Habersack/Henssler, Mitbestimmung, § 4 SEBG Rn. 7.

III. Bedeutung der Information

Mit der ordnungsgemäßen Information der Arbeitnehmer sind weitreichende Rechtsfolgen verbunden. Die wichtigste Auswirkung ist der Fristbeginn nach § 11 Abs. 1 SEBG. Sind die Arbeitnehmer zutreffend und umfassend informiert worden, haben sie innerhalb einer Frist von zehn Wochen die Mitglieder des BVG zu bestimmen. Diese Frist gilt auch für die Arbeitnehmer ausländischer Gesellschaften bzw. Betriebe, da es anderenfalls zu Widersprüchen kommen würde, wenn das Umsetzungsrecht dieser Staaten eine andere Frist festlegt.[184]

Die Zehn-Wochen-Frist beginnt mit dem Zugang der Information bei deren Adressaten.[185] Dies kann zu Schwierigkeiten führen, wenn im Ausland Arbeitnehmer unmittelbar zu informieren sind, da sich der Zugang nach dort geltendem Recht beurteilt.[186] Erteilt eine Leitung in einem Mitgliedstaat nicht die erforderlichen Informationen, beginnt die Frist auch in den übrigen Mitgliedstaaten nicht zu laufen, selbst wenn die Leitungen dort ihrer Informationspflicht ordnungsgemäß nachgekommen sind.[187]

Von dem Beginn und Ablauf der Frist des § 11 Abs. 1 SEBG zur Einsetzung des BVG hängt die sechsmonatige Verhandlungsfrist des § 20 SEBG ab,[188] mit deren Ablauf die Eintragungssperre des Art. 12 Abs. 2 SE-Verordnung entfällt. Durch dieses Zusammenspiel der verschiedenen Fristen wird ein Eigeninteresse der Leitungen an sachgerechter Information erzeugt, während gleichzeitig eine Blockade des Gründungsprozesses durch die Arbeitnehmer verhindert wird.[189]

Im Übrigen ist der Zeitpunkt der ordnungsgemäßen Information für die Ermittlung der Arbeitnehmerzahlen maßgeblich.[190] Diese wiederum sind für die Zusammensetzung des BVG und grundsätzlich auch für die Stimmverteilung in diesem Gremium entscheidend. Anderes gilt nur, wenn eine Situation eintritt, die nach § 5 Abs. 4 SEBG eine neue Zusammensetzung des BVG erforderlich macht.[191] Zudem sind die Arbeitnehmerzahlen für die Anwendbarkeit der

---

184 *Jacobs* in MüKo, Europäisches Aktienrecht, § 11 SEBG Rn. 3.

185 *Feuerborn* in KK zum AktG, § 11 SEBG Rn. 3; *Jacobs* in MüKo, Europäisches Aktienrecht, § 11 SEBG Rn. 3.

186 § 2 B. II (S. 28).

187 *Kleinsorge* in Nagel/Freis/Kleinsorge, SE, § 4 SEBG Rn. 13; i.E. ebenso *Jacobs* in MüKo, Europäisches Aktienrecht, § 11 SEBG Rn. 3; *Oetker* in Lutter/Hommelhoff, SE, § 11 SEBG Rn. 6.

188 *Jacobs* in MüKo, Europäisches Aktienrecht, § 11 SEBG Rn. 3.

189 *Krause*, BB 2005, 1221 (1223).

190 § 4 Abs. 4 SEBG.

191 *Evers* in Manz/Mayer/Schröder, SE, § 4 SEBG Rn. 10.

gesetzlichen Auffangregelung zur Mitbestimmung im Aufsichts- oder Verwaltungsorgan von Bedeutung.[192]

Das Unterlassen der Information sowie die unzutreffende, unvollständige oder verspätete Information stellt eine Ordnungswidrigkeit nach § 46 SEBG dar, die mit einer Geldbuße geahndet werden kann.[193]

C. Konstituierung des BVG

Das BVG ist ein international besetztes Gremium der Arbeitnehmer.[194] Es wird gebildet, um mit den Leitungen der an der SE-Gründung beteiligten Gesellschaften eine Vereinbarung über die Beteiligung der Arbeitnehmer abzuschließen.[195] Das Verfahren zur Konstituierung des BVG ist kompliziert und richtet sich nicht ausschließlich nach dem Recht des künftigen Sitzstaates der SE. In einem ersten Schritt ist zu ermitteln, wie sich das BVG abstrakt zusammensetzt, d.h. wie viele Sitze auf die jeweiligen Mitgliedstaaten entfallen. Im Anschluss ist zu entscheiden, welche Personen die den Mitgliedstaaten zugewiesenen Sitze besetzen.[196]

I. Abstrakte Sitzverteilung

Die Sitzverteilung im BVG ist in Art. 3 Abs. 2 Buchst. a der SE-Richtlinie detailliert geregelt und für die Mitgliedstaaten bindend.[197] Die Regelung wurde in § 5 Abs. 1 bis 3 SEBG übernommen. Diese Vorschrift gilt für eine SE mit künftigem Sitz in Deutschland.[198] Die Zusammensetzung des BVG berücksichtigt sowohl die beteiligten Mitgliedstaaten als auch die an der SE-Gründung beteiligten Gesellschaften.[199]

1. Grundsatz der Repräsentativität

Jedem Mitgliedstaat, in dem auch nur ein Arbeitnehmer in einer beteiligten Gesellschaft, betroffenen Tochtergesellschaft oder in einem betroffenen Betrieb

192 *Jacobs* in MüKo, Europäisches Aktienrecht, § 4 SEBG Rn. 18.

193 *Hohenstatt/Müller-Bonanni* in Habersack/Drinhausen, SE, § 4 SEBG Rn. 13.

194 Statt vieler *Jacobs* in MüKo, Europäisches Aktienrecht, § 4 SEBG Rn. 2.

195 § 4 Abs. 1 S. 2 SEBG.

196 Begr. zum RegE zu § 5, BT-Drucks. 15/3405, S. 46.

197 *Feuerborn* in KK zum AktG, § 5 SEBG Rn. 2.

198 *Henssler* in Ulmer/Habersack/Henssler, Mitbestimmung, § 5 SEBG Rn. 1; § 1 D. III (S. 12).

199 Statt vieler *Henssler* in Ulmer/Habersack/Henssler, Mitbestimmung, § 5 SEBG Rn. 1.

beschäftigt ist, wird gemäß § 5 Abs. 1 S. 1 SEBG ein Sitz im BVG zugewiesen (Repräsentativität).[200] Dieser Grundsatz gewährleistet, dass die unterschiedlichen mitgliedstaatlichen Modelle der Arbeitnehmerbeteiligung in die Verhandlungen über eine Beteiligungsvereinbarung einfließen.[201] Keinen eigenen Sitz im BVG erhält indessen ein Mitgliedstaat, in dem sich eine Niederlassung befindet, die keinen eigenständigen Betrieb darstellt.[202] Die Arbeitnehmer dieser Einheit gehören zur Belegschaft ihres Rechtsträgers und werden bereits über jenen bei der Sitzverteilung berücksichtigt.[203]

Es stellt sich die Frage, ob die Repräsentativität zwingend in dem vorgeschriebenen Umfang zu gewährleisten ist. Weder die SE-Richtlinie noch das SEBG sehen eine „Bagatellgrenze" vor.[204] Theoretisch erhöht dies die Akzeptanz der SE, da kein einziger Arbeitnehmer übergangen wird. Praktisch wird die ohnehin immense Komplexität des Verhandlungsverfahrens intensiviert, wenn selbst Belegschaften, die nur aus wenigen Personen bestehen, zwingend an dem Verfahren zu beteiligen sind.[205] Deshalb wird in der Literatur zutreffend vertreten, dass mit allen Arbeitnehmern in einem Mitgliedstaat vorab vereinbart werden kann, dass diese keinen Sitz im BVG erhalten. Umgekehrt können die Mitglieder auch schlicht darauf verzichten, den ihnen zugewiesenen Platz zu besetzen.[206]

2. *Grundsatz der Proportionalität*

Die Sitzverteilung orientiert sich am Verhältnis der Arbeitnehmerzahlen der beteiligten Mitgliedstaaten zur Gesamtarbeitnehmerzahl der künftigen SE

---

200 *Feuerborn* in KK zum AktG, § 5 SEBG Rn. 6; *Hohenstatt/Müller-Bonanni* in Habersack/Drinhausen, SE, Vorb. §§ 1 bis 3 SEBG Rn. 27.

201 *Oetker* in Lutter/Hommelhoff, SE, § 4 SEBG Rn. 6, § 5 SEBG Rn. 1; *Veelken* in GS Blomeyer (2004), 491 (511).

202 *Henssler* in Ulmer/Habersack/Henssler, Mitbestimmung, § 5 SEBG Rn. 2; vgl. hierzu auch die Ausführungen zum Betriebsbegriff unter § 2 A. III (S. 22).

203 So kann sich im Einzelfall die Arbeitnehmerzahl des Mitgliedstaates, in dem der Rechtsträger sitzt, durch die unselbständige Einheit derart erhöhen, dass der Mitgliedstaat einen weiteren Sitz erhält; zur Proportionalität nachfolgend § 2 C. I. 2 (S. 32).

204 *Feuerborn* in KK zum AktG, § 5 SEBG Rn. 8; *Hohenstatt/Dzida* in Henssler/Willemsen/Kalb, Arbeitsrecht, SEBG Rn. 9; *Hohenstatt/Müller-Bonanni* in Habersack/Drinhausen, SE, § 5 SEBG Rn. 3; *Ziegler/Gey*, BB 2009, 1750 (1752).

205 Kritisch auch *Kienast* in Jannott/Frodermann, SE, 13. Kapitel Rn. 129 Fn. 108.

206 *Hohenstatt/Müller-Bonanni* in Habersack/Drinhausen, SE, § 5 SEBG Rn. 3.

(Proportionalität).[207] Dabei spielt es keine Rolle, ob die Arbeitnehmer in einer oder mehreren Gesellschaften beschäftigt sind.[208] Gemäß § 5 Abs. 1 S. 2 SEBG ist für jeden Bruchteil von 10 Prozent der Gesamtarbeitnehmerzahl von den einzelnen Mitgliedstaaten ein Mitglied in das BVG zu entsenden. Die absolute Größe des BVG ist nicht gesetzlich festgelegt, sondern hängt von der Zahl der zu beteiligenden Arbeitnehmer ab.[209] Die Mitglieder der einzelnen Mitgliedstaaten sind zu addieren, um die Gesamtgröße des BVG in Erfahrung zu bringen.[210] Die Gesetzesbegründung veranschaulicht die Systematik des § 5 Abs. 1 S. 2 SEBG wie folgt:[211]

> *„Gründen z.B. die Gesellschaft A aus Deutschland mit 2500 Arbeitnehmern, die Gesellschaft B aus Italien mit 3000 Arbeitnehmern und die Gesellschaft C aus Österreich mit 1500 Arbeitnehmern eine SE, so beträgt die Gesamtarbeitnehmerzahl 7000. Davon fallen 35,7 Prozent auf Deutschland, 42,9 Prozent auf Italien und 21,4 Prozent auf Österreich; Deutschland erhält folglich vier Sitze, Italien fünf Sitze, Österreich drei Sitze."*

Für die maßgeblichen Arbeitnehmerzahlen kommt es gemäß § 4 Abs. 4 SEBG auf den Zeitpunkt der Information nach § 4 Abs. 2 S. 3 SEBG an.[212] Nach hier vertretener Auffassung, wonach die Informationspflicht des § 4 Abs. 3 SEBG auch für die Leitungen der im Ausland ansässigen Gesellschaften gilt, ist der Zeitpunkt für die Ermittlung der Arbeitnehmerzahlen in allen Mitgliedstaaten derselbe.

Für die Gründung durch Verschmelzung enthält die SE-Richtlinie in Art. 3 Abs. 2 Buchst. a lit. ii eine Sonderregelung, die das SEBG in § 5 Abs. 2 und 3 umgesetzt hat. Danach soll jede Gesellschaft, die durch Verschmelzung in der SE aufgeht, grundsätzlich im BVG vertreten sein. Dies kann zu einer Vergrößerung des BVG führen, wenn nicht bereits nach der Berechnung des § 5 Abs. 1 SEBG jede erlöschende Gesellschaft einen Sitz im BVG erhält.[213] Die Zahl der zusätzlichen Sitze darf zwanzig Prozent der nach § 5 Abs. 1 SEBG zu

---

207 Statt vieler *Hohenstatt/Müller-Bonanni* in Habersack/Drinhausen, SE, § 5 SEBG Rn. 2.

208 Klarstellend *Evers* in Manz/Mayer/Schröder, SE, § 5 SEBG Rn. 3.

209 *Evers* in Manz/Mayer/Schröder, SE, § 5 SEBG Rn. 1.

210 *Henssler* in Ulmer/Habersack/Henssler, Mitbestimmung, § 5 SEBG Rn. 3.

211 Begr. zum RegE zu § 5 Abs. 1, BT-Drucks. 15/3405, S. 46.

212 *Evers* in Manz/Mayer/Schröder, SE, § 5 SEBG Rn. 4; *Jacobs* in MüKo, Europäisches Aktienrecht, § 5 SEBG Rn. 2; *Hohenstatt/Müller-Bonanni* in Habersack/Drinhausen, SE, § 5 SEBG Rn. 2; *Oetker* in Lutter/Hommelhoff, SE, § 5 SEBG Rn. 8.

213 *Feuerborn* in KK zum AktG, § 5 SEBG Rn. 13; *Oetker* in Lutter/Hommelhoff, SE, § 5 SEBG Rn. 7.

bestimmenden Mitglieder im BVG nicht überschreiten.[214] Bis zum Erreichen dieser Gesamtmitgliederzahl werden die verbleibenden Sitze in der Reihenfolge der Belegschaftsstärke auf die erlöschenden Gesellschaften verteilt.[215]

Darüber hinaus darf die Sonderreglung gemäß § 5 Abs. 2 S. 2 SEBG nicht zu einer Doppelvertretung der Arbeitnehmer führen. Dies ist für die deutschen BVG-Mitglieder bereits durch § 15 Abs. 2 S. 2 SEBG ausgeschlossen, da hiernach jedes inländische Mitglied bei der Beschlussfassung gleich viele Arbeitnehmer vertritt. Das Verbot der Doppelvertretung kann für die in anderen Mitgliedstaaten beschäftigten Mitglieder relevant werden, wenn das dort geltende Umsetzungsrecht eine andere oder gar keine Regelung hinsichtlich der Stimmverteilung vorsieht.[216] Dann greift die Regelung des § 5 Abs. 2 S. 2 SEBG, die auf das gesamte BVG und nicht nur auf die in Deutschland zu wählenden Mitglieder Anwendung findet.

3. *Nachträgliche Veränderungen*

Während des Verhandlungsverfahrens können Situationen eintreten, die sich unmittelbar auf die Zusammensetzung des BVG auswirken würden.[217] Das deutsche Umsetzungsgesetz enthält hierfür in § 5 Abs. 4 eine Regelung, wonach bei Änderungen in der Struktur oder Arbeitnehmerzahl der beteiligten Gesellschaften, betroffenen Tochtergesellschaften oder betroffenen Betriebe, die während der Tätigkeit des BVG auftreten, das BVG neu zusammenzusetzen ist. Unberücksichtigt bleiben nur solche Änderungen, die ohnehin nicht zu einer anderen Zusammensetzung des BVG führen würden.[218]

Die Vorschrift stößt auf europarechtliche Bedenken, da sie in der SE-Richtlinie keine ausdrückliche Entsprechung findet.[219] Die SE-Richtlinie gebe die Verteilung der Sitze im BVG verbindlich vor, sodass die Zusammensetzung des ordnungsgemäß gebildeten BVG nicht nachträglich aufgrund von Bestimmungen geändert werden könne, die lediglich in einem Mitgliedstaat gelten.[220] Unstimmigkeiten

---

214 § 5 Abs. 3 S. 1 SEBG.

215 *Evers* in Manz/Mayer/Schröder, SE, § 5 SEBG Rn. 6; *Jacobs* in MüKo, Europäisches Aktienrecht, Vor § 1 SEBG Rn. 17.

216 *Feuerborn* in KK zum AktG, § 5 SEBG Rn. 14; *Kleinsorge* in Nagel/Freis/Kleinsorge, SE, § 5 SEBG Rn. 5.

217 Denkbar ist etwa der Erwerb einer Tochtergesellschaft mit einer nicht unerheblichen Arbeitnehmerzahl.

218 *Kleinsorge* in Nagel/Freis/Kleinsorge, SE, § 5 SEBG Rn. 10.

219 *Krause*, BB 2005, 1221 (1224); wohl ebenso *Ziegler/Gey*, BB 2009, 1750 (1753).

220 *Krause*, BB 2005, 1221 (1224).

entstünden immer dann, wenn es nach deutschem Recht aufgrund der Veräußerung einer ausländischen Tochtergesellschaft im Gründungsverfahren zu einer Erhöhung der inländischen Mitglieder des BVG komme, während das ausländische Recht keine entsprechende Verminderung vorsehe.[221] Auch folge aus dem Wortlaut des 18. Erwägungsgrundes der SE-Richtlinie, dass das Vorher-Nachher-Prinzip nur für solche strukturellen Änderungen gelte, die nach der Gründung der SE eintreten.[222]

Nach der Gegenmeinung spricht der in der SE-Richtlinie enthaltene Gedanke, wonach die Zusammensetzung des BVG die aktuellen Strukturen und Arbeitnehmerzahlen wiedergeben soll, für die Zulässigkeit der Regelung.[223] § 5 Abs. 4 SEBG diene der Sicherung der Beteiligungsrechte der Arbeitnehmer im Sinne des Schutzzwecks der SE-Richtlinie.[224] Im Übrigen hätten auch andere Mitgliedstaaten wie z.B. Österreich ähnliche Regelungen getroffen.[225] Dieser Auffassung ist zuzustimmen. Sechzehn der untersuchten Umsetzungsgesetze sehen vergleichbare Regelungen für eine Neubesetzung des BVG bei nachträglichen Änderungen vor.[226]

Im Übrigen ist die Vorschrift des § 5 Abs. 4 SEBG auch deshalb nicht europarechtswidrig, weil sie nur zur Anwendung kommt, wenn die SE ihren zukünftigen Sitz in Deutschland hat. Dann richtet sich die Zusammensetzung des gesamten BVG nach deutschem Recht. Die Vorschriften der beteiligten Mitgliedstaaten sind ohne Belang.[227] Es liegt keine Verweisung auf das dort geltende Recht vor.[228] Lediglich für die Besetzung der gegebenenfalls neu hinzukommenden Sitze ist das Umsetzungsrecht der jeweiligen Mitgliedstaaten maßgeblich.[229] Folglich würde sich umgekehrt auch bei der Veräußerung einer deutschen Tochtergesellschaft die Mitgliederzahl der anderen beteiligten Mitgliedstaaten erhöhen, selbst wenn diese eine Anpassung an die veränderten

---

221 *Krause*, BB 2005, 1221 (1224).

222 *Kraft*, S. 167 f.

223 *Hohenstatt/Müller-Bonanni* in Habersack/Drinhausen, SE, § 5 SEBG Rn. 5.

224 Eingehend *Feuerborn* in KK zum AktG, § 5 SEBG Rn. 20.

225 *Feuerborn* in KK zum AktG, § 5 SEBG Rn. 20.

226 Art. 12 CCT Nr. 84 (BE); Art. 13 Abs. 7 SEBG (BG); § 48 Abs. 10 SE-Gesetz (CZ); § 8 SEBG (DK); § 53 SEBG(EE); Art. L. 2352-7 Code du Travail (FR); Art. 8 Abs. 6 SE-Regulations 2009 (GB); Art. 5 Abs. 3 SEBG (IS); Art. 9 Abs. 5 SEBG (LI); Art. L. 442-1 Abs. 3 Code du Travail (LU); Art. 4 Abs. 2 Buchst. a SEBG (MT); § 4 Abs. 5 SEBG (NO); § 216 Abs. 5 ArbVG (AT); § 10 SEBG (SE); § 38 Abs. 11 SE-Gesetz (SK); Art. 7 Abs. 2 ZSDUEDD (SI).

227 So auch *Henssler* in Ulmer/Habersack/Henssler, Mitbestimmung, § 5 SEBG Rn. 9.

228 Zur kollisionsrechtlichen Systematik § 1 D (S. 10).

229 So auch *Henssler* in Ulmer/Habersack/Henssler, Mitbestimmung, § 5 SEBG Rn. 9; zur Besetzung der Sitze im Einzelnen § 2 C. II (S. 36).

Arbeitnehmerzahlen nicht vorsehen. Es liegt keine Benachteiligung der anderen beteiligten Mitgliedstaaten vor.

Zudem sind die praktischen Nachteile der Regelung überschaubar, da bei relevanten strukturellen Änderungen zwar eine Neubestellung für einzelne Sitze, jedoch keine vollständige Neukonstituierung des BVG erforderlich ist. Damit bleibt auch die Verhandlungsfrist des § 20 Abs. 1 SEBG unberührt.[230] Nicht zuletzt ist die Berücksichtigung wesentlicher Änderungen in der Gründungsphase der SE vorteilhaft für ein gutes Klima zwischen den Verhandlungspartnern.

II. Bestimmung der Mitglieder

1. Wahl- oder Bestellungsverfahren

Während für die abstrakte Zusammensetzung des BVG das Recht des künftigen Sitzstaates der SE maßgeblich ist,[231] erfolgt die konkrete Besetzung der Sitze nach den jeweiligen Bestimmungen der Mitgliedstaaten.[232] Für die Frage des anzuwendenden Rechts ist an den Sitz der beteiligten oder betroffenen Gesellschaften und Betriebe anzuknüpfen, aus denen die Mitglieder des BVG zu entsenden sind.[233] Dies ist sachgerecht, da die Wahl oder Bestellung der konkreten Mitglieder unmittelbar in den jeweiligen Gesellschaften und Betrieben stattfindet und die SE nur mittelbar betroffen ist.

Bei der Festlegung der Wahl- oder Bestellungsverfahren haben die Mitgliedstaaten einen weiten Gestaltungsspielraum.[234] Sie müssen lediglich dafür Sorge tragen, dass möglichst jede beteiligte Gesellschaft, die Arbeitnehmer beschäftigt, im BVG vertreten ist.[235] Außerdem soll sichergestellt werden, dass die Arbeitnehmer von Unternehmen oder Betrieben, in denen unabhängig vom Willen der Arbeitnehmer kein Arbeitnehmervertretungsorgan eingerichtet ist, selbst BVG-Mitglieder entsenden dürfen.[236] Unabhängig vom Willen der Arbeitnehmer meint insbesondere das Nichterreichen eines Schwellenwertes für die Errichtung eines Betriebsrats.[237]

---

230 Allg. Auffassung, z.B. *Feuerborn* in KK zum AktG, § 5 SEBG Rn. 20; *Jacobs* in MüKo, Europäisches Aktienrecht, § 5 SEBG Rn. 4; *Oetker* in Lutter/Hommelhoff, SE, § 5 SEBG Rn. 19.

231 Ausführungen in § 2 C. I (S. 31).

232 § 7 Abs. 1 SEBG, Art. 3 Abs. 2 Buchst. b Unterabs. 1 SE-Richtlinie.

233 Art. 3 Abs. 2 Buchst. b SE-Richtlinie, § 7 Abs. 1 SEBG.

234 *Henssler* in Ulmer/Habersack/Henssler, Mitbestimmung, §§ 8-10 SEBG Rn. 1.

235 Art. 3 Abs. 2 Buchst. b Unterabs. 1 SE-Richtlinie.

236 Art. 3 Abs. 2 Buchst. b Unterabs. 3 SE-Richtlinie.

237 *Jacobs* in MüKo, Europäisches Aktienrecht, § 8 SEBG Rn. 9.

Aus dieser Regelung ergibt sich nicht, ob die vertreterlosen Arbeitnehmer auch dann an dem Bestellungsverfahren partizipieren sollen, wenn ihnen kein eigener Sitz im BVG zugewiesen wird. Da die Höchstzahl der BVG-Mitglieder nicht überschritten werden darf, haben die vertreterlosen Arbeitnehmer oft keinen Anspruch auf einen eigenen Sitz. Die Regelung kann deshalb nur so ausgelegt werden, dass die betreffenden Arbeitnehmer das Recht haben sollen, an dem Bestellungsverfahren teilzunehmen.[238] Sofern diese Vorgabe nicht ordnungsgemäß umgesetzt wird, ist ein Legitimationsdefizit in der Zusammensetzung des BVG zu befürchten.

Aufgrund des Gestaltungsspielraums ist zu erwarten, dass die mitgliedstaatlichen Regelungen zur Bestimmung der Mitglieder des BVG in gewissem Maße differieren. Theoretisch besteht die Möglichkeit, dass 31 verschiedene Verfahren zur konkreten Besetzung des BVG existieren.[239] Aus praktischer Sicht ist zu erwarten, dass die Bestellung oftmals durch bestehende Arbeitnehmervertretungen erfolgt.[240]

2. *Mandatsvoraussetzungen*

Korrespondierend mit dem Wahlverfahren bestimmen sich gemäß § 6 Abs. 1 SEBG auch die persönlichen Voraussetzungen der Mitglieder des BVG nach den Vorschriften der Mitgliedstaaten, in denen sie gewählt oder bestellt werden. § 6 Abs. 1 SEBG setzt ebenfalls Art. 3 Abs. 2 Buchst. b Unterabs. 1 SE-Richtlinie um.[241] Die Rechtssetzungsmacht der einzelnen Mitgliedstaaten erstreckt sich nur auf die persönlichen Voraussetzungen ihrer eigenen Mitglieder, nicht jedoch auf die in anderen Mitgliedstaaten zu wählenden Personen.[242]

Auch bei den Mandatsvoraussetzungen haben die nationalen Gesetzgeber einen Gestaltungsspielraum. Insbesondere stellt es Art. 3 Abs. 2 Buchst. b Unterabs. 2 SE-Richtlinie frei, Gewerkschaftsvertreter als Mitglieder für das BVG zuzulassen, unabhängig davon ob diese Arbeitnehmer einer beteiligten Gesellschaft, betroffenen Tochtergesellschaft oder eines betroffenen Betriebes sind („externe Gewerkschaftsvertreter"). Es besteht die Möglichkeit, dass aus einem

---

238 *Hennings* in Manz/Mayer/Schröder, SE (1. Auflage 2005), Art. 3 SE-Richtlinie Rn. 12.

239 Derzeit 28 EU-Mitgliedstaaten zuzüglich Island, Liechtenstein und Norwegen als weitere Vertragsstaaten des EWR.

240 *Hennings* in Manz/Mayer/Schröder, SE (1. Auflage 2005), Art. 3 SE-Richtlinie Rn. 16.

241 *Feuerborn* in KK zum AktG, § 6 SEBG Rn. 1.

242 *Hohenstatt/Müller-Bonanni* in Habersack/Drinhausen, SE, § 6 SEBG Rn. 2.

Mitgliedstaat externe Gewerkschaftsvertreter als Mitglieder ins BVG entsandt werden, während dies nach dem Recht des künftigen Sitzstaates der SE nicht vorgesehen ist. Im Übrigen ergeben sich schon zwangsläufig Unterschiede hinsichtlich der persönlichen Voraussetzungen, da sich der Begriff des Arbeitnehmers nach den nationalen Rechtsvorschriften und Gepflogenheiten bestimmt.[243]

3. *Wahlanfechtung*

Es existiert weder in der SE-Richtlinie noch im SEBG ein gesondertes Verfahren zur Überprüfung der Zusammensetzung des BVG. Schon aus Gründen der Rechtsstaatlichkeit muss jedoch die Möglichkeit einer gerichtlichen Überprüfung gegeben sein.[244] Ob eine Wahlanfechtung begründet ist und wer gegebenenfalls anfechtungsberechtigt ist, richtet sich nach den jeweiligen nationalen Vorschriften. Dies ist eine logische Folge der Verweisung auf das Wahl- oder Bestellungsverfahren.

Davon zu unterscheiden ist die Frage der Durchsetzung einer etwaigen Wahlanfechtung, die nicht zwingend vor den jeweiligen nationalen Gerichten zu erfolgen hat.[245] Gemäß § 82 Abs. 3 Hs. 2 ArbGG ist bei Streitigkeiten vor Eintragung der SE das Arbeitsgericht zuständig, in dessen Bezirk die SE ihren Sitz haben soll. Diese Vorschrift begründet die Zuständigkeit deutscher Arbeitsgerichte, wenn im Rahmen der Gründung einer SE mit zukünftigem Sitz in Deutschland die ordnungsgemäße Zusammensetzung des BVG zu prüfen ist.[246] Die ordnungsgemäße Zusammensetzung umfasst auch die Wahl bzw. Bestellung der Mitglieder des BVG, die aus einem anderen Mitgliedstaat entsandt werden. Materiell gilt für die Anfechtung zwar das Recht des betroffenen Mitgliedstaates, die prozessuale Durchsetzung erfolgt jedoch in Deutschland.[247] Das BVG wird als einheitliches Ganzes gewählt, auch wenn die Besetzung der einzelnen Sitze dezentral erfolgt.[248] Im Hinblick auf einen raschen und rechtssicheren Gründungsprozess

243 Hierzu § 2 A. I (S. 19).

244 *Kienast* in Jannott/Frodermann, SE, Kapitel 13 Rn. 166.

245 A.A. *Wissmann*, FS Richardi (2007), 841 (847).

246 Begr. zum RegE zu Art. 6 (Änderung des Arbeitsgerichtsgesetzes) Nr. 3 Abs. 3, BT-Drucks. 15/3405, S. 60; *Henssler* in Ulmer/Habersack/Henssler, Mitbestimmung, § 10 SEBG Rn. 21.

247 Zur Ermittlung und Anwendung des ausländischen Rechts durch die Gerichte *Lorenz* in Bamberger/Roth, BeckOK BGB, Einl. IPR Rn. 78 ff.

248 *Rieble* in Rieble/Junker, Vereinbarte Mitbestimmung, § 3 Rn. 61; a.A. *Jacobs* in MüKo, Europäisches Aktienrecht, § 10 SEBG Rn. 5; *Kienast* in Jannott/Frodermann, SE, 13. Kapitel Rn. 176; *Wissmann* in FS Richardi (2007), 841 (847).

wäre eine Zersplitterung des Rechtswegs zur Geltendmachung von Wahlfehlern für die Leitungen der beteiligten Gesellschaften untragbar. Sofern die Umsetzungsgesetze einzelner Mitgliedstaaten ein besonderes gerichtliches Verfahren zur Überprüfung der Ernennung ihrer BVG-Mitglieder vorsehen,[249] findet dies keine Anwendung auf eine SE mit Sitz in Deutschland.

III. Ausblick

Die kollisionsrechtliche Verweisung hinsichtlich der Wahl bzw. Bestellung der BVG-Mitglieder führt dazu, dass das nationale Recht des Sitzstaates der SE die entsprechenden Regelungen anderer Mitgliedstaaten für die Wahl oder Bestellung ihrer Mitglieder respektieren und akzeptieren muss.[250] Damit haben die nationalen Traditionen im kollektiven Arbeitsrecht bereits auf die Zusammensetzung des BVG maßgeblichen Einfluss.[251]

So sinnvoll diese Verweisung hinsichtlich der Wahl- und Bestellungsverfahren einerseits ist, kann sie andererseits zu erheblichen praktischen Schwierigkeiten führen.[252] So kritisierte bereits der Deutsche Anwaltsverein in einer Stellungnahme zum Regierungsentwurf zum SEEG, dass sich im Verhältnis der verschiedenen nationalen Rechtsordnungen auch Widersprüche ergeben können, deren Auflösung völlig unklar sei.[253]

Das Verfahren zur Errichtung des BVG ist aufgrund der Verweisungen auf ausländische Rechtsordnungen überaus kompliziert[254] und dementsprechend fehleranfällig. Die SE-Richtlinie und das SEBG regeln nicht, welche Auswirkungen

---

249 So etwa Frankreich in Art. L. 2352-8 Code du Travail (FR) und das Vereinigte Königreich in Art. 12 Abs. 7 bis 9 SE-Regulations 2009 (GB); der Buchstabe vor den Artikeln des Code du Travail (FR) kennzeichnet den Text als Gesetz (L), Rechtsverordnung (R) oder einfache Verordnung (D), *Ranke*, Arbeitsrecht in Frankreich, Rn. 9.

250 *Kleinsorge* in Nagel/Freis/Kleinsorge, SE, § 6 SEBG Rn. 1.

251 *Kleinsorge* in Nagel/Freis/Kleinsorge, SE, § 6 SEBG Rn. 1.

252 *Heinze*, ZGR 2001, 66 (81): „Wenn nicht den nationalen Gesetzgebern bei Umsetzung der Richtlinie richtlinienkonforme und praktikable Regelungen „einfallen", werden die Vorschriften der Richtlinie zu kaum zu bewältigenden Organisationsproblemen führen."

253 *DAV*, Stellungnahme SEEG, S. 10: „Für ein reibungsloses Vorgehen bei der Gründung von SE dürfte es deshalb erforderlich werden, die Umsetzung der SE-VO und der SE-Richtlinie in den einzelnen Mitgliedsstaaten, sobald diese in ihrer endgültigen Gestalt vorliegen, miteinander zu vergleichen und soweit erforderlich zu harmonisieren."

254 So auch *Heinze*, ZGR 2001, 66 (80 f.); *Lutter*, BB 2002, 1 (5).

solche Fehler auf die Wirksamkeit einer abgeschlossenen Beteiligungsvereinbarung oder auf Beschlüsse des BVG haben können.[255]

D. Konstituierung des SE-Betriebsrats

I. SE-Betriebsrat kraft Vereinbarung

Die Beteiligung der Arbeitnehmer soll vorrangig durch eine Vereinbarung zwischen dem BVG und den Leitungen der beteiligten Gesellschaften geregelt werden.[256] Nach § 21 Abs. 1 SEBG, der auf Art. 4 Abs. 2 SE-Richtlinie beruht, muss die Beteiligungsvereinbarung gewisse Mindestinhalte aufweisen. Dazu gehören gemäß § 21 Abs. 1 Nr. 2 SEBG auch Regelungen über die Zusammensetzung des SE-Betriebsrats, die Anzahl seiner Mitglieder, die Sitzverteilung sowie die Auswirkungen wesentlicher Änderungen der Arbeitnehmerzahlen.[257]

Bei der Regelung über die Zusammensetzung des SE-Betriebsrats sind die Parteien nicht zwingend an die gesetzliche Auffangregelung in § 23 Abs. 1 SEBG gebunden.[258] Allerdings ist auch beim Abschluss einer Beteiligungsvereinbarung und somit insbesondere bei der Sitzverteilung im SE-Betriebsrat der allgemeine Gleichheitssatz zu beachten.[259] Die Diskriminierung der Auslandsbelegschaften aufgrund der territorialen Begrenzung der nationalen Betriebsverfassung wird gerade durch die Einrichtung eines transnational besetzten Gremiums verhindert, das in grenzüberschreitenden Angelegenheiten die „Interessen aller betroffenen Arbeitnehmer" wahrnimmt.[260] *Henssler* bezeichnet die Gleichbehandlung der in- und ausländischen Arbeitnehmer sogar als eine der tragenden Säulen der SE-Richtlinie.[261] Eine besondere Ausprägung erfährt dieser Gleichheitssatz bei der Sitzverteilung, da nach der Grundidee der SE-Richtlinie eine anteilsgerechte Repräsentation der mitgliedstaatlichen

---

255 *Rieble* in Rieble/Junker, Vereinbarte Mitbestimmung, § 3 Rn. 32.

256 8. Erwägungsgrund SE-Richtlinie, §§ 1 Abs. 2 S. 1, 13 Abs. 1 S. 1 SEBG.

257 Alternativ kann gemäß § 21 Abs. 2 SEBG auch ein anderes Verfahren zur Unterrichtung und Anhörung eingerichtet werden. Im Folgend wird das alternative Verfahren nicht gesondert dargestellt, sondern ausschließlich auf den SE-Betriebsrat und dessen Mitglieder abgestellt.

258 *Hohenstatt/Müller-Bonanni* in Habersack/Drinhausen, SE, § 21 SEBG Rn. 10.

259 In diesem Sinne auch *Forst*, S. 193 ff.; für die Sitzverteilung im Aufsichts- oder Verwaltungsorgan der SE *Jacobs* FS Schmidt (2009), 795 (806).

260 *Rieble/Latzel*, EuZA 2011, 145 (164).

261 *Henssler*, ZHR 173 (2009), 222 (225).

Belegschaften erfolgen soll.[262] Eine von der anteilsgerechten Repräsentation abweichende Sitzverteilung führt zu einer mittelbaren Diskriminierung betroffener Arbeitnehmer aufgrund ihrer Staatsangehörigkeit.[263] Rein pragmatisch betrachtet ist eine Vertretung aller betroffenen Arbeitnehmer auch zweckmäßig, da auf diese Art das erforderliche Vertrauen in die Arbeit des SE-Betriebsrats gesichert wird.[264] Die Beteiligungsvereinbarung kann das Problem des multinationalen und dezentralen Besetzungsverfahrens im SE-Betriebsrat somit nur entschärfen, aber nicht gänzlich vermeiden.

Selbstredend ist deshalb nicht jeder noch so kleinen Belegschaft zwingend ein Sitz im SE-Betriebsrat zuzuweisen. Aufgrund des Gleichheitssatzes ist für Abweichungen aber ein sachlicher Grund zu fordern.[265] Aus Effizienzgründen sind Regelungen sachlich gerechtfertigt, welche die Arbeitsfähigkeit des SE-Betriebsrats gewährleisten.[266] Vielfach bevorzugen die Leitungen daher Regelungen, welche die Größe des SE-Betriebsrats nach oben begrenzen.[267] Neben der exakten Definition einer Obergrenze kann die Zuweisung eines Sitzes im SE-Betriebsrat auch von einer bestimmten Belegschaftsgröße abhängig gemacht werden. Zudem sind Regelungen zulässig, die jedem Land eine bestimmte Zahl an Sitzen zuweist[268] oder gemeinsame Delegierte für mehrere Mitgliedstaaten mit kleineren Belegschaften (sogenannte Entsendekreise) bestimmt.[269]

Neben der Verteilung der Sitze müssen die Parteien regeln, wie die einzelnen Arbeitnehmer zu ermitteln sind, die die jeweiligen Sitze belegen. Auch in Bezug auf das konkrete Bestellungsverfahren ist den nationalen Gesetzgebern ein Gestaltungsspielraum eingeräumt.[270] In Anlehnung an die gesetzliche Auffangregelung können die Parteien eine Verweisung auf das Recht des Mitgliedstaates vorsehen, aus dem das Mitglied zu entsenden ist. Neben dem dezentralen Bestellungsverfahren kann auch vereinbart werden, dass die Entsendung vorrangig

---

262 Art. 3 Abs. 2 Buchst. a SE-Richtlinie.

263 In Bezug auf die vergleichbare Problematik bei der Sitzverteilung im Aufsichts- oder Verwaltungsorgan der SE *Latzel*, S. 124 f.

264 *Rose/Köstler*, Mitbestimmung in der SE, S. 33.

265 I.E. auch *Forst*, S. 195; *Jacobs*, FS Schmidt (2009), 795 (806); *Rieble* in Rieble/Junker, Vereinbarte Mitbestimmung, § 3 Rn. 99.

266 *Forst*, S. 195; *Rieble* in Rieble/Junker, Vereinbarte Mitbestimmung, § 3 Rn. 99.

267 *Rose/Köstler*, Mitbestimmung in der SE, S. 33.

268 *Rose/Köstler*, Mitbestimmung in der SE, S. 34 f.

269 *Hohenstatt/Dzida* in Henssler/Willemsen/Kalb, Arbeitsrecht, SEBG Rn. 35; *Hohenstatt/Müller-Bonanni* in Habersack/Drinhausen, SE, § 21 SEBG Rn. 10.

270 *Feuerborn* in KK zum AktG, § 21 SEBG Rn. 29; *Freis* in Nagel/Freis/Kleinsorge, SE, § 21 SEBG Rn. 13.

durch nationale Arbeitnehmervertretungen zu erfolgen hat und nur ersatzweise eine direkte Wahl durch die Beschäftigten erfolgt.[271]

Die unpraktische Verweisung auf den nationalen Arbeitnehmerbegriff[272] kann abgewendet werden, indem die Mitgliedschaft in einer nationalen Arbeitnehmervertretung als Wählbarkeitsvoraussetzung vereinbart wird.[273] Dies widerspricht nicht dem Grundsatz der Gleichbehandlung, da die Einschränkung gleichermaßen in- und ausländische Arbeitnehmer betrifft.

II. SE-Betriebsrat kraft Gesetzes

Schließen die Parteien keine Beteiligungsvereinbarung ab und hat das BVG keinen Beschluss über die Nichtaufnahme oder den Abbruch der Verhandlungen gefasst oder einigen sich die Parteien auf die Anwendung der Auffangregelung, findet § 23 Abs. 1 SEBG Anwendung.[274] Dieser beruht auf den Vorgaben aus Teil 1 Buchst. a und b des Anhangs zur SE-Richtlinie. Es ist ein SE-Betriebsrat kraft Gesetzes einzurichten.

1. Abstrakte Sitzverteilung

Für die Zusammensetzung des SE-Betriebsrats gelten grundsätzlich dieselben Regelungen wie für das BVG.[275] Dies folgt aus der Verweisung des § 23 Abs. 1 S. 3 SEBG. Abweichend von Teil 1 Buchst. e des Anhangs zur SE-Richtlinie stellt § 23 Abs. 1 S. 3 SEBG nicht auf die beteiligten Gesellschaften, sondern auf die SE und ihre Tochtergesellschaften und Betriebe ab.

Zur Begründung wird auf Teil 1 Buchst. a des Anhangs zur SE-Richtlinie Bezug genommen, wonach sich der SE-Betriebsrat aus den Arbeitnehmern der SE und ihren Tochtergesellschaften und Betrieben zusammensetzt. Die Gesetzbegründung weist darauf hin, dass bei der Gründung einer Holding-SE oder Tochter-SE neue Gesellschaften entstehen, deren Arbeitnehmer bei der Bildung des SE-Betriebsrats zu berücksichtigen sind.[276] In der Literatur wird die Abweichung von der Richtlinie überwiegend als notwendige Fehlerkorrektur

---

271 *Rose/Köstler*, Mitbestimmung in der SE, S. 36.

272 Hierzu § 2 A. I (S. 19).

273 So auch *Rieble* in Rieble/Junker, Vereinbarte Mitbestimmung, § 3 Rn. 96.

274 § 22 Abs. 1 SEBG.

275 Begr. zum RegE zu § 23 Abs. 1, BT-Drucks. 15/3405, S. 52; *Feuerborn* in KK zum AktG, § 23 SEBG Rn. 2.

276 Begr. zum RegE zu § 23 Abs. 1, BT-Drucks. 15/3405, S. 52.

bewertet.[277] Die Korrektur sei sachgerecht, weil die SE-Richtlinie in Teil 1 Buchst. a für die Wählbarkeit auf denselben Personenkreis abstellt und eine unterschiedliche Behandlung von Sitzverteilung und Wählbarkeit nicht zweckmäßig wäre.[278]

Dieser Auffassung ist zuzustimmen. Belegschaften ausländischer Gesellschaften und Betriebe werden durch die Verlagerung des Bezugspunkts auf die SE nicht benachteiligt. Betroffene Tochtergesellschaften und Betriebe sind gemäß § 2 Abs. 4 SEBG ja gerade solche, die zu Tochtergesellschaften und Betrieben der SE werden sollen. Sofern es um die Verschmelzung zweier ausländischer Gesellschaften auf eine „deutsche" SE geht, gehören deren Belegschaften zur SE. Sie werden über die SE bei der Zusammensetzung des SE-Betriebsrats berücksichtigt. Gründen zwei ausländische Gesellschaften eine Tochter-SE mit Sitz in Deutschland, werden die Arbeitnehmer der beteiligten Gesellschaften zwar nicht bei der Zusammensetzung des SE-Betriebsrats berücksichtigt. Die Arbeitnehmer der ausländischen Gesellschaften erfahren dadurch aber keine unsachgerechte Benachteiligung, da sie eben gerade keine Tochtergesellschaften der SE und deshalb nicht in das Anhörungs- und Unterrichtungsverfahren einzubeziehen sind.[279] Der Wortlaut von Art. 4 Abs. 1 Buchst. b SE-Richtlinie ist eindeutig:

> *„[...] Vereinbarung über die Unterrichtung und Anhörung der Arbeitnehmer der SE und ihrer Tochtergesellschaften und Betriebe [...]"*
>
> (Anm.: Hervorhebung durch die Verf.)

2. *Bestimmung der Mitglieder*

Für die Bestimmung der konkreten Mitglieder des SE-Betriebsrats verweist das SEBG im Einklang mit der SE-Richtlinie auf die Rechtsvorschriften und Gepflogenheiten der Mitgliedstaaten, in denen Mitglieder zu wählen oder bestellen sind.[280] Dementsprechend wird auch die Frage der Wählbarkeit nicht einheitlich

---

277 *Feuerborn* in KK zum AktG, § 23 SEBG Rn. 4; *Nagel* in Nagel/Freis/Kleinsorge, SE, § 23 SEBG Rn. 2; *Niklas*, NZA 2004, 1200 (1203); partiell zustimmend *Jacobs* in MüKo, Europäisches Aktienrecht, Vor § 23 SEBG Rn. 3, der jedoch kritisch ist in Bezug auf die Gründung einer arbeitnehmerlosen Tochter-SE; a.A. *Grobys*, NZA 2005, 84 (89); *von der Heyde*, S. 228 f.

278 *Hohenstatt/Müller-Bonanni* in Habersack/Drinhausen, SE, § 23 SEBG Rn. 4.

279 Ähnlich *Henssler* in Ulmer/Habersack/Henssler, Mitbestimmung, § 36 SEBG Rn. 22; a.A. *Grobys*, NZA 2005, 84 (89).

280 Teil 1 Buchst. b des Anhangs zur SE-Richtlinie; § 23 Abs. 1 S. 3 i.V.m. § 7 Abs. 1 SEBG; *Feuerborn* in KK zum AktG, § 23 SEBG Rn. 6; *Hohenstatt/Müller-Bonanni* in

beantwortet, sondern hängt von den einzelstaatlichen Umsetzungsregelungen ab.[281] Gemäß § 23 Abs. 1 S. 2 SEBG setzt sich der SE-Betriebsrat aus Arbeitnehmern der SE, ihren Tochtergesellschaften und Betrieben zusammen. Für den Arbeitnehmerbegriff verweist § 2 Abs. 1 S. 1 SEBG – wie bereits festgestellt – auf die Rechtsvorschriften und Gepflogenheiten der Mitgliedstaaten.[282] Unterschiede ergeben sich daher auch hier zwangsläufig aus der Anwendung der jeweiligen nationalen Arbeitnehmerbegriffe.

3. *Amtszeit*

Der SE-Betriebsrat kraft Gesetzes ist anders als das BVG ein auf Dauer eingerichtetes Gremium.[283] Er kann zwar nach vier Jahren einen Beschluss über die Aufnahme von Neuverhandlungen fassen,[284] auf den die repräsentierten Arbeitnehmer aber keinen Einfluss haben. Die Beschlussfassung ist ein rein interner Vorgang. Es handelt sich um eine einmalige Pflicht, die sich nicht in den darauffolgenden Jahren wiederholt.[285]

Fraglich ist daher, wie lange die Amtszeit der SE-Betriebsratsmitglieder im Normalfall dauert und ob eine vorzeitige Beendigung der Mitgliedschaft möglich ist. Die SE-Richtlinie enthält diesbezüglich keine Vorgaben. Sowohl für die Dauer der Mitgliedschaft als auch für deren vorzeitige Beendigung sind die Vorschriften des Staates maßgeblich, der das betreffende Mitglied entsandt hat.[286] Dies belegt die Verweisung in Bezug auf das Entsendungsverfahren[287] und ein Umkehrschluss zu § 23 Abs. 1 S. 6 und 7 SEBG, der sich nur auf die aus dem Inland kommenden Mitglieder bezieht.

Habersack/Drinhausen, SE, § 23 SEBG Rn. 3, 6; *Jacobs* in MüKo, Europäisches Aktienrecht, Vor § 23 SEBG Rn. 3.

281 *Hohenstatt/Müller-Bonanni* in Habersack/Drinhausen, SE, § 23 SEBG Rn. 3.

282 Hierzu § 2 A. I (S. 19).

283 *Feuerborn* in KK zum AktG, § 23 SEBG Rn. 6; *Hohenstatt/Müller-Bonanni* in Habersack/Drinhausen, SE, § 23 SEBG Rn. 7; *Köklü* in Van Hulle/Maul/Drinhausen, SE, Abschnitt 6 Rn. 166.

284 § 26 Abs. 1 SEBG.

285 *Feuerborn* in KK zum AktG, § 26 SEBG Rn. 8; *Hohenstatt/Müller-Bonanni* in Habersack/Drinhausen, SE, § 26 SEBG Rn. 3; a.A. *Köklü* in Van Hulle/Maul/Drinhausen, SE, Abschnitt 6 Rn. 175.

286 Ausdrücklich für die Abberufung: Begr. zum RegE zu § 23 Abs. 1, BT-Drucks. 15/3405, S. 52; *Feuerborn* in KK zum AktG, § 23 SEBG Rn. 6; *Köklü* in Van Hulle/Maul/Drinhausen, SE, Abschnitt 6 Rn. 166.

287 Hierzu § 2 D. II. 2 (S. 43).

Aufgrund dieser Verweisung können innerhalb desselben Vertreterorgans unterschiedliche Amtszeiten gelten.[288] Dies kann ständige Neubesetzungen erforderlich machen und steht damit in Widerspruch zu einem einheitlich agierenden SE-Betriebsrat.[289] Dasselbe gilt für die möglicherweise differenzierenden Abberufungsmöglichkeiten.

E. Mitbestimmung im Aufsichts- oder Verwaltungsorgan

I. Mitbestimmung kraft Vereinbarung

Grundsätzlich steht es im Ermessen der Parteien, ob sie in der Beteiligungsvereinbarung eine Regelung über die Mitbestimmung der Arbeitnehmer in den Organen der SE treffen.[290] Diese Vereinbarungsautonomie ist eingeschränkt durch den Bestandsschutz im Fall der Umwandlungs-SE[291] und das Erfordernis eines qualifizierten Mehrheitsbeschlusses des BVG, falls die Verhandlungen eine Minderung der Mitbestimmungsrechte in den beteiligten Gesellschaften zur Folge hätten.[292]

1. Beschlussfassung bei einer Minderung der Mitbestimmung

Im Falle der Gründung einer SE durch Verschmelzung oder als Holding- bzw. Tochter-SE können die Parteien Mitbestimmungsrechte vorsehen, die im Vergleich zum status quo der beteiligten Gesellschaften geringer oder schwächer ausfallen.[293] Eine Minderung tritt gemäß § 15 Abs. 4 SEBG ein, wenn der Anteil der Arbeitnehmervertreter im Aufsichts- oder Verwaltungsorgan der SE geringer ist als der höchste Anteil in den unmittelbaren Gründungsgesellschaften (Nr. 1). Darüber hinaus ist der Minderungstatbestand erfüllt, wenn das Recht,

---

288 *Köklü*, S. 191 f.

289 Ähnlich *Hohenstatt/Müller-Bonanni* in Habersack/Drinhausen, SE, § 23 SEBG Rn. 7.

290 *Freis* in Nagel/Freis/Kleinsorge, SE, § 21 SEBG Rn. 20; *Oetker* in Lutter/Hommelhoff, SE, § 21 SEBG Rn. 31.

291 § 21 Abs. 6 SEBG.

292 § 15 Abs. 3 SEBG.

293 Im Fall der Gründung durch Umwandlung muss gemäß § 21 Abs. 6 SEBG hinsichtlich der Arbeitnehmerbeteiligung stets das gleiche Ausmaß gewährleistet werden, das in der umzuwandelnden Gesellschaft besteht. Die Gefahr für eine Flucht aus der Mitbestimmung wird hier höher bewertet als in den anderen Gründungsformen, *Henssler* in Ulmer/Habersack/Henssler, Mitbestimmung, § 15 SEBG Rn. 16.

Mitglieder des Aufsichts- oder Verwaltungsorgan der Gesellschaft zu wählen, zu bestellen, zu empfehlen oder abzulehnen, beseitigt oder eingeschränkt wird (Nr. 2).[294] Geschützt wird das prozentuale Verhältnis zwischen Arbeitnehmer- und Anteilseignervertretern.[295]

Sofern sich die bestehenden Mitbestimmungsrechte in den beteiligten Gesellschaften auf einen bestimmten Prozentsatz der Arbeitnehmerzahl erstrecken,[296] bedürfen Minderungen gemäß § 15 Abs. 3 SEBG einer Mehrheit von zwei Dritteln im BVG, die mindestens zwei Drittel der Arbeitnehmer in mindestens zwei Mitgliedstaaten vertreten. Für die Berechnung der erforderlichen Prozentsätze stellt § 15 Abs. 3 S. 2 SEBG abweichend von Art. 3 Abs. 4 S. 3 SE-Richtlinie nicht nur auf die Arbeitnehmer der beteiligten Gesellschaften sondern auch auf die der betroffenen Tochtergesellschaften ab. Da sich die Einbeziehung der Tochtergesellschaften unmittelbar auf das Berechnungsergebnis auswirkt,[297] ist die Richtlinienkonformität des § 15 Abs. 3 S. 2 SEBG umstritten. Zur Verteidigung der Regelung wird in erster Linie auf den Zweck der SE-Richtlinie – die Sicherung bestehender Mitbestimmungsrechte – verwiesen.[298]

Nach deutschem Mitbestimmungsrecht sind in Konzernstrukturen bei den Aufsichtsratswahlen der Konzernobergesellschaft auch die Arbeitnehmer der Tochtergesellschaften wahlberechtigt.[299] Diese Wahlrechte können der Gesetzesbegründung zufolge nur erhalten werden, wenn die maßgebliche Bezugsgröße auch die Arbeitnehmer der Tochtergesellschaften berücksichtigt.[300]

---

294 Der Streit, ob die Regelung des § 15 Abs. 4 Nr. 2 SEBG wegen mangelnder Entsprechung in der SE-Richtlinie richtlinienwidrig ist, hat derzeit keine praktische Bedeutung, da es in keinem Mitgliedstaat ein Kooptionsmodell gibt, *Feuerborn* in KK zum AktG, § 2 SEBG Rn. 43, *Henssler* in Ulmer/Habersack/Henssler, Mitbestimmung, § 15 SEBG Rn. 11 f.

295 Begr. zum RegE zu § 15 Abs. 4, BT-Drucks. 15/3405, S. 50; allg. Meinung, statt vieler *Jacobs* in MüKo, Europäisches Aktienrecht, § 15 SEBG Rn. 12 m.w.N.

296 Dieser Prozentsatz beträgt bei der Gründung durch Verschmelzung 25 Prozent und bei der Gründung einer Holding- bzw. Tochter-SE 50 Prozent der Gesamtarbeitnehmerzahl, §15 Abs. 3 S. 2 SEBG.

297 *Grobys*, NZA 2004, 779 (781); *Kienast* in Jannott/Frodermann, SE, 13. Kapitel Rn. 267.

298 § 1 B. II. 1 (S. 4).

299 Dies folgt aus der Konzernzurechnung, die in § 5 MitbestG und § 2 DrittelbG geregelt ist.

300 Begr. zum RegE zu § 15 Abs. 3, BT-Drucks. 15/3405, S. 49; *Hohenstatt/Müller-Bonanni* in Habersack/Drinhausen, SE, § 15 SEBG Rn. 7; *Jacobs* in MüKo, Europäisches Aktienrecht, § 15 SEBG Rn. 10; *Freis* in Nagel/Freis/Kleinsorge, SE, § 15

Dagegen spricht, dass das Ziel der Sicherung bestehender Mitbestimmungsrechte nicht absolut zu sehen ist. Die erforderliche Mehrheit bei einer Mitbestimmungsminderung wird von dem Erreichen bestimmter Schwellenwerte abhängig gemacht. Dies ist Ausdruck eines angemessenen Interessenausgleichs der unterschiedlichen Mitbestimmungstraditionen.[301] Indem der deutsche Gesetzgeber die Bezugsgröße für die maßgeblichen Prozentsätze abändert, zwingt er die deutschtümelnde Regelung der Konzernzurechnung[302] allen anderen Mitgliedstaaten auf, auch wenn deren Umsetzungsrecht keine entsprechende Einbeziehung der Tochtergesellschaften kennt.[303] Tatsächlich halten sich von den vorliegend untersuchten Umsetzungsgesetzen alle an die Vorgabe der SE-Richtlinie und nennen nur die unmittelbaren Gründungsgesellschaften als Bezugsgröße.[304]

Die deutsche Regelung kann zu einer Diskriminierung von Arbeitnehmern führen, die im Ausland beschäftigt sind.[305] So wirkt sich die Einbeziehung der Tochtergesellschaften in bestimmten Fallkonstellationen nicht nur zugunsten, sondern auch zulasten der zu schützenden Mitbestimmungsrechte aus. Es besteht die Möglichkeit, dass der für eine qualifizierte Beschlussfassung erforderliche Prozentsatz nur bei einem Abstellen auf die unmittelbaren Gründungsgesellschaften erreicht wird. Dies wäre beispielsweise der Fall, wenn die Tochtergesellschaften aufgrund großer Belegschaftszahlen die Gesamtarbeitnehmerzahl erhöhen:[306]

Eine mitbestimmte ausländische Gesellschaft (700 Arbeitnehmer), die zahlreiche Tochtergesellschaften (4.100 Arbeitnehmer) hat, wird mit einer nicht mitbestimmten deutschen Aktiengesellschaft (200 Arbeitnehmer) zu einer SE mit Sitz in Deutschland verschmolzen. Für das Gründungsverfahren gilt das SEBG, mithin grundsätzlich auch § 15 SEBG. *Nach*

SEBG Rn. 14; *Köklü* in Van Hulle/Maul/Drinhausen, SE, Abschnitt 6 Rn. 62; *Lunk/Hinrichs*, NZA 2007, 773 (775); *Niklas*, NZA 2004, 1200 (1203).

301 *Henssler*, ZHR 713 (2009), 222 (234 f.).

302 Gemeint ist die Zurechnung der Arbeitnehmer in Tochtergesellschaften zur Belegschaft der Konzernobergesellschaft (§ 5 MitbestG, § 2 DrittelbG).

303 So stellen z.B. das britische (Art. 27 Abs. 3 SE-Regulations 2009 (GB)), das belgische (Art. 19 § 1 CCT Nr. 84 (BE)) und das österreichische (§ 221 Abs. 2 ArbVG (AT)) Umsetzungsrecht richtlinienkonform nur auf die unmittelbaren Gründungsgesellschaften ab.

304 Eine Liste der untersuchten Gesetze befindet sich im Anhang „Ausländische Gesetze".

305 Ähnlich *Henssler*, ZHR 713 (2009), 222 (234 f.).

306 *Feuerborn* in KK zum AktG, § 15 SEBG Rn. 22; *Kienast* in Jannott/Frodermann, SE, 13. Kapitel Rn. 267; *Krause*, BB 2005, 1221 (1227); *Oetker* in Lutter/Hommelhoff, SE, § 15 SEBG Rn. 30.

der SE-Richtlinie wäre für eine Minderung der Mitbestimmung ein qualifizierter Mehrheitsbeschluss erforderlich, da es nur auf die Arbeitnehmer der unmittelbar beteiligten Gesellschaften ankommt. Die 25 %-Schwelle wäre bei (700 + 200) 900 Arbeitnehmern, von denen bereits 700 ein Mitbestimmungsrecht zusteht, bei weitem erreicht. Nach dem SEBG jedoch würde eine einfache Mehrheit ausreichen, da bei einer Gesamtarbeitnehmerzahl von (4.100 + 700 + 200) 5.000, nur 700 Arbeitnehmer ein Mitbestimmungsrecht hätten. Erforderlich wäre jedoch eine Zahl von (5.000 / 4) 1.250 Arbeitnehmern, um die 25 %-Marke zu erreichen.

Umgekehrt kann ein qualifizierter Mehrheitsbeschluss aufgrund der Erweiterung der Bezugsgröße aber auch schneller erforderlich werden als dies nach der SE-Richtlinie der Fall wäre.[307] Letztlich geht die Abweichung daher immer zulasten des Stimmgewichts der ausländischen Arbeitnehmer.[308]

Darüber hinaus ist auch der Hinweis auf die deutsche Konzernzurechnung widersprüchlich, weil die Definition der Tochtergesellschaften in § 2 Abs. 3 SEBG von derjenigen abweicht, auf die § 5 MitbestG und § 2 Abs. 1 DrittelbG abstellen.[309] Letztere setzen für eine Konzernzurechnung voraus, dass das abhängige Unternehmen unter der einheitlichen Leitung des herrschenden Unternehmens steht. Demgegenüber deutet die Formulierung des § 2 Abs. 3 SEBG darauf hin, dass unabhängig von einer einheitlichen Leitung ein einfaches Herrschafts- und Abhängigkeitsverhältnis ausreicht.[310] Das SEBG würde daher nicht nur tatsächlich bestehende Wahlrechte schützen, sondern darüber hinausgehend neue Mitbestimmungsrechte „erfinden". Dies widerspricht dem Vorher-Nachher-Prinzip, das der SE-Richtlinie zugrunde liegt.[311]

Nicht zuletzt spricht auch der eindeutige Wortlaut des Art. 3 Abs. 4 S. 3 SE-Richtlinie gegen die Zulässigkeit der deutschtümelnden Abweichung. Die Vorgabe der SE-Richtlinie ist aufgrund ihres Ausnahmecharakters und der Bezugnahme auf legal definierte Begriffe zwingend.[312] Ein Redaktionsversehen

---

307 *Evers* in Manz/Mayer/Schröder, SE, § 15 Rn. 12.

308 Ähnlich *Henssler*, ZHR 713 (2009), 222 (234 f.).

309 So für die vergleichbare Vorschrift des § 34 Abs. 1 SEBG *Oetker* in Lutter/Hommelhoff, SE, § 34 SEBG Rn. 19.

310 Zur Definition der Tochtergesellschaft § 2 A. II (S. 21).

311 Z.B. 7. Erwägungsgrund SE-Richtlinie.

312 *Evers* in Manz/Mayer/Schröder, SE, § 15 Rn. 12; *Feuerborn* in KK zum AktG, § 15 SEBG Rn. 17 ff.; *Grobys*, NZA 2004, 779 (780 f.); *ders.*, NZA 2005, 84 (89); *Hennings* in Manz/Mayer/Schröder, SE (1. Auflage 2005), Art. 3 SE-Richtlinie Rn. 93 ff.; *Habersack*, ZHR 171 (2007), 613 (639 f.); *Henssler* in Ulmer/Habersack/Henssler, Mitbestimmung, § 15 SEBG Rn. 9 f.; *Kallmeyer*, ZIP 2004, 1442 (1443); *Kienast* in Jannott/Frodermann, SE, 13. Kapitel Rn. 269 Fn. 247.

ist unwahrscheinlich, weil die Regelung in Art. 3 Abs. 2 Buchst. a SE-Richtlinie die Tochtergesellschaften bei der Zusammensetzung des BVG ausdrücklich miteinbezieht. Dem Richtliniengeber war die Konzernproblematik offenbar bekannt.[313]

Stellt man sich auf den Standpunkt, dass die richtlinienwidrige Umsetzung lediglich von dem Bestreben getragen war, die bestehenden Mitbestimmungsrechte möglichst umfassend zu schützen, ist eine richtlinienkonforme Auslegung in Betracht zu ziehen.[314] § 15 Abs. 3 SEBG wäre dementsprechend so auszulegen, dass die Arbeitnehmer in Tochtergesellschaften bei der Berechnung der Gesamtarbeitnehmerzahl nicht mitzuzählen sind.[315] Dagegen spricht aber, dass die Tochtergesellschaften ganz bewusst in die Berechnung einbezogen wurden, obwohl der Wortlaut der SE-Richtlinie eine solche Abweichung nicht gestattet. Eine richtlinienkonforme Auslegung *contra legem* ist grundsätzlich nicht zulässig.[316] Die Vorschrift ist daher trotz ihrer Richtlinienwidrigkeit bis zu einer Entscheidung des EuGH auch in Zukunft anzuwenden.[317]

2. Inhalt der verhandelten Mitbestimmung

Treffen die Parteien eine Vereinbarung über die unternehmerische Mitbestimmung, muss die Beteiligungsvereinbarung regeln, nach welchem Verfahren die Arbeitnehmer die Mitglieder des Aufsichts- oder Verwaltungsorgans bestimmen. § 21 Abs. 3 SEBG ist insoweit zwingend.[318]

---

313 Für die vergleichbare Vorschrift des § 34 Abs. 1 SEBG *Feuerborn* in KK zum AktG, § 34 SEBG Rn. 25; *Habersack* in Ulmer/Habersack/Henssler, Mitbestimmung, § 34 SEBG Rn. 4.

314 *Von der Heyde*, S. 196 ff.

315 *Kienast* in Jannott/Frodermann, SE, 13. Kapitel Rn. 269 Fn. 247; in Bezug auf die vergleichbare Regelung in § 34 Abs. 1 SEBG auch *Feuerborn* in KK zum AktG, § 34 SEBG Rn. 25; *Kleinmann/Kujath* in Manz/Mayer/Schröder, SE, § 34 SEBG Rn. 4; *Oetker* in Lutter/Hommelhoff, SE, § 34 SEBG Rn. 21.

316 EuGH vom 04.07.2006, Rs. C-212/04, Slg. 2006, I-6057 Rn. 110 (Adeneler); *Schroeder* in Streinz, EUV/AEUV, Art. 288 AEUV Rn. 128.

317 So auch *Hennings* in Manz/Mayer/Schröder, SE (1. Auflage 2005), Art. 3 SE-Richtlinie Rn. 95.

318 Trotz des missverständlichen Wortlauts („soll") enthält § 21 Abs. 3 SEBG einen zwingenden Mindestinhalt. Die Vorgabe des Art. 4 Abs. 2 Buchst. g SE-Richtlinie ist eindeutig, *Hohenstatt/Müller-Bonanni* in Habersack/Drinhausen, SE, § 21 SEBG Rn. 20 m.w.N. auch zur Gegenmeinung.

Die Regelung des Verfahrens zur Bestimmung der Arbeitnehmervertreter umfasst zunächst die Sitzverteilung.[319] Ähnlich wie bei der Sitzverteilung im SE-Betriebsrat[320] ist dabei zu beachten, dass die Parteien aufgrund des allgemeinen Gleichheitssatzes gehalten sind, nach Möglichkeit alle beteiligten Mitgliedstaaten zu berücksichtigen.[321] Die Multinationalität soll erhalten werden, selbst wenn nahezu alle Arbeitnehmer in einem Mitgliedstaat beschäftigt sind.[322] Deshalb ist ein sachlicher Grund erforderlich, wenn einzelne Mitgliedstaaten aus der Sitzverteilung ausgenommen werden sollen.[323] Ein sachlicher Grund ergibt sich schon aus der begrenzten Anzahl der zu wählenden Arbeitnehmervertreter.[324] Hinsichtlich der tatsächlich zu verteilenden Sitze müssen sich die Parteien nicht zwingend an den Belegschaftszahlen in den einzelnen Mitgliedstaaten orientieren.[325] So ist regelmäßig eine Verteilung nach „Sparten, Geschäftsbereichen oder geographischen Regionen" sachlich gerechtfertigt.[326] In Holding-Strukturen kann eine Verteilung der Sitze auf die verschiedenen Teilkonzerne praktisch sinnvoll und daher sachlich gerechtfertigt sein.[327]

Geregelt werden müssen außerdem die Einzelheiten des Wahlverfahrens.[328] Dabei ist zu beachten, dass die Auswahlentscheidung stets auf die Arbeitnehmer zurückgehen muss. Dies folgt aus dem Wortlaut des § 21 Abs. 3 S. 2 i.V.m. § 2 Abs. 12 SEBG. Selbständige „Entsendungsrechte zugunsten von außenstehenden

---

319 *Henssler* in Ulmer/Habersack/Henssler, Mitbestimmung, § 21 SEBG Rn. 42.

320 § 2 D. I (S. 40).

321 So auch *Forst*, S. 274 f.; zum Gleichheitssatz bereits § 2 D. I (S. 40).

322 *Rose/Köstler*, Mitbestimmung in der SE, S. 81 f.

323 Zwar wird überwiegend das Willkürverbot als Grenze der Vereinbarungsautonomie bezeichnet, *Henssler* in Ulmer/Habersack/Henssler, Mitbestimmung, § 21 SEBG Rn. 42, 35; *Jacobs* in MüKo, Europäisches Aktienrecht, § 21 SEBG Rn. 19a; *ders.*, FS Schmidt (2009), 795 (806); *Seibt* ZIP 2010, 1057 (1062). Aber auch dieses verbietet eine sachfremde Differenzierung, *Creifelds*, Rechtswörterbuch, „Gleichheit vor dem Gesetz". Es werden lediglich weniger strenge Auffassungen an die sachliche Rechtfertigung gestellt.

324 *Forst*, S. 195, 275.

325 Zur Sitzverteilung in der gesetzlichen Auffangregelung § 2 E. II. 2 (S. 53).

326 *Feuerborn* in KK zum AktG, § 21 SEBG Rn. 55; *Henssler* in Ulmer/Habersack/Henssler, Mitbestimmung, § 21 SEBG Rn. 42; *Jacobs* in MüKo, Europäisches Aktienrecht, § 21 SEBG Rn. 19a m.w.N.

327 *Jacobs* in MüKo, Europäisches Aktienrecht, § 21 SEBG Rn. 19a; *ders.*, FS Schmidt (2009), 795 (805 f.).

328 *Jacobs* in MüKo, Europäisches Aktienrecht, § 21 SEBG Rn. 19a.

Dritten“ sind sonach unzulässig.[329] Möglich ist allerdings eine mittelbare Wahl durch ein Wahlgremium.[330] Für die Ermittlung der inländischen Arbeitnehmervertreter kann sich dieses Wahlgremium in Anlehnung an die gesetzliche Auffangregelung des § 36 Abs. 3 SEBG aus den Arbeitnehmervertretungen der SE, deren Tochtergesellschaften und Betriebe zusammensetzen. Entsprechend kann für die Besetzung der Sitze, die anderen Mitgliedstaaten zugewiesen sind, auf das dort geltende Recht verwiesen werden. Zulässig sind außerdem Wahlstrukturen, welche die aufwendigen dezentralen Wahlen vereinfachen oder ganz vermeiden. Insbesondere können die Wahl- und Ernennungsrechte auf den SE-Betriebsrat übertragen werden.[331]

Umgekehrt können Wahlverfahren vereinbart werden, an denen auch Mitgliedstaaten ohne eigenen Sitz teilnehmen. Möglich ist beispielsweise die Etablierung einer Wahlversammlung, die sich aus den (höchsten) Arbeitnehmervertretern der Mitgliedstaaten zusammensetzt[332] oder eine Direktwahl. Hier sorgen entsprechende Kandidatenlisten für die anteilsgerechte Repräsentation der Mitgliedstaaten.[333]

Hinsichtlich der Wählbarkeit sind die gesellschaftsrechtlichen Vorgaben des § 100 AktG bzw. § 27 SEAG zu beachten. Die Parteien können darüber hinausgehende Anforderungen an das Alter, die Betriebszugehörigkeit oder die berufliche Qualifikation stellen, soweit sie dadurch nicht Arbeitnehmer einzelner Mitgliedstaaten benachteiligen.[334] Unzulässig wäre z.B. die Forderung eines länderspezifischen Berufsabschlusses, den die im Ausland beschäftigten Arbeitnehmer nicht vorweisen können. Eine solche Regelung ist aber eher theoretischer Natur, da alle Mitgliedstaaten im BVG repräsentiert sind und einer solchen Diskriminierung entgegenwirken können. Häufig wird vereinbart, dass ausschließlich Mitglieder des SE-Betriebsrats Mitglied im Aufsichts- bzw. Verwaltungsorgan sein können.[335]

---

329 *Henssler* in Ulmer/Habersack/Henssler, Mitbestimmung, § 21 SEBG Rn. 43; *Hohenstatt/Müller-Bonanni* in Habersack/Drinhausen, SE, § 21 SEBG Rn. 24; *Jacobs* in MüKo, Europäisches Aktienrecht, § 21 SEBG Rn. 19a; a.A. ohne nähere Begründung *Seibt*, AG 2005, 413 (423).

330 *Feuerborn* in KK zum AktG, § 21 SEBG Rn. 56; *Oetker* in FS Konzen (2006), 635 (652).

331 *Heinze/Seifert/Teichmann*, BB 2005, 2524 (2525 ff., 2528 ff.); *Hoops*, S. 145.

332 *Oetker* in FS Konzen (2006), 635 (652).

333 Vgl. *Henssler* in Ulmer/Habersack/Henssler, Mitbestimmung, § 36 SEBG Rn. 15.

334 *Hohenstatt/Müller-Bonanni* in Habersack/Drinhausen, SE, § 21 SEBG Rn. 25.

335 *Rose/Köstler*, Mitbestimmung in der SE, S. 80 f.

Zusammenfassend ist bei der vereinbarten Mitbestimmung festzustellen, dass das Verfahren zur Festlegung der Arbeitnehmervertreter trotz der Vereinbarungsautonomie der Parteien stets in irgendeiner Form mitgliedstaatenbezogen und somit multinational sein muss. So ist im Rahmen der Sitzverteilung immer die Berücksichtigung mehrerer beteiligter Mitgliedstaaten geboten, wenn tatsächlich mehrere Arbeitnehmervertreter in das Aufsichts- oder Verwaltungsorgan zu entsenden sind. Ein sachlicher Grund, der eine Zuweisung sämtlicher Sitze an nur einen Mitgliedstaat rechtfertigt, ist nur schwer vorstellbar, selbst wenn dort der Großteil der Gesamtbelegschaft beschäftigt ist. Die Besetzung der Sitze muss nicht zwingend dezentral durch die einzelnen Mitgliedstaaten erfolgen. Der Vorteil ist, dass mit dem SE-Betriebsrat bereits ein länderübergreifendes und ausreichend legitimiertes Vertretungsorgan existiert, auf das die Wahl bzw. Ernennung der Arbeitnehmervertreter ohne Verlust der repräsentativen Vertretung der Mitgliedstaaten übertragen werden kann.

II. Mitbestimmung kraft Gesetzes

Auch die Regelungen über die Mitbestimmung kraft Gesetzes kommen grundsätzlich zum Tragen, wenn keine Beteiligungsvereinbarung geschlossen wurde und das BVG keinen Beschluss über die Nichtaufnahme oder den Abbruch der Verhandlungen gefasst hat oder die Parteien die Anwendung der gesetzlichen Auffangregelung vereinbart haben.[336]

1. Schwellenwerte als besondere Voraussetzung

Im Gegensatz zur Errichtung des SE-Betriebsrats ist die Mitbestimmung kraft Gesetzes regelmäßig vom Vorliegen weiterer Voraussetzungen abhängig. Lediglich in der Umwandlungs-SE werden die bestehenden Mitbestimmungsrechte gemäß § 34 Abs. 1 Nr. 1 SEBG in jedem Fall übertragen. In allen anderen Gründungsvarianten ist das Eingreifen der gesetzlichen Mitbestimmung gemäß § 34 Abs. 1 Nr. 2 und 3 SEBG davon abhängig, dass zumindest eine unmittelbare Gründungsgesellschaft der Mitbestimmung unterlag und mindestens 25 Prozent (Gründung durch Verschmelzung) bzw. 50 Prozent (Gründung einer Holding- oder Tochter-SE) der Arbeitnehmer aller beteiligten Gesellschaften und Tochtergesellschaften Mitbestimmungsrechte haben.

336 § 34 Abs. 1 i.V.m. § 22 SEBG. Die Vorschriften der §§ 34 ff. SEBG beruhen auf Art. 7 und Teil 3 des Anhangs zur SE-Richtlinie.

Bei der Berechnung der maßgeblichen Schwellenwerte des § 34 Abs. 1 Nr. 2 und 3 SEBG stellt sich das gleiche Problem wie bei der Beschlussfassung des BVG über eine Minderung der Mitbestimmungsrechte.[337] Auch hier bezieht das SEBG abweichend von der SE-Richtlinie die Arbeitnehmer der betroffenen Tochtergesellschaften in die Berechnung der Gesamtarbeitnehmerzahl als Bezugsgröße ein.[338] Grund für die Abweichung sind laut der Gesetzesbegründung erneut die Wahlrechte der Arbeitnehmer im Konzern, die es im Sinne der SE-Richtlinie zu schützen gelte.[339] Im Ergebnis treten durch diese Richtlinienabweichung die gleichen Probleme auf wie bei beim qualifizierten Mehrheitsbeschluss des BVG. Aufgrund der eindeutigen Vorgabe der SE-Richtlinie, bei der es sich nicht um ein Redaktionsversehen handelt, der möglichen Verfehlung des Schutzzwecks der SE-Richtlinie durch die Einbeziehung von Tochtergesellschaften und der Abweichung der Regelung im Verhältnis zu den Umsetzungsrechten anderer Mitgliedstaaten[340] ist die Erweiterung durch das SEBG daher auch hier richtlinienwidrig.[341] Eine richtlinienkonforme Auslegung scheidet aufgrund des eindeutigen Wortlauts der Vorschrift aus.[342]

2. *Abstrakte Sitzverteilung*

a. Grundsatz der Proportionalität

Der SE-Betriebsrat entscheidet über die Verteilung der auf die Arbeitnehmervertreter entfallenden Sitze. Dabei ist er an die Vorgaben des § 36 Abs. 1 S. 2 bis 4

337 Hierzu § 2 E. I. 1 (S. 45).

338 Die entsprechende Vorgabe der SE-Richtlinie findet sich in Art. 7 Abs. 2 Buchst. b.

339 Begr. zum RegE zu § 34 Abs. 1, BT-Drucks. 15/3405, S. 54; dem schließen sich an *Jacobs* in MüKo, Europäisches Aktienrecht, § 34 SEBG Rn. 10; *Nagel* in Nagel/Freis/Kleinsorge, SE, § 34 SEBG Rn. 8 und *Niklas*, NZA 2004, 1200 (1202 f.).

340 Auch hier sieht keines der untersuchten Umsetzungsgesetze eine entsprechende Erweiterung der Bezugsgröße vor.

341 Ausführlich § 2 E. I. 1 (S. 45); i.E. auch *Feuerborn* in KK zum AktG, § 34 SEBG Rn. 24 f.; *Grobys*, NZA 2004, 779 (780 f.); *ders.*, NZA 2005, 84 (90); *Habersack*, ZHR 171 (2007), 613 (639 f.); *Habersack* in Ulmer/Habersack/Henssler, Mitbestimmung, § 34 SEBG Rn. 4; *Hohenstatt/Müller-Bonanni* in Habersack/Drinhausen, SE, § 34 SEBG Rn. 9; *Oetker* in Lutter/Hommelhoff, SE, § 34 SEBG Rn. 19 f.; *Kienast* in Jannott/Frodermann, SE, 13. Kapitel Rn. 268; *Kleinmann/Kujath* in Manz/Mayer/Schröder, SE, § 34 SEBG, Rn. 4 f.

342 Zum Wortlaut als Grenze der Auslegung: BGH vom 14.10.2003, Az. XI ZR 134/02, NJW 2004, 155 (154); BAG vom 30.03.2004, Az. 1 AZR 7/03, NZA 2004, 931 (935); BAG vom 18. 02. 2003, Az. 1 ABR 2/02, NZA 2003, 742 (747 ff.); *Habersack* in Ulmer/Habersack/Henssler, Mitbestimmung, § 34 SEBG Rn. 4; ferner § 2 E. I. 1 (S. 45).

SEBG gebunden. Für die Verteilung auf die Mitgliedstaaten ist in erster Linie der Anteil der dort beschäftigten Arbeitnehmer maßgeblich.[343]

§ 36 Abs. 1 S. 2 SEBG stellt entgegen Teil 3 Buchst. b des Anhangs zur SE-Richtlinie bei der Berechnung des Anteils der in den einzelnen Mitgliedstaaten beschäftigten Arbeitnehmer nicht nur auf die Arbeitnehmer der SE, sondern auch auf die Arbeitnehmer der Tochtergesellschaften und Betriebe ab. Dennoch ist die Vorschrift richtlinienkonform, da die Abweichung von der Richtlinie nicht im Widerspruch zum Umsetzungsrecht anderer Mitgliedstaaten steht, die möglicherweise keine entsprechende Korrektur vorgenommen haben. Die im Ausland ansässigen Tochtergesellschaften und Betriebe werden genau wie die inländischen bei der Berechnung der Anteile berücksichtigt. Im Ergebnis kann sich aufgrund der deutschen Korrektur sogar eine Besserstellung ergeben: Ist in einem Mitgliedstaat nur eine Tochtergesellschaft ansässig, würde dieser Mitgliedstaat nach dem Wortlaut der SE-Richtlinie bei der Verteilung gänzlich unberücksichtigt bleiben. Dies war vom europäischen Gesetzgeber offenbar nicht beabsichtigt, da auch Teil 3 Buchst. b Abs. 1 des Anhangs zur SE-Richtlinie bezüglich des Wahl- und Bestellungsrechts auf die Arbeitnehmer der SE, ihrer Tochtergesellschaften und Betriebe abstellt.[344] Die Korrektur erscheint daher angebracht und somit richtlinienkonform.[345]

Da sich nach dieser Berechnungsmethode regelmäßig Bruchteile von Sitzen ergeben würden, wird nach Feststellung der Anteile das d'Hondtsche Höchstzahlverfahren angewendet.[346]

b. Berücksichtigung des grenzüberschreitenden Charakters

Der Grundsatz der Repräsentativität, wie er bei der Zusammensetzung des BVG und SE-Betriebsrats herrscht,[347] findet bei der Sitzverteilung im Aufsichts- oder Verwaltungsorgan der SE keine direkte Anwendung.[348] Dies folgt daraus, dass regelmäßig weniger Sitze für die Arbeitnehmerseite im Aufsichts- oder Verwaltungsorgan zur Verfügung stehen als Mitgliedstaaten von der SE-Gründung

343 § 36 Abs. 1 S. 1 und 2 SEBG; Teil 3 Buchst. b Abs. 2 des Anhangs zur SE-Richtlinie; *Jacobs* in MüKo, Europäisches Aktienrecht, Vor § 1 SEBG Rn. 24.

344 *Feuerborn* in KK zum AktG, § 36 SEBG Rn. 4.

345 Begr. zum RegE zu § 36 Abs. 1, BT-Drucks. 15/3405, S. 55; *Jacobs* in MüKo, Europäisches Aktienrecht, § 36 SEBG Rn. 2.

346 *Feuerborn* in KK zum AktG, § 36 SEBG Rn. 6; Berechnungsbeispiel bei *Köklü* in Van Hulle/Maul/Drinhausen, SE, Abschnitt 6 Rn. 231.

347 § 2 C. I. 1 (S. 31) und § 2 D. II. 1 (S. 42).

348 So auch *Köklü* in Van Hulle/Maul/Drinhausen, SE, Abschnitt 6 Rn. 228.

betroffen sind. Dennoch möchte das SEBG in Übereinstimmung mit den Vorgaben der SE-Richtlinie eine angemessene und vor allem diskriminierungsfreie Vertretung der Arbeitnehmer aus allen Mitgliedstaaten sichern, die an der SE-Gründung beteiligt sind.[349] Die Besetzung des Aufsichts- oder Verwaltungsorgans soll wie die Zusammensetzung des BVG und des SE-Betriebsrats den „grenzüberschreitenden Charakter" der SE wiedergeben.[350] Das Ermessen des SE-Betriebsrats bei der Sitzverteilung ist sonach begrenzt.[351]

Der grenzüberschreitende Charakter spricht auch im Rahmen der vereinbarten Mitbestimmung für eine vorrangig proportionale Sitzverteilung auf die verschiedenen Mitgliedstaaten. Obwohl die gesetzliche Auffangregelung kein direkter Maßstab für eine Inhaltskontrolle der Beteiligungsvereinbarung ist,[352] kommt in der fraglichen Regelung der klare Wille des Richtliniengebers zum Ausdruck, nach Möglichkeit eine Repräsentanz aller Arbeitnehmer vorzusehen, um dem grenzüberschreitenden Charakter der SE gerecht zu werden. Es ist davon auszugehen, dass gerade die Diskriminierungsproblematik im Anwendungsbereich der nationalen Mitbestimmungsrechte, die regelmäßig nur inländische Gesellschaften erfassen,[353] vermieden werden sollte.[354] Zudem könnte eine transnationale Repräsentationsungleichheit gegen die Grundfreiheit der Arbeitnehmerfreizügigkeit verstoßen.[355] Es liegt ein grenzüberschreitender Sachverhalt vor, da die Beteiligungsrechte der Arbeitnehmer, die durch das SEBG verliehen werden, stets einen Bezug zum Ausland aufweisen. Die Teilnahme an der Unternehmensmitbestimmung ist als „sonstige Arbeitsbedingung" im Sinne des Art. 45 Abs. 2 AEUV zu werten.[356] Jede Ungleichbehandlung der Mitgliedstaaten bei der Sitzverteilung kann eine zu rechtfertigende Benachteiligung der Belegschaftsmitglieder aufgrund ihrer Staatsangehörigkeit darstellen.[357] Für eine ungleichmäßige Sitzverteilung kraft Vereinbarung ist daher in jedem Fall ein sachlicher Grund zu fordern.[358]

---

349 *Henssler* in Ulmer/Habersack/Henssler, Mitbestimmung, § 36 SEBG Rn. 2, 6.

350 Begr. zum RegE zu § 36, BT-Drucks. 15/3405, S. 55.

351 Statt vieler *Oetker* in Lutter/Hommelhoff, SE, § 36 SEBG Rn. 8.

352 *Rieble* in Rieble/Junker, Vereinbarte Mitbestimmung, § 3 Rn. 96.

353 Kritisch hierzu *Latzel*, S. 164 ff.

354 Ähnlich *Köklü* in Van Hulle/Maul/Drinhausen, SE, Abschnitt 6 Rn. 226.

355 Art. 45 AEUV.

356 *Rieble/Latzel*, EuZA 2011, 145 (155 f.); *Henssler* in Ulmer/Habersack/Henssler, Mitbestimmung, § 3 MitbestG Rn. 43 ff.; a.A. *Wissmann* in ErfK, Art. 45 AEUV Rn. 51 m.w.N.

357 Vgl. *Latzel*, S. 164 ff. zur Unionsrechtswidrigkeit der deutschen Unternehmensmitbestimmung.

358 Hierzu bereits § 2 E. I. 2 (S. 49).

Die Transnationalität spiegelt sich auch in der Regelung des § 36 Abs. 1 S. 3 wider, der Teil 3 Buchst. b des Anhangs zur SE-Richtlinie umsetzt. Danach ist der letzte zu verteilende Sitz einem bisher unberücksichtigten Mitgliedstaat zuzuweisen, wenn nicht sämtliche Mitgliedstaaten berücksichtigt werden können. Bei zwei Sitzen der Arbeitnehmerseite muss die Verteilung unter Umständen einen Mitgliedstaat berücksichtigen, in dem nur eine kleine Belegschaft beschäftigt ist. Soweit angemessen soll dabei der Mitgliedstaat bevorzugt behandelt werden, in dem die SE ihren Sitz hat. Umstritten ist, wann die Grenze der Angemessenheit erreicht ist. Überwiegend wird es als angemessen bewertet, wenn in den zur Auswahl stehenden Mitgliedstaaten keine erheblichen Unterschiede hinsichtlich der Arbeitnehmerzahlen bestehen.[359] Teilweise wird gefordert, dass die Arbeitnehmerzahl des unberücksichtigten Mitgliedstaates diejenige des Sitzstaates um „ein Vielfaches" übersteigt.[360] Eine genaue Grenzziehung fehlt.

Die Privilegierung des Sitzstaates ist fragwürdig, weil sie in den „Grundsatz der Wahlgleichheit" eingreift.[361] Letztlich geht es bei der Entscheidung, welcher Staat ein Mitglied in das Aufsichts- oder Verwaltungsorgan entsenden darf, um die Frage einer möglichen Einflussnahme durch die Arbeitnehmer.[362] Erhält ein Mitgliedstaat keinen Sitz, bedeutet dies gleichzeitig, dass die dortigen Belegschaften keinerlei Möglichkeit zur Einflussnahme haben. Eine nur unterstellte bessere Rechtskenntnis der Vertreter des Sitzstaates ist nicht geeignet, diesen Eingriff in die Wahlgleichheit zu rechtfertigen.[363]

c. Kritik an der Regelungstechnik

Die von der Belegschaftsgröße abhängige Sitzverteilung in Verbindung mit dem Recht der ersuchten Mitgliedstaaten, diesen Sitz selbst zu belegen, führt zu einem gänzlichen Ausschluss der unberücksichtigten Mitgliedstaaten.[364] Sie sind darauf angewiesen, dass die aus den anderen Mitgliedstaaten stammenden Arbeitnehmervertreter auch ihre Interessen angemessen vertreten. Einfluss auf deren Wahl haben sie nicht. Durch die Festlegung eines einheitlichen Verfahrens

359 *Feuerborn* in KK zum AktG, § 36 SEBG Rn. 9; *Henssler* in Ulmer/Habersack/Henssler, Mitbestimmung, § 36 SEBG Rn. 12 (Arbeitnehmerzahl des Sitzstaates von weniger als 50 Prozent); *Jacobs* in MüKo, Europäisches Aktienrecht, § 36 SEBG Rn. 3.

360 *Kleinmann/Kujath* in Manz/Mayer/Schröder, SE, § 36 SEBG Rn. 4.

361 So auch *Henssler* in Ulmer/Habersack/Henssler, Mitbestimmung, § 36 SEBG Rn. 13; zur Geltung des Gleichheitssatzes § 2 D. I (S. 40).

362 Vgl. die Definition der unternehmerischen Mitbestimmung in § 2 Abs. 12 SEBG.

363 *Henssler* in Ulmer/Habersack/Henssler, Mitbestimmung, § 36 SEBG Rn. 13.

364 *Henssler* in Ulmer/Habersack/Henssler, Mitbestimmung, § 36 SEBG Rn. 14.

auf gemeinschaftsrechtlicher Ebene hätte sichergestellt werden können, dass alle Arbeitnehmer entweder unmittelbar durch Direktwahl oder praxisorientiert durch die Bildung eines Wahlgremiums bestehend aus den nationalen Arbeitnehmervertretern beteiligt werden.[365] Zwar ist eine transnationale Wahl immer mit einem größeren Aufwand verbunden, am Ende stünde die unternehmerische Mitbestimmung aber auf einer demokratischeren Grundlage.

Daneben wird vereinzelt vertreten, dass die anteilsgerechte Sitzverteilung auf die beteiligten Mitgliedstaaten speziell im Bereich der unternehmerischen Mitbestimmung zu erheblichen praktischen Schwierigkeiten führen kann. So seien in einigen Mitgliedstaaten oftmals mehrere politische oder religiöse Richtungsgewerkschaften in einem Unternehmen vertreten, die zueinander in Konkurrenz stehen.[366] Dies könnte zu Konflikten führen, die sich auf die Entscheidungen im Aufsichts- oder Verwaltungsorgan der SE auswirken.[367] Zwar ist zutreffend, dass etwa in Frankreich mehrere Gewerkschaften in einem Unternehmen vertreten sein können und dies gerade in größeren Unternehmen in der Regel auch der Fall ist.[368] Vereinzelt mag dies auch zu Spannungen hinsichtlich der Mitbestimmung im Aufsichts- oder Verwaltungsorgan der SE führen. In erster Linie ist die Integration ausländischer Arbeitnehmervertreter jedoch als Gewinn zu werten. Denn nur so können die Interessen der Belegschaften eingebracht werden, die in anderen Mitgliedstaaten beschäftigt sind. Eine diskriminierungsfreie Unternehmenspolitik steigert die Zufriedenheit und Akzeptanz der Arbeitnehmer und steht letztlich auch im Zeichen der SE als supranationale Rechtsform.

3. *Bestimmung der Mitglieder*

a. Wahl- oder Bestellungsverfahren

Die Mitgliedstaaten sind berechtigt, die ihnen zugewiesenen Sitze im Aufsichts- oder Verwaltungsorgan mit Arbeitnehmervertretern ihrer Wahl zu besetzen.[369] Die Vorschrift des § 36 Abs. 2 SEBG berücksichtigt die von der SE-Richtlinie vorgesehene „Regelungshoheit der Mitgliedstaaten", die Bestimmung der in ihrem

365 *Henssler* in Ulmer/Habersack/Henssler, Mitbestimmung, § 36 SEBG Rn. 15.

366 So z.B. in Belgien Frankreich, Italien, den Niederlanden und Portugal, *Rebhahn*, NZA 2001, 763 (766); *Schiessl*, ZHR 167 (2003), 235 (251).

367 *Köklü* in Van Hulle/Maul/Drinhausen, SE, Abschnitt 6 Rn. 227; *Schiessl*, ZHR 167 (2003), 235 (251).

368 *Körner*, NZA 2001, 429 (430).

369 Teil 3 Buchst. b des Anhangs zur SE-Richtlinie; *Feuerborn* in KK zum AktG, § 36 SEBG Rn. 11; *Jacobs* in MüKo, Europäisches Aktienrecht, Vor § 1 SEBG Rn. 24.

Hoheitsgebiet zu wählenden Arbeitnehmervertreter selbst zu regeln.[370] Für die Wahl der Arbeitnehmervertreter wird demzufolge auf das Recht des Staates verwiesen, aus dem das jeweilige Mitglied in das Aufsichts- oder Verwaltungsorgan zu entsenden ist. Bezüglich der Einzelheiten des Wahlverfahrens enthält die SE-Richtlinie keine Vorgaben.[371] Die Mitgliedstaaten haben einen sehr weiten Gestaltungsspielraum, um das neue Konzept in die nationalen Regelungen über die Arbeitnehmerbeteiligung einzufügen.[372]

Aus kollisionsrechtlicher Sicht ist die Verweisung zweckmäßig, da die Bestimmung der einzelnen Arbeitnehmervertreter einen engeren Bezug zu dem Mitgliedstaat aufweist, aus dem das jeweilige Mitglied zu entsenden ist, als zum Sitzstaat der SE. Für den Fall, dass ein Mitgliedstaat seine Regelungskompetenz nicht wahrgenommen hat, ist der SE-Betriebsrat gemäß § 36 Abs. 2 SEBG hilfsweise befugt, die Arbeitnehmervertreter zu bestimmen. Durch diese deutschtümelnde Regelung wird eine unvollständige Besetzung des Aufsichts- oder Verwaltungsorgans verhindert, die auf eine einzelstaatliche Regelungslücke zurückgeht.[373] Die so bestimmten Arbeitnehmervertreter werden durch die Hauptversammlung, die an die Vorschläge der Arbeitnehmerseite gebunden ist, wirksam bestellt.[374]

b. Abberufung und Wahlanfechtung

Für die Abberufung und Anfechtung der Wahl der Arbeitnehmervertreter gelten die Regelungen des jeweiligen mitgliedstaatlichen Umsetzungsgesetzes.[375] Dies ist sachgerecht, da sich auch die Bestimmung der auf die jeweiligen Mitgliedstaaten entfallenden Sitze der Arbeitnehmervertreter im Aufsichts- oder Verwaltungsorgan nach den jeweiligen einzelstaatlichen Verfahren richtet.[376] Gleichzeitig wird mit dieser Verweisung eine große Rechtsunsicherheit erzeugt, da die Leitung der SE nur schwer nachprüfen kann, ob die Wahl des ausländischen Mitglieds angefochten werden kann oder ein Abberufungsgrund besteht.

---

370 *Henssler* in Ulmer/Habersack/Henssler, Mitbestimmung, § 36 SEBG Rn. 19.

371 *Hohenstatt/Müller-Bonanni* in Habersack/Drinhausen, SE, § 36 SEBG Rn. 7.

372 *Henssler* in Ulmer/Habersack/Henssler, Mitbestimmung, § 36 SEBG Rn. 3.

373 *Feuerborn* in KK zum AktG, § 36 SEBG Rn. 11; *Nagel* in Nagel/Freis/Kleinsorge, SE, § 36 SEBG Rn. 6.

374 § 36 Abs. 4 SEBG; zur konstitutiven Wirkung des Hauptversammlungsbeschlusses *Oetker* in Lutter/Hommelhoff, SE, § 36 SEBG Rn. 14 m.w.N.

375 *Henssler* in Ulmer/Habersack/Henssler, Mitbestimmung, § 37 SEBG Rn. 1.

376 § 2 E. II. 3 (S. 57).

c. Kritik an der Verweisung

Die Übertragung des Wahlverfahrens in die Regelungshoheit der einzelnen Mitgliedstaaten ist aus Sicht der Praktikabilität wenig vorteilhaft. So ist z.B. für die Leitung einer deutschen AG, die in eine SE umgewandelt werden soll, regelmäßig unklar, wie ein Arbeitnehmervertreter in Ungarn gewählt wird. Zwar kann die SE ohne vorherige Wahl der Arbeitnehmervertreter und mit einem ausschließlich mit Anteilseignervertretern besetzten Aufsichts- oder Verwaltungsrat eingetragen werden.[377] Im weiteren Verlauf sind die Arbeitnehmervertreter aber so schnell wie möglich zu wählen, um eine gerichtliche Bestellung nach § 104 Abs. 1 und 2 AktG zu vermeiden. Die Zersplitterung des Wahlverfahrens in verschiedene Teilwahlen kann zu schlecht abschätzbaren Verzögerungen führen.

Darüber hinaus führt die Verweisung in die jeweiligen mitgliedstaatlichen Rechtsordnungen zu einer Beschränkung der Wahlrechte. Sind nur zwei oder drei Sitze im Aufsichts- oder Verwaltungsorgan an die Arbeitnehmerseite zu vergeben, werden nicht selten die Belegschaften kleinerer Gründungsgesellschaften bei der Wahl der Arbeitnehmervertreter gänzlich übergangen.[378]

Diese praktischen und rechtlichen Unstimmigkeiten wären nicht entstanden, wenn die SE-Richtlinie ein einheitliches transnationales Verfahren zur Bestimmung der Arbeitnehmervertreter vorgesehen hätte. Ähnlich wie dies bereits in der vereinbarten Mitbestimmung praktiziert wird,[379] könnte ein solches Verfahren in Form einer Verhältnis- oder Delegiertenwahl abgehalten werden. Dann wären alle Arbeitnehmer jedenfalls mittelbar an der Wahl beteiligt, auch wenn Mitgliedstaaten mit einer geringen Arbeitnehmerzahl weiterhin keinen eigenen Sitz erhalten.[380]

F. Persönliche Rechtsstellung der Arbeitnehmervertreter

Eine weitere zentrale Verweisung in die ausländischen Rechtsordnungen findet sich in § 42 SEBG, der die Vorgabe des Art. 10 SE-Richtlinie nahezu wortgetreu umsetzt. Danach genießen die Arbeitnehmervertreter in einer SE bei der Wahrnehmung ihrer Aufgaben den gleichen Schutz und gleichartige Sicherheiten wie die Arbeitnehmervertreter nach den innerstaatlichen Rechtsvorschriften und Gepflogenheiten des Landes, in dem sie beschäftigt sind.

---

377 Statt vieler *Seibt* in Habersack/Drinhausen, SE, Art. 40 SE-Verordnung Rn. 51.

378 *Henssler* in Ulmer/Habersack/Henssler, Mitbestimmung, § 36 SEBG Rn. 14 f.

379 Hierzu § 2 E. I. 2 (S. 49).

380 *Henssler* in Ulmer/Habersack/Henssler, Mitbestimmung, § 36 SEBG Rn. 15.

I. Kollisionsrechtliche Einordnung

1. Anknüpfung an den Beschäftigungsort

Art. 10 SE-Richtlinie verweist für die persönliche Rechtsstellung in die Rechtsordnung des Mitgliedstaates, in dem die Arbeitnehmervertreter beschäftigt sind. Diese Verweisung weicht von den Kollisionsnormen ab, die aus deutscher Sicht sonst das auf die persönliche Rechtsstellung der Arbeitnehmervertreter anwendbare Recht bestimmen.

Grundsätzlich richtet sich der besondere Kündigungsschutz für die Betriebsräte in grenzüberschreitenden Sachverhalten nach dem Betriebsverfassungsstatut.[381] Dasselbe gilt für die Freistellung und Entgeltfortzahlung im Rahmen der Betriebsratstätigkeit.[382] Maßgebliches Anknüpfungsmoment für die Betriebsverfassung ist nach mittlerweile h.M. der Ort, an dem der Betrieb belegen ist.[383] Zum gleichen Ergebnis gelangt man, wenn man den besonderen Kündigungsschutz der Betriebsräte als Eingriffsnormen qualifiziert, die aufgrund ihres öffentlichen Interesses[384] unabhängig vom sonst geltenden Vertragsstatut zur Anwendung kommen.[385] Nicht durchgesetzt hat sich die Auffassung, die auch für die Betriebsverfassung das Arbeitsvertragsstatut für maßgeblich hält.[386]

Die persönliche Rechtsstellung der Arbeitnehmervertreter im Aufsichtsrat ist demgegenüber Teil der unternehmerischen Mitbestimmung. Diese ist aus deutscher Sicht grundsätzlich dem Gesellschaftsstatut zuzuordnen.[387] Die Bestimmung der Rechtsordnung, die für die Rechtsverhältnisse einer Gesellschaft

---

381 *Deinert*, Internationales Arbeitsrecht, § 13 Rn. 62; *Krebber*, S. 325; *Magnus* in Staudinger, Kommentar zum BGB, Art. 8 Rom I-Verordnung Rn. 272; *Martiny* in MüKo, BGB, Art. 8 Rom I-Verordnung Rn. 101.

382 *Deinert*, Internationales Arbeitsrecht, § 17 Rn. 45; so auch bereits *Gamillscheg*, Internationales Arbeitsrecht, S. 238.

383 *Deinert*, Internationales Arbeitsrecht, § 17 Rn. 10; *Magnus* in Staudinger, Kommentar zum BGB, Art. 8 Rom I-Verordnung Rn. 265; *Martiny* in MüKo, BGB, Art. 8 Rom I-Verordnung Rn. 129.

384 *Sonnenberger* in MüKo, Internationales Privatrecht, Einl. IPR Rn. 41.

385 So z.B. BAG vom 24.08.1989, Az. 2 AZR 3/89, AP IPR (ArbR) Nr. 30; zutreffend *Deinert*, Internationales Arbeitsrecht, § 13 Rn. 62.

386 Überzeugend BAG vom 21.10.1980, Az. 6 AZR 640/79, AP IPR (ArbR) Nr. 17; *Magnus* in Staudinger, Kommentar zum BGB, Art. 8 Rom I-Verordnung Rn. 266; *Martiny* in Reithmann/Martiny, Internationales Vertragsrecht, 5. Teil Rn. 4952; a.A. *Fischer*, RdA 2002, 165 (165 ff.); *Gamillscheg*, Internationales Arbeitsrecht, S. 370 f.

387 BGH vom 16.11.1981, Az. II ZR 150/80, NJW 1982, 933 (934); h.M., vgl. *Junker*, ZfA 2005, 1 (5 f.); *Kindler* in MüKo, BGB, IntGesR Rn. 590 m.w.N. auch zur MM.

maßgeblich ist, folgt keinem einheitlichen Anknüpfungsmoment. Im Mittelpunkt der Diskussion steht, ob der Sitz- oder der Gründungstheorie zu folgen ist.[388] Der Meinungsstreit ist im Rahmen der SE obsolet, da der effektive Verwaltungs- und Satzungssitz der SE nach Art. 7 S. 1 SE-Verordnung in demselben Mitgliedstaat liegen müssen.[389]

Eine Anknüpfung an den Belegenheitsort des Betriebes bzw. den Gesellschaftssitz war bei der Rechtsstellung der SE-Arbeitnehmervertreter nicht möglich. Eine Anknüpfung an das Betriebsstatut scheitert daran, dass die Personen nicht in den betroffenen Betrieben sondern in der SE Funktionsträger sind. Bei einer Anknüpfung an das Gesellschaftsstatut der SE würden sich Widersprüche ergeben, wenn nicht das Mitbestimmungsmodell des Sitzstaates übernommen wird. Eine besondere kollisionsrechtliche Verweisung war erforderlich. Alternativ wäre zwar auch die Einführung eines einheitlichen Schutzniveaus auf gemeinschaftsrechtlicher Ebene in Betracht gekommen. Dies war aber schon aus rechtspolitischen Gründen nicht durchsetzbar.[390]

Mit der Verweisung auf den Schutz und die Sicherheiten der nationalen Arbeitnehmervertreter der jeweiligen Beschäftigungsländer berücksichtigt die SE-Richtlinie, dass die jeweiligen Arbeitnehmervertreter nicht nur ausnahmsweise, sondern regelmäßig in verschiedenen Staaten beschäftigt sind. Indessen ist zu beachten, dass in der Rahmenrichtlinie zur Unterrichtung und Anhörung[391] erstmals eine Definition eines für alle Mitgliedstaaten geltenden umfassenden Schutzniveaus zum Ausdruck kommt. Nach Art. 7 dieser Rahmenrichtlinie haben die Mitgliedstaaten dafür Sorge zu tragen, dass die Arbeitnehmervertreter bei der Ausübung ihrer Funktion einen ausreichenden Schutz und ausreichende Sicherheiten genießen, die es ihnen ermöglichen, die ihnen übertragenen Aufgaben in angemessener Weise wahrzunehmen. Damit ist auf gemeinschaftsrechtlicher Ebene erstmals ein Mindeststandard festgeschrieben worden, sodass zukünftig in allen Mitgliedstaaten gewisse Schutzrechte bestehen müssen. Eingeschränkt wird dieser Mindeststandard aber dadurch, dass unmittelbar wirkendes Recht erst durch eine mitgliedstaatliche Umsetzung geschaffen wird. Private können sich in einem Rechtsstreit weder auf die Richtlinie noch auf

---

388 *Kindler* in MüKo, BGB, IntGesR Rn. 351; *Thorn* in Palandt, BGB, Anh. zu Art. 12 EGBGB Rn. 1.

389 Statt aller *Oechsler* in MüKo, Europäisches Aktienrecht, Art. 7 SE-Verordnung Rn. 1.

390 Zur schwierigen Entstehungsgeschichte § 1 B. I (S. 2).

391 Richtlinie 2002/14/EG des Europäischen Parlaments und des Rates vom 11.03.2002 zur Festlegung eines allgemeinen Rahmens für die Unterrichtung und Anhörung der Arbeitnehmer in der Europäischen Gemeinschaft (ABl. Nr. L 80 S. 29).

den zugrunde liegenden Art. 27 der Charta der Grundrechte der EU berufen, wenn das nationale Umsetzungsrecht keine Schutzrechte schafft.[392]

2. Verhältnis zum Arbeitsvertragsstatut

Die Verweisung auf die Rechtsordnungen der Mitgliedstaaten, in denen die Arbeitnehmer beschäftigt sind, weist eine Nähe zum Arbeitsvertragsstatut nach Art. 8 Rom I-Verordnung[393] auf. Während Art. 10 SE-Richtlinie an den Beschäftigungsort der Arbeitnehmervertreter anknüpft, ist für das objektive Arbeitsvertragsstatut nach Art. 8 Abs. 2 S. 1 Rom I-Verordnung der gewöhnliche Arbeitsort maßgeblich (lex locis laboris).[394] Diese Differenzierung zwischen Beschäftigungs- und gewöhnlichem Arbeitsort findet sich auch in anderen Sprachfassungen, so z.B. in der englischen wieder:

> *„[...] law of the country in which or, failing that, from which the employee habitually carries out his work in performance of the contract.“*

versus

> *„[...] enjoy same protection and guarantees provided for employees' by the national legislation and/or practice force in their country of employment.“*
>
> (Anm.: Hervorhebung durch die Verf.)

Bei der Differenzierung handelt es sich nicht um eine sprachliche Ungenauigkeit der deutschen Fassung. Fraglich ist jedoch, ob sich die Verwendung der unterschiedlichen Anknüpfungsmomente auch auf das anzuwendende Recht auswirkt.

Der Begriff des gewöhnlichen Arbeitsorts ist weit auszulegen.[395] Gewöhnlicher Arbeitsort ist derjenige Ort, an dem der Arbeitnehmer unter Berücksichtigung der Gesamtumstände seine Verpflichtungen gegenüber dem Arbeitgeber im Wesentlichen erfüllt.[396] Ist der Arbeitnehmer in einen Betrieb fest eingegliedert, ist

---

392 EuGH vom 15.01.2014, Rs. C-176/12, Slg. 2014 Rn. 36, 48, 51 (Association de médiation sociale/ Union locale des syndicats CGT und andere).

393 Verordnung (EG) Nr. 593/2008 des Europäischen Parlaments und des Rates vom 17. Juni 2008 über das auf vertragliche Schuldverhältnisse anzuwendende Recht (Rom I-Verordnung), ABl. Nr. L 177 S. 6, ber. 2009 Nr. L 309 S. 87. Die Rom I-Verordnung gilt gemäß Art. 28 nur für Verträge, die nach dem 17.12.2009 geschlossen wurden. Altverträge unterliegen den bisher geltenden Regelungen des EGBGB.

394 *Spickhoff* in Bamberger/Roth, BeckOK BGB, Art. 8 Rom I-Verordnung Rn. 21.

395 *Schönbohm* in Rolfs/Giesen/Kreikebohm/Udsching, BeckOK Arbeitsrecht, Art. 8 Rom I-Verordnung Rn. 19.

396 Z.B. EuGH vom 15.03.2011, Rs. C-29/19, Slg. 2011, I-01595 (Koelzsch/Großherzogtum Luxemburg).

der Betriebssitz regelmäßig auch der gewöhnliche Arbeitsort.[397] Fehlt eine solche Eingliederung kommt es auf den zeitlichen und inhaltlichen Schwerpunkt der Tätigkeit an.[398] In gleicher Weise bestimmte der EuGH den parallelen Begriff des Erfüllungsorts für Arbeitsverträge im Rahmen der Zuständigkeitsvorschriften der EuGVO[399] bzw. des GVÜ[400].[401]

Der Begriff des Beschäftigungsortes stammt aus dem sozialrechtlichen Bereich. So findet er sich z.B. in Art. 11 der Verordnung (EG) Nr. 883/2004 zur Koordinierung der Systeme der sozialen Sicherheit.[402] Der Begriff des Beschäftigungsverhältnisses stimmt regelmäßig mit dem des Arbeitsverhältnisses überein.[403] Insbesondere ergeben sich keine Unterschiede bei einer kurzfristigen Entsendung des Arbeitnehmers in einen anderen Mitgliedstaat. Gemäß Art. 8 Abs. 2 S. 2 Rom I-Verordnung wechselt das Arbeitsvertragsstatut nicht, wenn der Arbeitnehmer vorübergehend in einen anderen Staat entsandt wird. Art. 12 der Verordnung (EG) Nr. 883/2004 zur Koordinierung der Systeme der sozialen Sicherheit regelt, dass eine vorübergehende Beschäftigung in einem anderen Mitgliedstaat grundsätzlich nicht zum Verlust des bisherigen Sozialrechtsstatus führt.[404]

Obwohl die Begriffe Arbeit und Beschäftigung nicht identisch sind, verweisen beide Statuten letztlich einheitlich auf die Rechtsordnung des Staates, in dem die Beschäftigung tatsächlich ausgeübt wird, oder mit anderen Worten die Arbeitsleistung erbracht wird. Maßgebliche Rechtsordnung ist diejenige des Staates, in dem der Arbeitnehmer unabhängig von seiner besonderen Funktion für seinen Arbeitgeber tätig ist.

---

397 *Spickhoff* in Bamberger/Roth, BeckOK BGB, Art. 8 Rom I-Verordnung Rn. 21.

398 BAG vom 29.10.1992, Az. 2 AZR 267/92, AP IPR (ArbR) Nr. 31; *Martiny* in MüKo, BGB, Art. 8 Rom I-Verordnung Rn. 47 m.w.N.

399 Verordnung (EG) Nr. 44/2001 des Rates vom 22.12.2000 über die gerichtliche Zuständigkeit und die Anerkennung und Vollstreckung von Entscheidungen in Zivil- und Handelssachen, ABl. L 12 vom 16.01.2001, S. 1.

400 Übereinkommen über die gerichtliche Zuständigkeit und die Vollstreckung gerichtlicher Entscheidungen in Zivil- und Handelssachen vom 27.09.1968.

401 EuGH vom 13.07.1993, Rs. C-125/92, Slg. 1993, I-4075 Rn. 24 (Mulox/Geels); EuGH vom 09.01.1997, Rs. 383/95, Slg. 1997, I-57 Rn. 27 (Rutten/Cross Medical Ltd.); *Magnus* in Staudinger, Kommentar zum BGB, Art. 8 Rom I-Verordnung Rn. 99; *Martiny* in MüKo, BGB, Art. 8 Rom I-Verordnung Rn. 46.

402 Verordnung (EG) Nr. 883/2004 des Europäischen Parlaments und des Rates vom 29.04.2004 zur Koordinierung der Systeme der sozialen Sicherheit, ABl. L 314 vom 07.06.2004.

403 *Steinmeyer* in Hanau/Steinmeyer/Wank, Europäisches Arbeitsrecht, § 32 Rn. 96.

404 Eingehend *Buschermöhle*, DStR 2010, 1845 (1845 ff.).

Im Unterschied zum Arbeitsvertragsstatut kann § 42 SEBG in entsprechender Umsetzung des Art. 10 SE-Richtlinie allerdings nicht von den Parteien durch Rechtswahl abbedungen werden. Für die persönliche Rechtsstellung der Arbeitnehmervertreter in einer SE ist unabhängig vom sonstigen Vertragsstatut das Recht ihres Beschäftigungslandes maßgeblich.[405] Dies folgt aus der klaren Anweisung des Art. 10 SE-Richtlinie. Hätte der Richtliniengeber gewollt, dass sich die persönliche Rechtsstellung insgesamt nach dem jeweiligen Arbeitsvertragsstatut richtet, wäre dies durch eine entsprechende Formulierung klargestellt worden. Letztlich wäre eine Anlehnung an das Arbeitsvertragsstatut auch in der Praxis untragbar. Es müsste sonst neben der ohnehin sehr komplexen Verweisung geprüft werden, ob die Arbeitsvertragsparteien eine Rechtswahl getroffen haben.

II. Anwendungsbereich und Schutzumfang

1. Schutzbereich des § 42 SEBG

a. Persönlich

In persönlicher Hinsicht schützt die Vorschrift des § 42 SEBG die Mitglieder des BVG, die Mitglieder des SE-Betriebsrats, die Arbeitnehmervertreter, die in sonstiger Weise bei einem Verfahren zur Unterrichtung und Anhörung mitwirken und die Arbeitnehmervertreter im Aufsichts- oder Verwaltungsorgan der SE.[406] Diese Personen müssen in der SE, einer beteiligten Gesellschaft, einer betroffenen Tochtergesellschaft oder in einem betroffenen Betrieb beschäftigt sein.[407] Externe Gewerkschaftsvertreter fallen aufgrund des eindeutigen Wortlauts nicht in den Schutzbereich. Dies ist zweckmäßig, da sich der Anwendungsbereich der Norm auf Bestand und Inhalt des Arbeitsverhältnisses bezieht.[408] Diese Voraussetzungen gelten für in- und ausländische Arbeitnehmervertreter gleichermaßen.

b. Sachlich

In sachlicher Hinsicht umfasst die persönliche Rechtsstellung den besonderen Kündigungsschutz, die Freistellung für die Sitzungsteilnahme in den verschiedenen Gremien und die Entgeltfortzahlung in Zusammenhang mit der

---

405 *Oetker* in Münchener Handbuch Arbeitsrecht, Band 1, § 11 Rn. 5.

406 Zur Vereinfachung wird der Begriff Arbeitnehmervertreter als Oberbegriff für alle geschützten Personengruppen verwendet, soweit im Einzelnen keine Differenzierung erforderlich ist.

407 §42 S. 1 SEBG.

408 Statt aller *Henssler* in Ulmer/Habersack/Henssler, Mitbestimmung, § 42 SEBG Rn. 2.

Wahrnehmung der Aufgaben eines Arbeitnehmervertreters.[409] Die Aufzählung ist nicht abschließend.[410] In Bezug auf die konkrete Funktion eines Arbeitnehmervertreters sind weitere Bereiche möglich, in denen eine Gleichstellung mit den nationalen Arbeitnehmervertretern erfolgen muss.[411]

Gemäß Teil 2 Buchst. g des Anhangs zur SE-Richtlinie haben die Mitglieder des SE-Betriebsrats erforderlichenfalls einen Schulungsanspruch. Das deutsche Recht setzt diese Vorgabe in § 31 SEBG um. Auch im Umsetzungsrecht der anderen Mitgliedstaaten ist bei einer ordnungsgemäßen Transformation der SE-Richtlinie eine entsprechende Regelung zu erwarten. Unterschiede ergeben sich, wenn das nationale Recht den Schulungsanspruch etwa hinsichtlich der Stundenzahl konkretisiert.[412]

Die Arbeitnehmervertreter im Aufsichts- oder Verwaltungsorgan haben gemäß § 38 Abs. 1 SEBG die gleichen Rechte und Pflichten wie die Anteilseignervertreter. Diese Regelung setzt die Vorgabe in Teil 3 Buchst. b Unterabs. 4 des Anhangs zur SE-Richtlinie um. Sie betrifft die Mitwirkungs-, Informations- und Stimmrechte.[413]

2. Errichtungs- und Tätigkeitsschutz

Die Regelung des § 42 SEBG wird ergänzt durch den allgemeinen Errichtungs- und Tätigkeitsschutz des § 44 SEBG.[414] Gemäß § 44 SEBG dürfen die Bildung und Betätigung der verschiedenen Vertretungsgremien nicht behindert oder gestört und die Arbeitnehmervertreter wegen ihrer Tätigkeit nicht benachteiligt oder begünstigt werden. Bei Zuwiderhandlung droht gemäß § 45 Abs. 2 Nr. 2 oder 3 SEBG eine Freiheitsstrafe von bis zu zwei Jahren.

§ 44 SEBG hat keine konkrete Entsprechung in der SE-Richtlinie.[415] Laut Gesetzesbegründung dient die Regelung der Umsetzung von Art. 12 Abs. 2 SE-Richtlinie.[416] Danach haben die Mitgliedstaaten geeignete Maßnahmen für den Fall der Nichteinhaltung der Richtlinie vorzusehen. Sie müssen außerdem dafür sorgen, dass die Erfüllung der Verpflichtungen in Verwaltungs- oder

409 Konkretisierend *Feuerborn* in KK zum AktG, § 42 SEBG Rn. 10 ff.

410 Statt vieler *Jacobs* in MüKo, Europäisches Aktienrecht, § 42 SEBG Rn. 5.

411 *Henssler* in Ulmer/Habersack/Henssler, Mitbestimmung, § 42 SEBG Rn. 10; a.A. wohl *Feuerborn* in KK zum AktG, § 42 SEBG Rn. 21.

412 Dies ist z.B. in Estland der Fall, vgl. § 69^1 SEBG (EE).

413 *Jacobs* in MüKo, Europäisches Aktienrecht, § 38 SEBG Rn. 2.

414 Statt vieler *Feuerborn* in KK zum AktG, § 44 SEBG Rn. 1.

415 *Oetker* in Lutter/Hommelhoff, SE, § 44 SEBG Rn. 2.

416 Begr. zum RegE zu § 44, BT-Drucks. 15/3405, S. 57.

Gerichtsverfahren durchgesetzt werden können. Da diese Richtlinienvorgabe sehr allgemein ist und jedenfalls § 44 Nr. 3 SEBG auch dem Individualschutz der Arbeitnehmervertreter dient, ist die Vorschrift darüber hinaus auf Art. 10 SE-Richtlinie zurückzuführen.[417]

Im Rahmen des § 44 Nr. 3 SEBG ist umstritten, gegenüber wem eine tatsächliche, persönliche oder wirtschaftliche Schlechter- bzw. Besserstellung wegen der Organtätigkeit[418] eintreten muss. Als Vergleichsgruppen kommt entweder die gesamte Belegschaft[419] oder nur die nationalen Arbeitnehmervertreter[420] in Betracht. Für einen Vergleich mit den nationalen Arbeitnehmervertretern spricht das spezielle Gleichstellungsgebot des § 42 SEBG.[421] Dagegen spricht der Zweck der Verbotsnorm. Die Vorschrift dient allgemein der Verhinderung einseitiger Einflussnahme und der Sicherung der Unabhängigkeit der Arbeitnehmervertretungen gegenüber dem Sozialpartner.[422] Die Unabhängigkeit der Arbeitnehmervertretung kann in beiden Fällen gefährdet werden. So kann beispielsweise eine unterlassene Beförderung des Arbeitnehmervertreters im Verhältnis zu anderen vergleichbaren Arbeitnehmern benachteiligend wirken.[423] Umgekehrt kann auch ein Sonderkündigungsschutz, der über den Schutz des nationalen Rechts des Beschäftigungslandes hinausgeht, begünstigend sein.

Fraglich ist darüber hinaus, ob sich das Benachteiligungs- und Begünstigungsverbot nur auf die inländischen oder auf alle Arbeitnehmervertreter bezieht. In der Gesetzesbegründung finden sich keine Hinweise auf den Geltungsumfang des § 44 SEBG.[424] *Henssler* ist der Auffassung, nationale Vorschriften, die über den Schutz des § 44 SEBG hinausgehen, blieben unberührt.[425] Er geht damit offenbar von einem umfassenden Verbot aus. Auch könnte die Arbeitnehmerfreizügigkeit für die transnationale Geltung des Begünstigungs- und

---

417 *Feuerborn* in KK zum AktG, § 44 SEBG Rn. 6; *Henssler* in Ulmer/Habersack/Henssler, Mitbestimmung, § 44 SEBG Rn. 1.

418 *Jacobs* in MüKo, Europäisches Aktienrecht, § 44 SEBG Rn. 6.

419 *Feuerborn* in KK zum AktG, § 44 SEBG Rn. 12; *Henssler* in Ulmer/Habersack/Henssler, Mitbestimmung, § 42 SEBG Rn. 13; *Jacobs* in MüKo, Europäisches Aktienrecht, § 44 SEBG Rn. 6.

420 *Thüsing/Forst*, FS Reuter (2009), 851 (856 f.).

421 *Thüsing/Forst*, FS Reuter (2009), 851 (856 f.).

422 *Feuerborn* in KK zum AktG, § 44 SEBG Rn. 9; *Kleinmann/Kujath* in Manz/Mayer/Schröder, SE, § 44 Rn. 3, 7.

423 *Jacobs* in MüKo, Europäisches Aktienrecht, § 44 SEBG Rn. 6.

424 Vgl. Begr. zum RegE zu § 44, BT-Drucks. 15/3405, S. 57.

425 *Henssler* in Ulmer/Habersack/Henssler, Mitbestimmung, § 44 SEBG Rn. 2.

Benachteiligungsverbots sprechen.[426] Die besondere Schutzregelung kann als „sonstige Arbeitsbedingung" i.S.v. Art. 45 Abs. 2 AEUV qualifiziert werden.[427] Ein grenzüberschreitender Bezug ist gegeben, da die im Ausland beschäftigten Arbeitnehmervertreter Mitglied in Vertretungsorganen sind, die primär in einem anderen Land tätig sind. Eine unterschiedliche Behandlung der in- und ausländischen Arbeitnehmervertreter hinsichtlich der besonderen Schutzregelung kann eine Diskriminierung aufgrund der Staatsangehörigkeit darstellen. Dies muss jedenfalls gelten, wenn in den Beschäftigungsländern entgegen Art. 12 Abs. 2 SE-Richtlinie kein Benachteiligungs- und Begünstigungsverbot existiert, auf das alternativ zurückgegriffen werden kann. Durch die umfassende Geltung des § 44 Nr. 3 SEBG werden einzelstaatliche Unterschiede vermieden, die durch das Fehlen einer entsprechenden nationalen Regelung entstehen könnten.

3. *Geheimhaltungspflicht*

Keine einzelstaatlichen Unterschiede ergeben sich auch bei der Geheimhaltungspflicht der Mitglieder des BVG und des SE-Betriebsrats nach § 41 Abs. 2 und 4 SEBG. Nach dem Wortlaut gilt diese Regelung unabhängig vom Aufenthaltsort der betreffenden Personen.[428] Für die Arbeitnehmervertreter im Aufsichts- oder Verwaltungsorgan der SE gelten Art. 49 SE-Verordnung sowie die nationalen gesellschaftsrechtlichen Verschwiegenheitspflichten des jeweiligen Sitzstaates.[429] Eine je nach Mitgliedsland differenzierende Geheimhaltungspflicht würde eine Zusammenarbeit in den jeweiligen Organen unmöglich machen.

III. Kritik an der Verweisung

1. *Unterschiedliches Schutzniveau*

Aufgrund der Verweisung des § 42 SEBG gelten für die Arbeitnehmervertreter desselben Gremiums hinsichtlich ihrer persönlichen Rechtsstellung

---

426 Art. 45 AEUV.

427 Vgl. EuGH vom 13.12.1972, Rs. 44/72, Slg. 1972, 1243 Rn. 5 (Pieter Marsman/ M. Rosskamp) betreffend besondere Kündigungsschutzregelungen.

428 Begr. zum RegE zu § 41 Abs. 2, BT-Drucks. 15/3405, S. 56; *Feuerborn* in KK zum AktG, § 41 SEBG Rn. 10; *Jacobs* in MüKo, Europäisches Aktienrecht, § 3 SEBG Rn. 5.

429 *Jacobs* in MüKo, Europäisches Aktienrecht, § 41 SEBG Rn. 1; *Nagel* in Nagel/Freis/ Kleinsorge, SE, § 41 SEBG Rn. 7; *Oetker* in Lutter/Hommelhoff, SE, § 41 SEBG Rn. 11; differenzierend *Feuerborn* in KK zum AktG, § 41 SEBG Rn. 3.

unterschiedliche Regelungen.[430] Da die persönliche Rechtsstellung der Arbeitnehmervertreter, insbesondere der Sonderkündigungsschutz auf gemeinschaftsrechtlicher Ebene bislang nicht harmonisiert wurde, kann es zu erheblichen Differenzen kommen.[431] Es ist offensichtlich, dass das dadurch entstehende unterschiedliche Schutzniveau für eine harmonische und zielorientierte Zusammenarbeit in den Organen wenig förderlich ist.[432]

Die nationalen Freistellungsregelungen, die auf die SE-Arbeitnehmervertreter entsprechend anzuwenden sind, beruhen auf den europaweit unterschiedlichen Funktionen der nationalen Arbeitnehmervertreter.[433] Nationale Arbeitnehmervertreter mit umfangreichen Beteiligungsrechten benötigen mehr Zeit zur Erfüllung ihrer Aufgaben als Vertreter mit lediglich beratender Funktion. In der SE nehmen die jeweiligen Vertreter hingegen gemeinsame Aufgaben wahr, die denselben Freistellungsumfang erfordern. Sinn und Zweck der Verweisung erschließt sich daher nicht.

2. *Kein konkreter Bezugspunkt*

Die Arbeitnehmervertreter in der SE sind gemäß § 42 SEBG mit nationalen Arbeitnehmervertretern gleichzustellen. Den konkreten Bezugspunkt der Verweisung nennen weder die SE-Richtlinie noch das SEBG.

Aufgrund des Gleichstellungsgebotes ist davon auszugehen, dass die jeweiligen Arbeitnehmervertreter mit Personengruppen zu vergleichen sind, die ähnliche Funktionen haben.[434] Die Ermittlung der entsprechenden maßgeblichen Vergleichsgruppe kann im Einzelfall zu erheblichen Schwierigkeiten führen. So sind zwar die Mitglieder des BVG und SE-Betriebsrats aufgrund ihrer Funktion regelmäßig mit betrieblichen Interessensvertretern vergleichbar. Anders ist dies aber bei den Arbeitnehmervertretern im Aufsichts- oder Verwaltungsorgan. Hier ist fraglich, worauf sich die Verweisung bezieht, wenn das nationale Recht eines Mitgliedstaates keine Mitbestimmung der Arbeitnehmer

---

430 Begr. zum RegE zu § 42 Abs. 6, BT-Drucks. 15/3405, S. 56; *Feuerborn* in KK zum AktG, § 42 SEBG Rn. 3; *Hohenstatt/Müller-Bonanni* in Habersack/Drinhausen, SE, § 42 SEBG Rn. 1; *Jacobs* in MüKo, Europäisches Aktienrecht, § 42 SEBG Rn. 1; *Nagel* in Nagel/Freis/Kleinsorge, SE, § 42 SEBG Rn. 3.

431 In diesem Sinn *Thüsing/Forst*, FS Reuter (2009), 851 (857 f.).

432 Kritisch auch *Jacobs* in MüKo, Europäisches Aktienrecht, § 42 SEBG Rn. 1.

433 *Junker*, ZfA 2001, 225 (235).

434 *Feuerborn* in KK zum AktG, § 42 SEBG Rn. 9; *Henssler* in Ulmer/Habersack/Henssler, Mitbestimmung, § 42 SEBG Rn. 5; *Jacobs* in MüKo, Europäisches Aktienrecht, § 42 SEBG Rn. 5; *Oetker* in Lutter/Hommelhoff, SE, § 42 SEBG Rn. 6.

in den Gesellschaftsorganen vorsieht und es dementsprechend an einem nationalen Äquivalent fehlt.[435]

Schwierig gestaltet sich das Auffinden der richtigen Vergleichsgruppe auch, wenn das nationale Recht mehrere Säulen der betrieblichen Interessenvertretung oder der unternehmerischen Mitbestimmung hat. So sieht beispielsweise das französische Arbeitnehmerbeteiligungsrecht mit dem Betriebsrat und den Personaldelegierten zwei Vertretungsorgane auf betrieblicher Ebene vor.[436] Und auch hinsichtlich der Mitbestimmung in den Gesellschaftsorganen sind mehrere Formen des nationalen Rechts denkbar. Paradebeispiel ist Deutschland, das mit dem DrittelbG und dem MitbestG gleich zwei Reglements bereithält. Welche der in Betracht kommenden Regelungen anzuwenden ist, muss mithilfe eines aufwendigen Einzelvergleichs entschieden werden. Dies kann zu einer erheblichen Rechtsunsicherheit führen, wenn die jeweiligen Schutzvorschriften differieren.

In der Praxis relativiert sich das Problem, wenn bereits das Umsetzungsgesetz zur SE-Richtlinie die entsprechenden Vorschriften benennt. Andernfalls sind die nationalen Schutzvorschriften zu ermitteln. Diese Schutzvorschriften können normativ verankert sein oder sich aus Gepflogenheiten ergeben. Zu den Gepflogenheiten zählen Tarifverträge, aber auch ungeschriebenes Gewohnheitsrecht.[437]

Die Fülle der in Betracht kommenden Vorschriften kann zu erheblichen Schwierigkeiten führen. Möchte beispielsweise die Leitung einer deutschen SE den mehrere Wochenstunden umfassenden Freistellungsanspruch eines ausländischen SE-Betriebsratsmitglieds prüfen, kann dies mit einem unverhältnismäßig hohen Aufwand verbunden sein. Denkbar ist auch, dass die Leitung der SE mit der Kündigung eines ausländischen Arbeitnehmervertreters im Aufsichts- oder Verwaltungsorgan nicht einverstanden ist, da kein Ersatzmitglied zur Verfügung steht und eine Neuwahl unternehmerische Entscheidungen verzögern würde.

3. *Compliance-Verantwortung*

In Zusammenhang mit der Rechtsstellung der Arbeitnehmervertreter spielt auch die Compliance-Verantwortung eine Rolle. Compliance bedeutet, dass Gesetzesverstöße durch Unternehmensangehörige von den Leitungsorganen durch

---

435 Überblick über die nationalen Arbeitsbeziehungen bei *Stollt/Wolters*, Arbeitnehmerbeteiligung in der SE, S. 73 f.

436 *Körner*, NZA 2001, 429 (430).

437 Hierzu § 1 D. IV. 2 (S. 15); ebenso *Hennings* in Manz/Mayer/Schröder, SE (1. Auflage 2005), Art. 10 SE-Richtlinie Rn. 2.

entsprechende Schutzvorkehrungen zu vermeiden sind.[438] Relevant ist dabei insbesondere die Beachtung öffentlich-rechtlicher und strafrechtlicher Regeln.[439] Hierzu zählen auch die Schutzvorschriften zugunsten der Arbeitnehmervertreter i.S.d. § 42 SEBG sowie der strafbewehrte Errichtungs- und Tätigkeitsschutz nach § 44 SEBG.

In börsennotierten Gesellschaften ist die Compliance-Verantwortung der Unternehmensleitung nach den Empfehlungen des Deutschen Corporate Governance Kodex (DCGK)[440] konzernweit zu verstehen. Ziffer 4.1.3 DCGK besagt:

> *„Der Vorstand hat für die Einhaltung der gesetzlichen Bestimmungen und der unternehmensinternen Richtlinien zu sorgen und wirkt auf deren Beachtung durch die Konzernunternehmen hin (Compliance).“*

Dementsprechend sollte die Leitung einer börsennotierten SE – jedenfalls nach der Empfehlung des DCGK – konzernweit auf Folgendes hinzuwirken: (i) keine Behinderung oder Störung der Errichtung und Betätigung der verschiedenen Vertretergremien (§ 44 Nr. 1 und 2 SEBG), (ii) kein Verstoß gegen das Benachteiligungs- oder Begünstigungsverbot des § 44 Nr. 3 SEBG, (iii) Beachtung der nationalen Schutzvorschriften zugunsten der Arbeitnehmervertreter.

Auch die Leitung einer nicht börsennotierten SE muss konzernweit für die Einhaltung der Vorschriften zugunsten der Arbeitnehmervertreter sorgen. Die Arbeitnehmervertreter sind in Organen tätig, die trotz ihrer dezentralen Besetzung als einheitliches Ganzes auf der Ebene der SE und nicht etwa in den Tochtergesellschaften oder Betrieben angesiedelt sind.[441]

Um Rechtsverstöße sowie Benachteiligungen oder Begünstigungen in Zusammenhang mit den Arbeitnehmervertretern zu kontrollieren und sanktionieren, muss die Leitung mit dem (Umsetzungs-) Recht der jeweiligen Beschäftigungsländer vertraut sein. Um überprüfen zu können, ob z.B. die Kündigung eines Organträgers gegen nationale Kündigungsschutzvorschriften verstößt, bedarf die Leitung einer fundierten Kenntnis der jeweiligen Rechtsordnung. Anderenfalls muss sie auf das ordnungsgemäße Verhalten ihrer Tochtergesellschaft vertrauen. Dies ist mit Blick auf die Strafbewehrung des Verstoßes gegen § 44 SEBG kritisch zu bewerten.[442]

---

438 *Fleischer* in Spindler/Stilz, AktG, § 91 Rn. 48.

439 *Mengel*, Compliance und Arbeitsrecht, Einl. S. 1.

440 Abrufbar unter http://www.corporate-governance-code.de/ger/kodex/, zuletzt abgerufen am 09.02.2014. Der Blick auf den DCGK ist dem Umstand geschuldet, dass die SE mit Sitz in Deutschland im Mittelpunkt der Untersuchung steht.

441 Auszunehmen ist die Tochter-SE, die selbst von einer Konzernmutter abhängig ist.

442 § 45 Abs. 2 Nr. 2 und 3 SEBG.

IV. Einheitliches Schutzniveau kraft Vereinbarung

§ 42 SEBG gilt aufgrund seiner systematischen Stellung im Gesetz sowohl für die verhandelte Arbeitnehmerbeteiligung als auch für die gesetzliche Auffangregelung.[443] Das unterschiedliche Schutzniveau wäre weniger problematisch, wenn die Parteien der Beteiligungsvereinbarung die Rechtsstellung der Arbeitnehmervertreter einheitlich gestalten könnten.

Die Privatautonomie der Parteien einer Beteiligungsvereinbarung besteht nur in den Grenzen der SE-Richtlinie und des SEBG.[444] Da die Regelung des § 42 SEBG unabdingbar ist[445], kommt von Anfang an nur eine Vereinheitlichung in Betracht, die auf der Rechtsordnung mit dem höchsten Schutzniveau basiert.[446] Nach der Gesetzesbegründung und überwiegenden Auffassung in der Literatur ist eine solche Regelung zulässig, da die SE-Richtlinie lediglich ein Mindestschutzniveau vorschreibe.[447]

Thüsing/Forst sind der Auffassung, § 42 SEBG stelle einen zwingenden Gleichheitssatz dar. Deshalb würde die Vereinbarung eines Kündigungsschutzes, der über das Recht des Beschäftigungslandes hinausgeht, gegen das strafbewehrte Begünstigungsverbot des § 44 Nr. 3 SEBG verstoßen.[448] Dagegen spricht, dass das Benachteiligungs- und Begünstigungsverbot dem Schutz der Organtätigkeit dient.[449] Die Vereinbarung eines einheitlich höheren Schutzniveaus stellt schon tatbestandlich keine Begünstigung im Sinne des § 44 Nr. 3 SEBG dar. Die Vereinbarung eines gegebenenfalls besseren Schutzstatuts dient nicht der Einflussnahme auf die Organtätigkeit der Arbeitnehmervertreter, sondern einer Vereinheitlichung der Schutzvorschriften und damit der Funktionsfähigkeit der Arbeitnehmerbeteiligung.[450]

---

443 Statt vieler *Forst*, S. 280.

444 *Thüsing/Forst*, FS Reuter (2010), 851 (853).

445 *Jacobs* in MüKo, Europäisches Aktienrecht, § 42 SEBG Rn. 1; *Thüsing/Forst*, FS Reuter (2010), 851 (856 f.); *Forst*, S. 280 ff.

446 So auch *Hoops*, S. 154.

447 Begr. zum RegE zu § 42, BT-Drucks. 15/3405, S. 56; *Feuerborn* in KK zum AktG, § 42 SEBG Rn. 3; *Henssler* in Ulmer/Habersack/Henssler, Mitbestimmung, § 42 SEBG Rn. 12; *Nagel* in Nagel/Freis/Kleinsorge, SE, § 42 SEBG Rn. 3; *Kleinmann/Kujath* in Manz/Mayer/Schröder, SE, 42 SEBG Rn. 5.

448 *Thüsing/Forst*, FS Reuter (2010), 851 (856 f.); *Forst*, S. 280 ff. Die Vorschrift des § 44 Nr. 3 SEBG ist insoweit spezieller § 119 Abs. 1 Nr. 3 BetrVG.

449 *Feuerborn* in KK zum AktG, § 44 SEBG Rn. 12.

450 So auch *Henssler* in Ulmer/Habersack/Henssler, Mitbestimmung, § 42 SEBG Rn. 13 und für die ähnliche Vorschrift des § 78 BetrVG *Thüsing* in Richardi, BetrVG, § 78 Rn. 30.

Die Unzulässigkeit der Vereinbarung eines einheitlichen Schutzniveaus ergibt sich aber aus anderen Gründen: Es lässt sich nur schwer feststellen, welche Regelungen den umfangsreichsten Schutz bieten. Werden nur rein formale Aspekte wie die Länge der Kündigungsfrist miteinander verglichen? Oder fließen auch andere Gesichtspunkte wie z.B. ein Zustimmungsvorbehalt zugunsten einer bestimmten Behörde[451] in den Vergleich ein? Möglicherweise empfinden die Arbeitnehmervertreter des Landes, in dem eine solche Vorschrift existiert, den Zustimmungsvorbehalt als besonders wirkungsvoll.[452] Ist ein Freistellungsanspruch nach Ermessen oder genau bestimmten Wochenstunden „besser"? Bevorzugen die Arbeitnehmervertreter in den Organen der SE eine Entgeltfortzahlung oder eine davon unabhängige Vergütung ihrer Amtstätigkeit?

Diese Fragen zeigen, dass die Vereinbarung eines einheitlichen Schutzstatus auf „höchstem Niveau" stets die Gefahr einer Benachteiligung birgt. Die Parteien können nicht abschließend beurteilen, welches Schutzniveau das höchste ist und ob sonach eine Abweichung vom Mindestschutzniveau des § 42 SEBG vorliegt. Es besteht immer ein gewisses Risiko, dass die Regelung letztlich unzulässig ist. Denkbar wäre zwar eine Vereinbarung, die alle positiven Aspekte der verschiedenen Rechtsordnungen vereint. Dies würde aber dem Interessensausgleich zwischen Arbeitgeber und Arbeitnehmer zuwiderlaufen, der den einzelnen Vorschriften zugrunde liegt. Auch dürfte sich eine derartige Regelung gegenüber den Leitungen als nicht durchsetzbar erweisen.

Im Übrigen spricht die zwingende Wirkung des § 42 SEBG[453] gegen die Zulässigkeit einer vereinheitlichenden Regelung. Eine solche Vereinbarung würde zulasten der Beschäftigungsgesellschaft gehen, wenn diese nicht unmittelbar Partei der Beteiligungsvereinbarung ist. Vereinbaren die Parteien beispielsweise die Anwendung des § 15 KSchG für alle SE-Betriebsratsmitglieder, wird dadurch auch eine Tochtergesellschaft in einem Mitgliedstaat mit niedrigerem Kündigungsschutzniveau gebunden. Verträge zulasten Dritter sind grundsätzlich unzulässig, da sie mit dem Grundsatz der Privatautonomie nicht vereinbar sind.[454] Stuft man die Beteiligungsvereinbarung als Kollektivvertrag mit normativer Wirkung

---

451 Ein solcher Zustimmungsvorbehalt ist in zwölf der untersuchten Mitgliedsländer vorgesehen; im Einzelnen § 5 C. (S. 174).

452 Denkbar ist, dass die Kündigung erfahrungsgemäß in einem solchen Gespräch abgewendet oder besonders sozialverträglich gestaltet werden kann.

453 *Jacobs* in MüKo, Europäisches Aktienrecht, § 42 SEBG Rn. 1; *Thüsing/Forst*, FS Reuter (2010), 851 (856 f.); *Forst*, S. 280 ff.

454 Zuletzt BAG vom 30.10.2003, Az. 8 AZR 491/02, NZA 2004, 481 (483); *Grüneberg* in Palandt, BGB, Einf. vor § 328 Rn. 10.

ein,[455] kann dies nicht für einzelne Regelungen über die persönliche Rechtsstellung der Arbeitnehmervertreter gelten. Denn der organisatorische Charakter, der die normative Wirkung der Beteiligungsvereinbarung rechtfertigt,[456] wird bei diesen Regelungen von dem persönlichen Bezug überlagert.

Im Übrigen würden sich Widersprüche zu Tochtergesellschaften ergeben, die in einem Mitgliedstaat ansässig sind, dessen Rechtsordnung eine normative Wirkung von Kollektivverträgen nicht kennt.[457] So sind beispielsweise in Großbritannien Kollektivverträge nur rechtlich verbindlich, wenn die Parteien dies vereinbaren.[458] Für diese Gesellschaften würde eine normativ wirkende Regelung über die persönliche Rechtsstellung sogar doppelt benachteiligend wirken. Freilich könnte eingewandt werden, dass die betroffene Tochtergesellschaft von den Leitungen der unmittelbaren Gründungsgesellschaften bei den Verhandlungen über die Arbeitnehmerbeteiligung mitvertreten wird. Da auf der Unternehmensseite aber kein Verfahren existiert, das ähnlich wie bei der Zusammensetzung des BVG eine repräsentative Vertretung auch der betroffenen Tochtergesellschaften gewährleistet, ist dieses Argument wenig stichhaltig.

Zusammenfassend bleibt festzuhalten, dass die Parteien der Beteiligungsvereinbarung kein einheitliches Schutzniveau vereinbaren können. Umso wichtiger ist die Beantwortung der Frage, wie stark sich die diesbezüglichen nationalen Regelungen unterscheiden (§ 5, S. 167).

---

455 *Rieble* in Rieble/Junker, Vereinbarte Mitbestimmung, § 3 Rn. 16 ff.

456 So jedenfalls *Jacobs* in MüKo, Europäisches Aktienrecht, § 21 SEBG Rn. 6; *Oetker* in Lutter/Hommelhoff, SE, § 21 SEBG Rn. 16.

457 So auch *Jacobs* in MüKo, Europäisches Aktienrecht, § 21 SEBG Rn. 7.

458 Art. 179 TULR (GB); *Rebhahn*, NZA 2001, 763 (764).

§ 3 Vergleich des Verhandlungsverfahrens

Nachdem die Berührungspunkte der nationalen Umsetzungsgesetze herausgearbeitet wurden, sollen nun die diesbezüglichen Regelungen der einzelnen Mitgliedstaaten dargestellt und miteinander verglichen werden. Nur so lässt sich feststellen, ob der begrenzte Anwendungsbereich des SEBG zu Konflikten im Verhältnis zu den anderen Mitgliedstaaten führt. Eine Übersicht über die in den Vergleich einbezogenen ausländischen Gesetze und Tarifverträge findet sich im Anhang „Ausländische Gesetze".

A. Vorgehensweise

Der Vergleich basiert auf den Gesetzestexten und nichtamtlichen englischen Übersetzungen, die nach Ablauf der Umsetzungsfrist von der Europäischen Kommission veröffentlicht wurden.[459] Bei den ausländischen Überlieferungen ist eine gewisse Zeitverzögerung in Kauf zu nehmen. Es kann nicht ausgeschlossen werden, dass im Einzelfall Gesetzesänderungen noch nicht zugänglich waren.

Der Vergleich umfasst die Mitgliedstaaten der EU und des EWR mit Ausnahme von Griechenland, Lettland, Kroatien, Rumänien und Zypern. Für diese Länder war keine (aktuelle) deutsche, englische oder französische Übersetzung verfügbar. Auf eine Vergleichung der jeweiligen nationalen Arbeitnehmerbegriffe wird verzichtet.[460] Die Darstellung konzentriert sich auf die multinationalen Berührungspunkte innerhalb der verschiedenen Verfahrensstadien und auf die persönliche Rechtsstellung der Arbeitnehmervertreter. Ziel ist eine Vergleichung der hier maßgeblichen Rechtsvorschriften.

---

459 http://ec.europa.eu/social/main.jsp?catId=707&langId=de&intPageId=212, zuletzt abgerufen am 09.02.2014.

460 Vgl. § 2 A. I. 1 (S. 19); hierzu existieren bereits einzelne Abhandlungen, so z.B. *Rebhahn*, RdA 2009, 154 (154 ff.) und *Thüsing*, Europäisches Arbeitsrecht, § 1 Rn. 3.

B. Informationsadressaten

I. Tabellarische Übersicht

System	Staat	primäre Informationsadressaten
Gewählte Arbeitnehmervertreter	AT	Betriebsräte
	DE	Betriebsräte, Gesamtbetriebsräte, Konzernbetriebsrat und Sprecherausschüsse
	HU	Mitglieder und Ersatzmitglieder des Betriebsrats
	LI	gewählte Arbeitnehmervertreter
	LU	Personaldelegationen
	NL	Betriebsräte, Zentralbetriebsräte und Konzernbetriebsräte
Gewerkschaften/ Gewerkschaftsvertreter	CZ	Gewerkschaftsvertretungen
	ES	Gewerkschaftsvertreter
	FR	repräsentative Gewerkschaften und Geschäftsleitungen der betroffenen Gesellschaften und Betriebe
	IT	betriebliche Gewerkschaftsvertretungen und Gewerkschaften, die den geltenden Tarifvertrag unterzeichnet haben
	NO	lokale Gewerkschaften
	PL	repräsentative Gewerkschaften
	SE	lokale Gewerkschaftssektionen
Gewerkschaften und gewählte Arbeitnehmervertreter	BE	Unternehmensräte, Ausschüsse für Sicherheit und Gesundheit sowie Gewerkschaftsdelegationen
	BG	repräsentative Gewerkschaften und gewählte Arbeitnehmervertreter
	GB	Gewerkschaften, die zur Führung von Tarifverhandlungen in dem Unternehmen anerkannt sind, gewerkschaftliche Vertrauensleute und Mitglieder eines Beratungsausschusses

System	Staat	primäre Informationsadressaten
	IE	Gewerkschaftsvertreter und Betriebsräte
	IS	Gewerkschaftsvertreter und ernannte Arbeitnehmervertreter
	LT	repräsentative Gewerkschaften oder Betriebsräte
	MT	Gewerkschaften, die vom Arbeitgeber als Verhandlungspartner für den Abschluss von Tarifverträgen anerkannt sind, und gewählte Arbeitnehmervertreter
	PT	Betriebsräte und repräsentative Gewerkschaften
	SI	Gewerkschaftsvertretungen und Betriebsräte
	SK	Betriebsräte, Vertrauensvertreter, Gewerkschaftsorgane und Arbeitnehmervertreter für Sicherheit und Gesundheitsschutz bei der Arbeit
Direktinformation	DK	Arbeitnehmer
	EE	Arbeitnehmer
	FI	Arbeitnehmer

II. Adressaten in Deutschland

In Deutschland sind die Arbeitnehmervertretungen und Sprecherausschüsse in den beteiligten Gesellschaften, betroffenen Tochtergesellschaften und Betrieben Adressaten der Information.[461] Gemäß der Definition in § 2 Abs. 6 SEBG bezeichnet Arbeitnehmervertretung alle Betriebsräte, Gesamtbetriebsräte und den Konzernbetriebsrat.

Nach h.M. sind die Leitungen nur verpflichtet, die Betriebsräte auf der jeweils höchsten Stufe zu informieren. Dies wird mit dem Zweck der Information begründet, die der Bildung des BVG diene. Bei dem Verfahren zur Bestimmung der inländischen BVG-Mitglieder würden die Betriebsräte auf einer niedrigeren Stufe durch Vertretungen auf einer höheren Stufe mitrepräsentiert.[462] Deshalb soll auch nur das tatsächliche Wahlgremium zwingend über die SE-Gründung zu informieren sein.[463]

461 § 4 Abs. 2 S. 1 SEBG.

462 Wertung des § 8 Abs. 2 bis 4 SEBG; näher § 3 C. I (S. 89).

463 *Evers* in Manz/Mayer/Schröder, SE, § 4 SEBG Rn. 3; *Feuerborn* in KK zum AktG, § 4 SEBG Rn. 13, 21; *Henssler* in Ulmer/Habersack/Henssler, Mitbestimmung, § 4 SEBG Rn. 4; *Hohenstatt/Müller-Bonanni* in Habersack/Drinhausen,

Dagegen wird zutreffend eingewandt, dass sich die Informationspflicht aufgrund des eindeutigen Wortlauts der Vorschrift und im Interesse einer umfassenden Information bewusst auf alle Arbeitnehmervertretungen bezieht.[464] Eine restriktive Auslegung birgt die Gefahr einer unvollständigen Information mit den unter § 2 B. III (S. 30) aufgeführten Folgen. Zudem müsste sonst geprüft werden, ob auch in den anderen Mitgliedstaaten hierarchische Vertreterstrukturen bestehen. Dies wäre im Vergleich zu einer umfassenden Informationserteilung mit einem unverhältnismäßig hohen Aufwand verbunden.

Existiert in der beteiligten Gesellschaft, betroffenen Tochtergesellschaft oder in dem betroffenen Betrieb keine Arbeitnehmervertretung, sind die Leitungen zu einer unmittelbaren Information der Arbeitnehmer verpflichtet.[465] Probleme ergeben sich, wenn in einem Betrieb zwar kein Betriebsrat existiert, aber in dem Unternehmen ein Gesamt- oder Konzernbetriebsrat eingerichtet ist. Die Literatur ist soweit ersichtlich einhellig der Auffassung, dass die Arbeitnehmer der betriebsratslosen Betriebe hier nicht unmittelbar zu informieren sind. Dies wird damit begründet, dass der Gesamt- bzw. Konzernbetriebsrat die Arbeitnehmer betriebsratsloser Betriebe mitvertritt.[466] Ein eigenes Informationsrecht sei nicht anzuerkennen, da die vertreterlosen Arbeitnehmer kein eigenes Wahlrecht besitzen.[467] Dem ist zuzustimmen, soweit es um die Information der in Deutschland beschäftigten Arbeitnehmer geht. Hinsichtlich der Information der ausländischen Belegschaften ist stets zu prüfen, ob die vertreterlosen Arbeitnehmer ein eigenes Recht auf Teilnahme an dem Bestellungsverfahren haben.

In Deutschland müssen darüber hinaus die Sprecherausschüsse der leitenden Angestellten auf allen Ebenen informiert werden.[468] Dabei ist umstritten, ob

SE, § 4 SEBG Rn. 6; *Jacobs* in MüKo, Europäisches Aktienrecht, § 4 SEBG Rn. 6; *Kienast* in Jannott/Frodermann, SE, 13. Kapitel Rn. 103; *Krause*, BB 2005, 1221 (1223).

464 So *Kleinsorge* in Nagel/Freis/Kleinsorge, SE, § 4 SEBG Rn. 10; i.E. auch *Grobys*, NZA 2005, 84 (86); *Köklü* in Van Hulle/Maul/Drinhausen, SE, Abschnitt 6 Rn. 21; *Oetker* in Lutter/Hommelhoff, SE, § 4 SEBG Rn. 16; *Rieble* in Rieble/Junker, Vereinbarte Mitbestimmung, § 3 Rn. 39.

465 § 4 Abs. 2 S. 2 SEBG.

466 *Henssler* in Ulmer/Habersack/Henssler, Mitbestimmung, § 4 SEBG Rn. 4; *Jacobs* in MüKo, Europäisches Aktienrecht, § 4 SEBG Rn. 7 jeweils m.w.N.

467 *Rieble* in Rieble/Junker, Vereinbarte Mitbestimmung, § 3 Rn. 40.

468 *Rieble* in Rieble/Junker, Vereinbarte Mitbestimmung, § 3 Rn. 39.

§ 4 Abs. 1 S. 2 SEBG analog anzuwenden ist, wenn die Errichtung eines Sprecherausschusses unterblieben ist. Als Argument wird angeführt, dass die Betriebsräte die leitenden Angestellten nicht mitvertreten und im Hinblick auf das Vorschlagsrecht nach § 8 Abs. 1 S. 6 SEBG eine direkte Information geboten ist.[469] Dagegen spricht, dass die Wahl der BVG-Mitglieder nicht von den leitenden Angestellten, sondern von einem Wahlgremium durchgeführt wird, das sich aus den Betriebsräten zusammensetzt. Eine Urwahl der leitenden Angestellten ist nicht vorgesehen.[470] Zwar haben die leitenden Angestellten gemäß § 8 Abs. 1 S. 6 SEBG auch dann ein Vorschlagsrecht, wenn kein Sprecherausschuss besteht. Um dieses Vorschlagsrecht ausüben zu können, ist aber keine direkte Information der leitenden Angestellten erforderlich. Es genügt die Information der Betriebsräte, die für die Durchführung des Bestellungsverfahrens zuständig sind. Die Verantwortlichen müssen die leitenden Angestellten auf ihr Recht zur Einreichung eines Wahlvorschlags hinweisen.

III. Adressaten in anderen Mitgliedstaaten

Bei der Information der ausländischen Arbeitnehmer lassen sich drei Gruppen unterscheiden. Die eine Gruppe sieht ähnlich wie das SEBG eine Information der nationalen Arbeitnehmervertreter vor. In der zweiten Gruppe sind die Arbeitnehmer direkt zu informieren. Eine dritte Gruppe enthält keine ausdrückliche Regelung, wer Empfänger der Information ist.

1. Information der nationalen Arbeitnehmervertreter

Die überwiegende Zahl der Mitgliedsländer sieht eine Information der nationalen Arbeitnehmervertreter vor. Nur wenige Umsetzungsgesetze legen fest, wer diesbezüglich als Arbeitnehmervertreter anzusehen ist. In allen anderen Ländern sind die zuständigen Arbeitnehmervertreter durch Auslegung zu ermitteln.

---

469 *Feuerborn* in KK zum AktG, § 4 SEBG Rn. 15; *Henssler* in Ulmer/Habersack/Henssler, Mitbestimmung, § 4 SEBG Rn. 4; *Hohenstatt/Müller-Bonanni* in Habersack/Drinhausen, SE, § 4 SEBG Rn. 6; *Jacobs* in MüKo, Europäisches Aktienrecht, § 4 SEBG Rn. 7, 13; *Kleinsorge* in Nagel/Freis/Kleinsorge, SE, § 4 SEBG Rn. 11; *Köklü* in Van Hulle/Maul/Drinhausen, SE, Abschnitt 6 Rn. 14; *Oetker* in Lutter/Hommelhoff, SE, § 4 SEBG Rn. 18.

470 *Rieble* in Rieble/Junker, Vereinbarte Mitbestimmung, § 3 Rn. 41.

a. Definition der Arbeitnehmervertreter im Umsetzungsrecht

In **Frankreich** sind gemäß Art. L. 2352-9 Abs. 1 Code du Travail (FR) sowohl die nationalen Arbeitnehmervertreter als auch die Geschäftsleitungen der betroffenen Gesellschaften und Betriebe zu informieren. Letztere informieren die Belegschaften direkt, wenn für diese keine Arbeitnehmervertretungen eingerichtet sind. Der Begriff der Arbeitnehmervertreter ist nicht legal definiert. Aus Art. D. 2352-1 f. Code du Travail (FR) ergibt sich aber, dass die repräsentativen Gewerkschaften gemeint sind, die primär für die Bestimmung der BVG-Mitglieder zuständig sind.[471]

In **Island** müssen ebenfalls die Arbeitnehmervertreter der Unternehmen informiert werden, die von der SE-Gründung betroffen sind.[472] Arbeitnehmervertreter sind gemäß Art. 3 Buchst. e SEBG (IS) die vom nationalen Recht vorgesehenen Gewerkschaftsvertreter sowie andere Repräsentanten, die von den Arbeitnehmern der beteiligten Gesellschaften nach diesem Gesetz oder einer Betriebsvereinbarung ernannt sind. Es ist somit für jeden Einzelfall zu ermitteln, ob neben den Gewerkschaftsvertretern noch weitere Arbeitnehmervertreter tätig sind. Eine alternative Direktinformation der Arbeitnehmer ist nicht vorgesehen. Allerdings ist der Gewerkschaftsgrad in Island sehr hoch,[473] sodass vertreterlose Einheiten in der Praxis eher selten vorkommen.

Ausführlich geregelt ist die Information der in **Litauen** beschäftigten Arbeitnehmer. Hier sind ebenfalls die Arbeitnehmervertreter in den Gesellschaften und Betrieben in Kenntnis zu setzen.[474] Die litauischen Arbeitnehmer werden primär von Gewerkschaften repräsentiert. Sind solche in dem betreffenden Betrieb oder Unternehmen nicht vertreten oder hat sich die Belegschaft gegen eine Vertretung durch die Gewerkschaft des jeweiligen Wirtschaftssektors entschieden, findet eine Vertretung durch den Betriebsrat statt. Dieser wird in einer geheimen Wahl der Arbeitnehmerversammlung gewählt.[475] Sind keine Arbeitnehmervertretungen vorhanden, werden die Arbeitnehmer in einer Arbeitnehmerversammlung oder mithilfe anderer gebräuchlicher Kommunikationsmittel unmittelbar unterrichtet.[476]

Sind in den **Niederlanden** Gesellschaften oder Betriebe an der SE-Gründung beteiligt bzw. von ihr betroffen, müssen entweder die Betriebsräte oder bei deren Abwesenheit die Arbeitnehmer direkt informiert werden.[477] Es können

471 Im Einzelnen § 3 C. III. 2. a (S. 112).
472 Art. 4 Abs. 2 SEBG (IS).
473 *Eythórsson/Jahn* in Ismayr, Die politischen Systeme Westeuropas, S. 211.
474 Art. 9 Abs. 2 SEBG (LT).
475 Zum Ganzen Art. 3 Abs. 3 SEBG (LT) i.V.m. Art. 19 ArbG (LT).
476 Art. 9 Abs. 2 SEBG (LT).
477 Art. 1:8 Abs. 2 S. 1 i.V.m. Art. 1:3 Abs. 2 WRW-ER (NL).

Betriebsräte auf verschiedenen Stufen des Unternehmens eingerichtet sein.[478] Sind einzelne Belegschaften nicht von einem Betriebsrat vertreten, hat die Information gegenüber diesen Arbeitnehmern direkt zu erfolgen. Dies gilt auch, wenn in dem Unternehmen auf höherer Stufe ein Betriebsrat vorhanden ist. Ungeachtet der Bestellung durch die Betriebsräte in anderen Einheiten haben diese Arbeitnehmer ein eigenes Teilhaberecht.[479]

In **Ungarn** sind die Mitglieder und Ersatzmitglieder des Betriebsrats zu informieren.[480] Es ist nicht vorgesehen, dass die Arbeitnehmer direkt zu informieren sind, wenn kein Betriebsrat eingerichtet ist. Diese Aufgabe wird von den Geschäftsführungsorganen der betriebsratslosen Einheiten wahrgenommen.[481]

Im **Vereinigten Königreich** ist der Begriff des nationalen Arbeitnehmervertreters in Art. 3 SE-Regulations 2009 (GB) legal definiert. Danach sind Arbeitnehmervertreter die Mitglieder jener Gewerkschaften, die vom Arbeitgeber als zur Führung von Tarifverhandlungen anerkannt sind. Das Gesetz differenziert nicht zwischen der freiwilligen und gesetzlichen Anerkennung dieser Gewerkschaften[482]. Daneben umfasst die Legaldefinition alle anderen Arbeitnehmervertreter, sofern diese nicht ausschließlich für einen spezifischen Komplex wie etwa Gesundheit, Sicherheit oder Massenentlassungen zuständig sind. Zu informieren sind sonach die gewerkschaftlichen Vertrauensleute und die Mitglieder der Beratungsausschüsse, deren Einrichtung allerdings fakultativ ist.[483] Existieren keine Arbeitnehmervertreter, sind die Arbeitnehmer direkt zu unterrichten.[484]

b. Ermittlung der Adressaten durch Auslegung

aa. Ermittlungskriterien

Einige Umsetzungsgesetze bestimmen, dass die nationalen Arbeitnehmervertretungen zu informieren sind, ohne den Begriff zu definieren. Hier ist durch Auslegung zu ermitteln, wer Informationsadressat ist.

---

478 *Hoogendorn/Rogmans* in Henssler/Braun, Arbeitsrecht in Europa, Niederlande Rn. 246.

479 Im Einzelnen § 3 C. III. 1. d (S. 105).

480 § 19 Abs. 2 S. 2 i.V.m. § 18 Abs. 1 Buchst. b SE-Gesetz (HU).

481 § 22 Abs. 2 SE-Gesetz (HU).

482 Zum Unterschied zwischen freiwilliger und gesetzlicher Anerkennung *Harth/Taggart* in Henssler/Braun, Arbeitsrecht in Europa, Großbritannien Rn. 156.

483 Zu den verschiedenen Interessensvertretern in Großbritannien *von der Heyde*, S. 125 ff.

484 Art. 5 Abs. 1 SE-Regulations 2009 (GB).

In Ländern mit mehreren Arbeitnehmervertretungen ist problematisch, ob nur die für die Bestellung der BVG-Mitglieder zuständigen oder alle Arbeitnehmervertretungen in Kenntnis zu setzen sind. Für die erste Auffassung streitet der eindeutige Zweck der Information, die Bildung des BVG zu ermöglichen. Es ist nicht einzusehen, auch einem Gesundheits- und Sicherheitsausschuss, der nicht für die Bestimmung der BVG-Mitglieder zuständig ist, ein Informationsrecht einzuräumen. Außerdem kann den Leitungen der beteiligten Gesellschaften nicht zugemutet werden, neben den für die BVG-Bildung zuständigen Organen noch weitere etwa bestehende Vertretungen zu ermitteln. Dies wird durch das Risiko belegt, das eine unvollständige Information birgt.[485]

Auf der anderen Seite deutet der offene Wortlaut der Informationsregelungen auf eine tendenziell weitere Auslegung hin.[486] Daher sind alle Arbeitnehmervertretungen zu informieren, die generell und nicht nur im konkreten Einzelfall für die Bestellung der BVG-Mitglieder zuständig sein können. Etwas anderes gilt nur, wenn das konkrete Umsetzungsgesetz eine abweichende Regelung enthält.

bb. Einzelstaatliche Regelungen

In **Belgien** sind die Vertreter aller beteiligten Gesellschaften, betroffenen Tochtergesellschaften und betroffenen Betriebe zu informieren.[487] Die betriebliche Interessensvertretung wird in Belgien von Unternehmensräten, Ausschüssen für Sicherheit und Gesundheit sowie Gewerkschaftsdelegationen wahrgenommen.[488] Die Zuständigkeit dieser Arbeitnehmervertretungen für die Ernennung der BVG-Mitglieder ist stufenweise geregelt. Beginnend mit den Unternehmensräten orientiert sie sich daran, welche Vertreterorgane in den beteiligten Gesellschaften, betroffenen Tochtergesellschaften und Betrieben tatsächlich vorhanden sind. Abhängig von den beteiligten oder betroffenen belgischen Einheiten kommen für die Bestellung der BVG-Mitglieder verschiedene Arbeitnehmervertretungen in Betracht.[489] Folgerichtig sind alle belgischen Arbeitnehmervertretungen zu informieren. Sind keine Arbeitnehmervertretungen vorhanden, müssen die Arbeitnehmer unmittelbar unterrichtet werden.[490]

485 Hierzu § 2 B. III (S. 30).
486 Vgl. zum deutschen Recht § 3 B. I (S. 76).
487 Art. 5 § 3 CCT Nr. 84 (BE).
488 *Von der Heyde*, S. 111 m.w.N.
489 Zum Ganzen § 3 C. III. 3. a (S. 122).
490 Art. 5 § 3 CCT Nr. 84 (BE).

In **Bulgarien** sind sowohl die Gewerkschaften als auch die nationalen Arbeitnehmervertreter Informationsadressaten.[491] Nationale Arbeitnehmervertreter werden in Unternehmen mit mindestens fünfzig Arbeitnehmern sowie in organisatorisch und wirtschaftlich selbständigen Abteilungen mit mindestens zwanzig Arbeitnehmern gewählt.[492] Es sind keine alternativen Informationsadressaten vorgesehen.

In **Irland** nimmt die Definition der Arbeitnehmervertreter lediglich auf die noch zu wählenden SE-Arbeitnehmervertreter Bezug.[493] Primär sind die Gewerkschaften für die Arbeitnehmervertretung auf betrieblicher Ebene zuständig.[494] Deren Position ist in einem Leitfaden der Kommission für Arbeitsbeziehungen (IE) geregelt.[495] Unter Ziffer 1 dieses Leitfadens sind Arbeitnehmervertreter als Personen definiert, die von einer Gewerkschaft als Arbeitnehmervertreter für die Gesellschaft oder den Betrieb ernannt wurden. Außerdem ist Arbeitnehmervertreter, wer in Verhandlungen über Arbeitsbedingungen regelmäßig einen Teil der Belegschaft vertritt. Mangels entgegenstehender Angaben sind diese Vertreter unabhängig davon zu informieren, ob ihre Gewerkschaft eine Verhandlungslizenz hat, die sie etwa zum Abschluss von Tarifverträgen berechtigt.[496] Einen rechtlichen Rahmen für die Einrichtung von Betriebsräten im Privatsektor hat erst das Arbeitnehmergesetz (Vorschrift für Anhörung und Unterrichtung) im Jahr 2006 geschaffen.[497] Sofern in einer Einheit ausnahmsweise ein Betriebsrat eingerichtet ist, muss aufgrund des offenen Wortlauts der Informationsregelung auch dieser unterrichtet werden. Sinn und Zweck der Information steht dem nicht entgegen, da in Irland eine Direktwahl stattfindet.[498] Hilfsweise sind die Arbeitnehmer direkt zu informieren.[499]

Die in **Liechtenstein** beschäftigten Arbeitnehmer haben Anspruch auf eine „Vertretung aus ihrer Mitte“ in Betrieben, in denen mindestens fünfzig Arbeitnehmer beschäftigt sind, sowie in Betriebsteilen, in denen mindestens zwanzig

---

491 Art. 12 SEBG (BG).

492 Art. 7a ArbG (BG).

493 Art. 2 SE-Regulations 2006 (IE).

494 *Von der Heyde*, S. 128 i.V.m. S. 125 f.

495 Die Fundstelle findet sich im Anhang „Ausländische Gesetze“.

496 Zur Verhandlungslizenz *Erken* in Henssler/Braun, Arbeitsrecht in Europa, Irland Rn. 113.

497 *Erken* in Henssler/Braun, Arbeitsrecht in Europa, Irland Rn. 105.

498 Im Einzelnen § 3 C. III. 4. c. bb (S. 132).

499 Art. 4 Abs. 4 SE-Regulations 2006 (IE).

Arbeitnehmer beschäftigt sind.[500] Diese Betriebsteile müssen einem Unternehmen angehören und „gleichzeitig eigenständige Steuersubjekte" darstellen.[501] Mit der hilfsweisen Direktinformation der Arbeitnehmer in Art. 7 Abs. 1 und 3 SEBG (LI) berücksichtigt der Gesetzgeber, dass auch auf nationaler Ebene die Arbeitnehmer selbst bestimmte Mitwirkungsrechte haben, wenn der erforderliche Schwellenwert nicht erreicht wird oder eine Arbeitnehmervertretung aus anderen Gründen nicht eingerichtet ist.[502]

In **Luxemburg** gibt es zwei Säulen der betrieblichen Interessenvertretung. Auf der einen Seite stehen die Personaldelegierten und auf der anderen Seite die gemischten Betriebsräte, die sich gemäß Art. L. 422-1 Abs. 1 Code du Travail (LU) sowohl aus Arbeitnehmer- als auch Arbeitgebervertretern zusammensetzen.[503] Da die gemischten Betriebsräte bei der Entsendung der luxemburgischen BVG-Mitglieder keine Rolle spielen,[504] steht ihnen kein Informationsrecht zu. Adressaten der Information sind in Luxemburg nur die Personaldelegierten. Eine hilfsweise Direktinformation der Arbeitnehmer ist nicht vorgesehen.[505]

Auf **Malta** vertreten nach der Definition des ArbG (MT) diejenigen Gewerkschaften die Arbeitnehmer, welche vom Arbeitgeber als Verhandlungspartner für den Abschluss von Tarifverträgen anerkannt sind. Die nicht organisierten Arbeitnehmer werden von gewählten Arbeitnehmervertretern repräsentiert.[506] Für den Fall, dass keine Arbeitnehmervertreter vorhanden sind, ordnet das Umsetzungsrecht eine unmittelbare Information der Arbeitnehmer an.[507]

In **Österreich** erfolgt die Aufforderung und Information gemäß § 215 Abs. 1 und 3 ArbVG (AT) gegenüber den Arbeitnehmervertretern oder den Arbeitnehmern „nach Maßgabe des jeweils anzuwendenden Rechts". Die ausdrückliche Verknüpfung mit der Aufforderung zur Bildung eines BVG lässt darauf schließen, dass hier nur diejenigen Vertreterorgane zu informieren sind, die tatsächlich für die Wahl oder Ernennung der Mitglieder des BVG zuständig sind. Dies

500 Art. 3 Abs. 1 Buchst. a und b MWG (LI).
501 Art. 3 Abs. 1 Buchst. b MWG (LI).
502 Art. 3a MWG (LI).
503 *Stollt/Wolters*, Arbeitnehmerbeteiligung in der SE, S. 81.
504 Im Einzelnen § 3 C. III. 1. c (S. 103).
505 Vgl. Art. L. 442-1 Abs. 1 S. 2 Code du Travail (LU).
506 Art. 2 ArbG (MT).
507 Art. 3 Abs. 4 S. 1 SEBG (MT).

sind in Österreich die Betriebsräte.[508] Gemäß § 215 Abs. 5 ArbVG (AT) haben die von der Leitung informierten Arbeitnehmervertreter die zuständige freiwillige Berufsvereinigung der Arbeitnehmer zu verständigen.

In **Polen** sind schwerpunktmäßig die Gewerkschaften zur Vertretung der Arbeitnehmer auf betrieblicher Ebene befugt.[509] Zwar wurde zur Umsetzung der Rahmenrichtlinie zur Unterrichtung und Anhörung[510] ein Gesetz erlassen, das die Einrichtung von Betriebsräten vorsieht. Diese Betriebsräte spielen jedoch bei der Ernennung der polnischen BVG-Mitglieder keine Rolle.[511] Die Information hat ausschließlich gegenüber den Gewerkschaften zu erfolgen. Hilfsweise sind die Arbeitnehmer auf die Art und Weise zu informieren, die in der jeweiligen Gesellschaft üblich ist.[512]

Das in **Portugal** zur Umsetzung der SE-Richtlinie erlassene Legislativdekret Nr. 215/2005 (PT) bringt in Art. 6 Abs. 2 zum Ausdruck, dass Informationsadressaten die für die Entsendung der BVG-Mitglieder zuständigen Organe oder Personen sind. Je nach anwendbarem mitgliedstaatlichen Recht sind dies die nationalen Arbeitnehmervertreter oder alternativ die Arbeitnehmer selbst. Aus Art. 39 Legislativdekret Nr. 215/2005 (PT) folgt, dass in Portugal üblicherweise die Betriebsräte und/oder Gewerkschaftsorganisationen zu informieren sind, welche die Arbeitnehmer der portugiesischen Gesellschaften und Betriebe vertreten.

In **Schweden** wird die betriebliche Arbeitnehmervertretung regelmäßig von den lokalen Gewerkschaftssektionen wahrgenommen.[513] Da diese auch für die Bestimmung der BVG-Mitglieder verantwortlich sind,[514] muss auch die Information an sie adressiert werden. Eine Ersatzinformation der Arbeitnehmer ist nicht vorgesehen.[515]

In der **Slowakischen Republik** ist das Betriebsverfassungsrecht durch „Pluralität" gekennzeichnet.[516] Zu den betrieblichen Arbeitnehmervertretungen gehören Betriebsräte, Vertrauensvertreter, Gewerkschaftsorgane und Arbeitnehmervertreter für Sicherheit und Gesundheitsschutz bei der Arbeit. Diese Organe können

508 Hierzu § 3 C. III. 1. e (S. 107).

509 *Stollt/Wolters*, Arbeitnehmerbeteiligung in der SE, S. 83; *Zimoch-Tuchołka/Malinowska-Hyla* in Henssler/Braun, Arbeitsrecht in Europa, Polen Rn. 192 ff.

510 Vgl. Fn. 391.

511 Hierzu § 3 C. III. 2. e (S. 117).

512 Art. 61 Abs. 2 EWIV/SE-Gesetz (PL).

513 *Kurz* in Henssler/Braun, Arbeitsrecht in Europa, Schweden Rn. 169 ff.

514 Im Einzelnen § 3 C. III. 2. f (S. 119).

515 Vgl. § 6 Abs. 2 S. 2 SEBG (SE).

516 *Markechová/Klimanová* in Henssler/Braun, Arbeitsrecht in Europa, Slowakische Republik Rn. 128.

nebeneinander bestehen.[517] Die Pluralität setzt sich auch in dem slowakischen Bestellungsverfahren der BVG-Mitglieder fort.[518] Daher sind alle bestehenden Arbeitnehmervertretungen über die SE-Gründung zu informieren. Existieren keine Arbeitnehmervertretungen, sind die Arbeitnehmer direkt zu unterrichten.[519]

In **Slowenien** zählen zu den Arbeitnehmervertretern die betrieblichen Gewerkschaftsvertretungen und Betriebsräte.[520] Der Wortlaut der slowenischen Informationsregelung ist weit gefasst.[521] Da die slowenischen BVG-Mitglieder mittels Direktwahl bestimmt werden, kann die Vorschrift auch nicht im Hinblick auf den Zweck der Information eingeschränkt werden. Informationsadressaten sind sowohl die Gewerkschaftsvertretungen als auch die Betriebsräte, sofern solche in den betreffenden Einheiten eingerichtet sind. Existieren weder Gewerkschaftsvertretungen noch Betriebsräte, sind die Arbeitnehmer unmittelbar in Kenntnis zu setzen.[522]

In der **Tschechischen Republik** sind die Gewerkschaftsvertretungen als zuständiges Entsendeorgan[523] auch Empfänger der erforderlichen Informationen. Da eine Gewerkschaft bereits in einem Betrieb vertreten ist, wenn ein einzelner Arbeitnehmer Mitglied ist, sind oftmals mehrere Gewerkschaften in einem Betrieb repräsentiert.[524] Dies kann zu einer größeren Zahl möglicher Informationsadressaten führen. Gegebenenfalls hat die Information gegenüber allen Arbeitnehmern zu erfolgen.[525] Was unter „gegebenenfalls" zu verstehen ist, wird nicht erläutert. Die Regelung ist so auszulegen, dass eine unmittelbare Unterrichtung durchzuführen ist, wenn entweder eine Direktwahl stattfindet oder vertreterlose Arbeitnehmer auf andere Weise an dem Wahl- oder Bestellungsverfahren teilnehmen.

2. Direkte Information der Arbeitnehmer

In **Dänemark** sind die Arbeitnehmer der beteiligten Gesellschaften, betroffenen Tochtergesellschaften und Betriebe direkt über die SE-Gründung zu informieren.[526] In welcher Form diese Direktinformation erfolgt, ist nicht geregelt.

---

517 *Markechová/Klimanová* in Henssler/Braun, Arbeitsrecht in Europa, Slowakische Republik Rn. 128 f. und 132.
518 Im Einzelnen § 3 C. III. 1. f (S. 109).
519 § 37 Abs. 3 S. 2 SE-Gesetz (SK).
520 *Stollt/Wolters*, Arbeitnehmerbeteiligung in der SE, S. 85.
521 Vgl. Art. 4 Abs. 2 ZSDUEDD (SI).
522 Art. 4 Abs. 2 ZSDUEDD (SI).
523 § 3 C. III. 2. h (S. 121).
524 *Linhart/Ranič* in Henssler/Braun, Arbeitsrecht in Europa, Tschechien Rn. 146 f.
525 § 47 Abs. 4 S. 1 SE-Gesetz (CZ).
526 § 3 Abs. 2 SEBG (DK).

Unklar ist, ob das Informationsschreiben an jeden einzelnen Arbeitnehmer zu richten ist oder, ob beispielsweise ein Aushang in den jeweiligen Betrieben genügt. Aufgrund des offenen Wortlauts ist davon auszugehen, dass die Akteure einen gewissen Handlungsspielraum haben, der sich im Zweifel an der bisherigen Informationspraktik der betroffenen Einheit zu orientieren hat.

3. *Keine Adressatenregelung*

In einigen Ländern enthält das Umsetzungsrecht keine Informationsregelung. Zur Lösung der Adressatenfrage kann angedacht werden, auf die deutsche Regelung des § 4 Abs. 2 SEBG zurückzugreifen und die entsprechenden nationalen Arbeitnehmervertreter in den anderen Mitgliedstaaten zu ermitteln. Dies könnte zu Widersprüchen führen, wenn die nationalen Arbeitnehmervertreter nicht für die Bildung des BVG zuständig sind.[527] Vorzugswürdig ist es, die richtigen Adressaten in Zusammenhang mit der Bildung des BVG zu ermitteln. Daraus ergibt sich Folgendes:

In **Estland** übernimmt § 50 Abs. 1 SEBG (EE) lediglich den Wortlaut von Art. 3 Abs. 1 SE-Richtlinie. Für die Bestimmung der estnischen BVG-Mitglieder sind primär die Arbeitnehmer selbst zuständig.[528] Folgerichtig muss auch die Information an sämtliche Arbeitnehmer direkt adressiert werden.

Ähnlich gestaltet sich die Rechtslage in **Finnland**. Das SEBG (FI) enthält keine Regelung über die zuständigen Informationsadressaten. Da in erster Linie die Arbeitnehmer für die Bestimmung der finnischen Mitglieder des BVG zuständig sind,[529] ist auch hier eine direkte Information der Belegschaften angezeigt.

In **Italien** folgt aus dem Zusammenhang der Information mit der Wahl bzw. Ernennung der BVG-Mitglieder, dass die betrieblichen Gewerkschaftsvertretungen sowie die Gewerkschaftsorganisationen, welche den geltenden Tarifvertrag verhandelt haben,[530] in Kenntnis zu setzen sind.

In **Norwegen** sind primär die lokalen Gewerkschaften und ersatzweise die Arbeitnehmer zu informieren, da diese für die Ernennung der BVG-Mitglieder zuständig sind.[531]

Das Umsetzungsgesetz in **Spanien** statuiert ebenfalls nicht, an wen die erforderlichen Informationen zu richten sind. Gemäß Art. 5 Abs. 2 SEBG (ES) sind die notwendigen Schritte durchzuführen, um Verhandlungen mit den Vertretern

---

527 Hierzu auch § 2 B. II (S. 28).
528 Im Einzelnen § 3 C. III. 4. b (S. 131).
529 Im Einzelnen § 3 C. III. 3. c (S. 127).
530 Im Einzelnen § 3 C. III. 2. b (S. 114).
531 Im Einzelnen § 3 C. III. 2. d (S. 116).

der Arbeitnehmer aufzunehmen. In diesem Zusammenhang sind auch die erforderlichen Informationen zu erteilen. In Spanien gibt es zwei Formen der betrieblichen Interessensvertretung. Auf der einen Seite erfolgt die Vertretung durch Betriebsräte bzw. in kleineren Unternehmen durch Personaldelegierte. Auf der anderen Seite steht die einflussreiche gewerkschaftliche Vertretung.[532] Da nur letztere für die Ernennung der BVG-Mitglieder zuständig sind,[533] hat auch die Information nur ihnen gegenüber zu erfolgen.

IV. Vergleich

Die meisten Umsetzungsgesetze benennen die nationalen Arbeitnehmervertreter als primäre Informationsadressaten (AT, BE, BG, CZ, IE, LI, LU, MT, PL, PT, SE, SK, SI). In diesen Fällen entsteht keine Abweichung vom deutschen Recht, das gleichfalls zu einer Unterrichtung der Vertretungen verpflichtet, sofern solche eingerichtet sind.[534]

Da neben Deutschland nur wenige Staaten den Begriff der Arbeitnehmervertreter im Umsetzungsgesetz definieren (FR, GB, HU, IS, LT, NL), muss in der Mehrzahl der Fälle durch Auslegung ermittelt werden, an wen die Information in dem jeweiligen Land zu adressieren ist. Dies erfolgt anhand des Zusammenhangs der Information mit der Bildung des BVG.

Auffallend ist, dass einige Staaten keine Direktinformation der Arbeitnehmer vorsehen, wenn keine Arbeitnehmervertretungen eingerichtet sind (BE, HU, IS, LU, SE). Die Regelungen sind richtlinienkonform auszulegen, da die Information anderenfalls nicht ordnungsgemäß durchgeführt werden kann. Teilweise informieren die zuständigen Geschäftsleitungen die vertreterlosen Arbeitnehmer (FR, HU).

Schwierigkeiten entstehen für den Rechtsanwender in Ländern, deren Umsetzungsgesetze die Information nicht regeln (EE, FI, IT, NO, ES). Hier können Abweichungen zum deutschen Recht entstehen, da die Informationsadressaten in Zusammenhang mit der Bildung des BVG zu bestimmen sind. In zwei dieser Länder ist eine Direktwahl angeordnet (EE, FI). Konsequenterweise müssen die Arbeitnehmer unmittelbar informiert werden. Dies weicht von § 4 Abs. 2 S. 1 SEBG ab, wonach primär die Arbeitnehmervertreter richtige Adressaten sind.

Umgekehrt sehen einige Staaten eine Information der jeweiligen Arbeitnehmervertretungen vor, obwohl die Wahl der BVG-Mitglieder direkt erfolgt (BG, GB, IE, MT, SI). Diese Regelungen vereinfachen den Prozess und erleichtern den Nachweis, dass die Informationen zugegangen sind. Lediglich in einem

532 *Calle/Prehm* in Henssler/Braun, Arbeitsrecht in Europa, Spanien Rn. 164.
533 § 3 C. III. 2. g (S. 120).
534 § 2 B. II (S. 28).

Land ist eine direkte Information der Arbeitnehmer vorgesehen, obwohl die Bestellung der BVG-Mitglieder durch die Arbeitnehmervertreter erfolgt (DK).

Es bleibt festzuhalten, dass die Verweisung in Zusammenhang mit den Informationsadressaten die Akteure zum Teil vor größere Herausforderungen stellt. Abweichungen der nationalen Regelungen lassen sich nur vereinzelt feststellen. Da sich eine unvollständige Information auf das gesamte Gründungsvorhaben auswirken kann,[535] stellt die Verweisung dennoch einen Unsicherheitsfaktor dar.

C. Bestimmung der konkreten Mitglieder des BVG

I. Tabellarische Übersicht

System	**Staat**	**konkretes Wahlverfahren**	**bes. Mandatsvoraussetzungen**	**externe Gewerkschaftsvertreter**
Bestellung durch nationale Arbeitnehmervertreter	AT	Entsendung durch Beschluss des (Zentral-) Betriebsrats bzw. Betriebsausschusses	Betriebsrats- oder Gewerkschaftsmitglieder	ja
	DE	Wahl durch ein Wahlgremium bestehend aus Betriebsrat, Gesamtbetriebsrat oder Konzernbetriebsrat; hilfsweise Direktwahl	nein	ja
	HU	Bestellung durch (Gesamt-) Betriebsrat	keine	ja
	LI	Entsendung durch Beschluss der gewählten Arbeitnehmervertretungen; hilfsweise Direktwahl	keine	nein
	LT	Wahl durch Gewerkschaften bzw. Betriebsräte; hilfsweise Direktwahl	keine	nein
	LU	Wahl durch (zentrale) Personaldelegationen; hilfsweise Direktwahl	keine	ja
	NL	Ernennung durch (Zentral-, Konzern-) Betriebsräte; hilfsweise Direktwahl	keine	nein

535 Hierzu § 2 B. III (S. 30).

System	Staat	konkretes Wahlverfahren	bes. Mandatsvoraussetzungen	externe Gewerkschaftsvertreter
	SK	Entsendung durch Übereinkommen zwischen den nationalen Arbeitnehmervertretungen; hilfsweise Direktwahl	keine	ja
Bestellung durch Gewerkschaften	CZ	Ernennung durch Gewerkschaftsvertreter	keine	ja
	ES	Entsendung durch Gewerkschaftsorganisationen, welche die Mehrheit in den nationalen Arbeitnehmervertretungen innehaben	Mindestalter 18 Jahre, Mindestbeschäftigung sechs Monate	ja
	FR	Ernennung durch Gewerkschaften auf Basis des Ergebnisses der letzten Betriebsratswahlen; hilfsweise Direktwahl	Betriebsrats- oder Gewerkschaftsmitglieder, Mindestalter 18 Jahre, Mindestbeschäftigung 1 Jahr	nein
	IS	Wahl durch Gewerkschaftsvertretungen; hilfsweise Direktwahl	Mitglieder der Gewerkschaftsvertretungen	nein
	IT	Wahl durch die betrieblichen Gewerkschaftsvertretungen und die zuständigen Gewerkschaftsorganisationen; hilfsweise entscheiden die Gewerkschaftsorganisationen, wie die BVG-Mitglieder gewählt werden	Mitglieder der betrieblichen Gewerkschaftsvertretungen	ja
	NO	Ernennung durch Vertreter repräsentativer Gewerkschaften; hilfsweise Direktwahl	keine	nein
	PL	Ernennung durch Gewerkschaftsvertretungen; hilfsweise Direktwahl	keine	ja
	SE	Entsendung durch die lokalen Gewerkschaftssektionen; hilfsweise Direktwahl	keine	nein

System	Staat	konkretes Wahlverfahren	bes. Mandatsvoraussetzungen	externe Gewerkschaftsvertreter
Mittelbare gewerkschaftliche Beherrschung	BE	Entsendung durch den Unternehmensrat, Ausschuss für Gesundheit und Sicherheit oder die Gewerkschaftsdelegation; hilfsweise Direktwahl	Betriebsrats- oder Gewerkschaftsmitglieder	ja
	DK	Wahl durch Mitglieder des Ausschusses für die betriebliche Zusammenarbeit; hilfsweise Wahl durch Vertrauensvertreter bzw. Direktwahl	keine	nein
	FI	Entsendung durch Übereinkommen zwischen Gewerkschaften und Arbeitnehmern	keine	nein
	PT	Entsendung durch Übereinkommen zwischen Betriebsräten und Gewerkschaften; hilfsweise Direktwahl	keine	ja
Direktwahl	BG	Wahl durch allg. Arbeitnehmerversammlung oder Übertragung des Ernennungsrechts auf repräsentative Gewerkschaften bzw. gewählte Arbeitnehmervertreter	keine	nein
	EE	grds. Wahl durch allg. Arbeitnehmerversammlung; bei Betroffenheit mehrerer Unternehmen/ Betriebe Wahl durch eine bes. Kollektivvertretung	keine	nein
	GB	Wahl durch Arbeitnehmer, oder durch einen Beratungsausschuss, der alle Arbeitnehmer vertritt	keine	ja
	IE	Wahl durch Arbeitnehmer	keine	ja
	MT	Wahl durch Arbeitnehmer	keine Probezeit	ja
	SI	Wahl durch Arbeitnehmer	keine	nein

II. Mitglieder aus Deutschland

1. Sitzverteilung im Inland

§ 7 Abs. 2 bis 5 SEBG bestimmt, welche Belegschaften in Deutschland bei der Sitzverteilung zu berücksichtigen sind. Grundsätzlich soll jede beteiligte Gesellschaft, die ihren Sitz in Deutschland hat und dort Arbeitnehmer beschäftigt, durch mindestens ein Mitglied im BVG vertreten sein.[536] Das SEBG folgt dem Grundsatz der Standortrepräsentation. Gleichzeitig privilegiert es die unmittelbaren Gründungsgesellschaften gegenüber betroffenen Tochtergesellschaften und Betrieben.[537] Entfallen auf Deutschland weniger Sitze als beteiligte Gesellschaften mit Sitz in Inland, werden die Sitze entsprechend der Belegschaftsgröße verteilt.[538] Bei überzähligen Sitze wird das d'Hondtschen Höchstzahlverfahren angewandt.[539]

Umstritten ist dieses Verfahren, wenn viele Arbeitnehmer in Tochtergesellschaften oder Betrieben angestellt sind, die zu einer im Ausland sitzenden beteiligten Gesellschaft gehören.[540] Diese Arbeitnehmer werden bei der Verteilung nicht berücksichtigt, wenn gleichzeitig eine beteiligte Gesellschaft ihren Sitz in Deutschland hat. Teilweise wird vertreten, dass den betreffenden Einheiten ein Sitz zugewiesen werden darf, wenn mehr Sitze als beteiligte Gesellschaften verfügbar sind.[541] Dagegen spricht der eindeutige Wortlaut der Regelung.[542]

Ausländische Belegschaften sind von dieser Sitzverteilung nicht betroffen, da es sich um einen rein innerdeutschen Vorgang handelt. Die auf Deutschland entfallende Sitzzahl ändert sich nicht. Stimmt das Wahlgremium zu, ist gegen eine fakultative Berücksichtigung der betroffenen Tochtergesellschaften oder Betriebe nichts einzuwenden.[543] Die Problematik kann sich auch bei der Sitzverteilung in anderen Mitgliedstaaten stellen, wenn deren Umsetzungsgesetze

---

536 § 7 Abs. 2 SEBG, Art. 3 Abs. 2 Buchst. b S. 2 SE-Richtlinie.

537 *Feuerborn* in KK zum AktG, § 7 SEBG Rn. 3.

538 § 7 Abs. 3 SEBG.

539 § 7 Abs. 4 SEBG.

540 Zum Streitstand *Henssler* in Ulmer/Habersack/Henssler, Mitbestimmung, § 7 SEBG Rn. 4.

541 *Hohenstatt/Müller-Bonanni* in Habersack/Drinhausen, SE, § 7 SEBG Rn. 3; *Jacobs* in MüKo, Europäisches Aktienrecht, § 7 SEBG Rn. 2 f.; *Kleinsorge* in Nagel/Freis/Kleinsorge, SE, § 7 SEBG Rn. 6; *Kowalski*, DB 2007, 2243 (2247).

542 *Feuerborn* in KK zum AktG, § 7 SEBG Rn. 10; *Henssler* in Ulmer/Habersack/Henssler, Mitbestimmung, § 7 SEBG Rn. 4; *Oetker* in Lutter/Hommelhoff, SE, § 7 SEBG Rn. 4.

543 *Kleinsorge* in Nagel/Freis/Kleinsorge, SE, § 7 SEBG Rn. 2 und 6 f.

keine Berücksichtigung der betroffenen Tochtergesellschaften und Betriebe vorsehen.

Hat keine der beteiligten Gesellschaften ihren Sitz in Deutschland, werden die „deutschen" BVG-Sitze entsprechend § 7 Abs. 2 bis 4 SEBG auf betroffene Betriebe bzw. Tochtergesellschaften verteilt.[544]

2. Konkretes Wahlverfahren

a. Wahl der deutschen Mitglieder durch ein Wahlgremium

Die in Deutschland beschäftigten Arbeitnehmer wählen ihre Vertreter im BVG grundsätzlich nicht selbst. Der deutsche Gesetzgeber hat auf bestehende Betriebsratsstrukturen zurückgegriffen, um Aufwand und Kosten zu sparen.[545] Gemäß § 8 Abs. 1 S. 1 SEBG werden die aus Deutschland zu entsendenden BVG-Mitglieder von einem Wahlgremium in geheimer und unmittelbarer Wahl gewählt. Die Zusammensetzung des Wahlgremiums orientiert sich an den verschiedenen Ebenen des deutschen Betriebsrätesystems.[546] Die Gesamtgröße des Wahlgremiums ist auf vierzig Mitglieder begrenzt, um die Arbeitsfähigkeit sicherzustellen.[547] Einzelheiten zur Einberufung und Beschlussfassung sind in den §§ 9, 10 SEBG geregelt.

Jacobs kritisiert die Übertragung der Zuständigkeit auf ein Wahlgremium. Die Urwahl biete eine höhere demokratische Legitimation. Der zeitliche und bürokratische Aufwand reduziere sich durch die Bildung eines Wahlgremiums nicht.[548] Die Regelung ist dennoch richtlinienkonform. Die SE-Richtlinie deutet selbst darauf hin, dass die Übertragung der Zuständigkeit auf bestehende nationale Arbeitnehmervertretungen zulässig ist.[549]

b. Zusammensetzung des Wahlgremiums

Die Zusammensetzung des Wahlgremiums hängt davon ab, ob in Deutschland eine Unternehmensgruppe, ein Unternehmen, ein Betrieb oder eine Mischung

---

544 § 7 Abs. 5 SEBG; zu den Tochtergesellschaften *Henssler* in Ulmer/Habersack/Henssler, Mitbestimmung, § 7 SEBG Rn. 5; *Kleinsorge* in Nagel/Freis/Kleinsorge, SE, § 7 SEBG Rn. 9.

545 Begr. zum RegE zu § 8, BT-Drucks. 15/3405, S. 47.

546 Begr. zum RegE zu § 8 Abs. 2, BT-Drucks. 15/3405, S. 47; statt vieler *Henssler* in Ulmer/Habersack/Henssler, Mitbestimmung, §§ 8-10 SEBG Rn. 2.

547 § 8 Abs. 6 S. 1 SEBG; Begr. zum RegE zu § 8 Abs. 6, BT-Drucks. 15/3405, S. 47.

548 *Jacobs* in MüKo, Europäisches Aktienrecht, § 8 SEBG Rn. 1; kritisch auch *Kienast* in Jannott/Frodermann, SE, 13. Kapitel Rn. 145.

549 Vgl. Art. 3 Abs. 2 Buchst. b Unterabs. 3 SE-Richtlinie.

dieser Einheiten an der SE-Gründung beteiligt bzw. von ihr betroffen ist. Beteiligt sich in Deutschland eine **Unternehmensgruppe** an der SE-Gründung, setzt sich das Wahlgremium aus den Mitgliedern des Konzernbetriebsrats zusammen.[550] Ist auf die gemäß § 54 Abs. 1 BetrVG fakultative Einrichtung eines Konzernbetriebsrats verzichtet worden, sind die jeweiligen Gesamtbetriebsräte für die Wahl der Mitglieder des BVG parallel zuständig.[551] Gehört dem Konzern nur ein betriebsratsfähiger Betrieb an oder wurde gemäß § 3 Abs. 1 Nr. 1 Buchst. a BetrVG ein unternehmenseinheitlicher Betriebsrat gebildet, setzt sich das Wahlgremium aus dessen Mitgliedern zusammen.[552] Das so gebildete Wahlgremium vertritt auch die betriebsratslosen Betriebe in der Unternehmensgruppe.[553]

Diese Regelung ist zu Recht europarechtlichen Bedenken ausgesetzt. Nach den Wertungen der SE-Richtlinie sollen in Unternehmen und Betrieben, in denen wegen Nichterreichens eines Schwellenwertes kein Betriebsrat vorhanden ist, die Arbeitnehmer selbst an dem Bestellungsverfahren teilnehmen dürfen.[554]

Ist an der SE-Gründung ein **Unternehmen** aus Deutschland beteiligt, gestaltet sich die Zusammensetzung des Wahlgremiums einfacher.[555] Da der Gesamtbetriebsrat bei Vorliegen der entsprechenden Voraussetzungen gemäß § 47 Abs. 1 BetrVG zwingend zu bilden ist, sind regelmäßig dessen Mitglieder für die Wahl zuständig. Liegen die Voraussetzungen für die Bildung eines Gesamtbetriebsrats nicht vor, besteht das Wahlgremium aus den Mitgliedern des Betriebsrats.[556] Auch hier werden die Belegschaften betriebsratsloser Betriebe in dem Unternehmensverbund gemäß § 8 Abs. 3 S. 2 SEBG mitvertreten.

§ 8 Abs. 4 SEBG regelt schließlich den Fall, dass in Deutschland der **Betrieb** eines Unternehmens betroffen ist, das seinen Sitz in einem anderen Mitgliedstaat hat. Aufgrund des Territorialitätsprinzips knüpft die Zusammensetzung

550 § 8 Abs. 2 S. 1 SEBG.

551 § 8 Abs. 2 S. 1 SEBG; Begr. zum RegE zu § 8 Abs. 2, BT-Drucks. 15/3405, S. 47.

552 § 8 Abs. 2 S. 1 SEBG; *Henssler* in Ulmer/Habersack/Henssler, Mitbestimmung, §§ 8–10 SEBG Rn. 4.

553 § 8 Abs. 2 S. 2 SEBG; vgl. auch Begr. zum RegE zu § 8 Abs. 2, BT-Drucks. 15/3405, S. 47.

554 Vgl. Art. 3 Abs. 2 Buchst. b Unterabs. 3 SE-Richtlinie; zur Auslegung bereits § 2 C. II. 1 (S. 36); so auch *Jacobs* in MüKo, Europäisches Aktienrecht, § 8 SEBG Rn. 7; *Thüsing*, ZIP 2006, 1467 (1474).

555 Begr. zum RegE zu § 8 Abs. 3, BT-Drucks. 15/3405, S. 47.

556 § 8 Abs. 3 S. 1 SEBG.

des Wahlgremiums in diesem Fall nicht an die Unternehmensebene an.[557] Das Wahlgremium setzt sich vielmehr aus den Mitgliedern des Einzelbetriebsrats zusammen.

Darüber hinaus kann es auch zu einer **Mischung** dieser Konstellationen kommen. So können mehrere inländische Unternehmensgruppen, voneinander unabhängige Unternehmen oder Betriebe an der SE-Gründung beteiligt sein.[558] In diesen Fällen setzt sich das Wahlgremium aus den jeweiligen Arbeitnehmervertretungen auf Konzern-, Unternehmens- oder Betriebsebene zusammen.[559] Bestehen in einzelnen dieser Einheiten keine Arbeitnehmervertretungen wählen die dort beschäftigten Arbeitnehmer ihre Mitglieder des Wahlgremiums durch Urwahl.[560] Hierfür ist fiktiv zu ermitteln, wie viele Mitglieder eine nach dem Betriebsverfassungsgesetz gewählte Arbeitnehmervertretung hätte.[561]

c. Direktwahl der Arbeitnehmer

Besteht in keinem der inländischen Unternehmen oder Betriebe eine Arbeitnehmervertretung, sind die aus Deutschland zu entsendenden Mitglieder des BVG durch geheime und unmittelbare Wahl der Arbeitnehmer zu bestimmen.[562] Die Einzelheiten des Wahlverfahrens sind in § 8 Abs. 7 S. 2 bis 6 SEBG nur rudimentär geregelt. Ergänzend können die nationalen Bestimmungen zur unmittelbaren Wahl der Aufsichtsratsmitglieder herangezogen werden.[563]

d. Wahlanfechtung und Nichtigkeit

Bei der Wahl der BVG-Mitglieder kann es zu Fehlern kommen. Das SEBG regelt nicht, ob und wie die Wahl der deutschen Mitglieder angefochten werden kann. Die h.M. wendet sowohl auf das Wahlgremium als auch auf die Direktwahl § 37 Abs. 2 SEBG analog an.[564]

---

557 *Kleinsorge* in Nagel/Freis/Kleinsorge, SE, § 8 SEBG Rn. 18.

558 *Henssler* in Ulmer/Habersack/Henssler, Mitbestimmung, §§ 8–10 SEBG Rn. 8.

559 § 8 Abs. 5 S. 1 SEBG.

560 § 8 Abs. 5 S. 3 SEBG.

561 § 8 Abs. 5 S. 5 SEBG.

562 § 8 Abs. 7 S. 1 SEBG.

563 *Jacobs* in MüKo, Europäisches Aktienrecht, § 8 SEBG Rn. 13.

564 *Evers* in Manz/Mayer/Schröder, SE, § 10 Rn. 6; *Feuerborn* in KK zum AktG, § 10 SEBG Rn. 11; *Grobys*, NZA 2004, 84 (87); *Henssler* in Ulmer/Habersack/Henssler, Mitbestimmung, § 10 SEBG Rn. 21; *Hohenstatt/Müller-Bonanni* in Habersack/Drinhausen, SE, § 10 SEBG Rn. 5; *Jacobs* in MüKo, Europäisches Aktienrecht, § 10 SEBG Rn. 6; *Kienast* in Jannott/Frodermann, SE, 13. Kapitel Rn. 168; *Oetker* in Lutter/Hommelhoff, SE, § 10 SEBG Rn. 13; *Rieble* in Rieble/Junker, Vereinbarte Mitbestimmung, § 3 Rn. 59; a.A.

Die Wahl kann angefochten werden, wenn gegen wesentliche Vorschriften über das Wahlrecht, die Wählbarkeit oder das Wahlverfahren verstoßen wurde und eine Berichtigung unterblieben ist. Einen zur Anfechtung berechtigenden Verstoß stellt z.B. die Wahl einer Person dar, deren Arbeitsverhältnis nicht mehr besteht und die auch nicht von einer Gewerkschaft bevollmächtigt ist.[565] Darüber hinaus kann es zu Fehlern bei der Zusammensetzung des Wahlgremiums kommen, wenn beispielsweise ein Betrieb fälschlicherweise einem Unternehmen mit Konzernbetriebsrat zugerechnet und deshalb keine Urwahl durchgeführt wird. Wer zur Anfechtung berechtigt ist, ergibt sich aus § 37 Abs. 2 S. 2 SEBG.

Umstritten ist der maßgebliche Zeitpunkt für den Beginn der Anfechtungsfrist. Wendet man § 37 Abs. 2 S. 3 SEBG entsprechend an, müsste die Anfechtung innerhalb eines Monats nach Konstituierung des BVG erfolgen.[566] Alternativ kommt eine Anknüpfung an die Mitteilung des Wahlergebnisses nach § 11 Abs. 1 S. 2 SEBG in Betracht.[567] Die entsprechende Anwendung des § 37 Abs. 2 S. 3 SEBG überzeugt nicht, da bei der Wahl der Aufsichts- bzw. Verwaltungsratsmitglieder die Hauptversammlung die Arbeitnehmervertreter bestellt.[568] Bei den Mitgliedern des BVG hat bereits die Wahl der einzelnen Personen konstitutive Wirkung. Die erste Sitzung des BVG dient lediglich der wirksamen Bildung des Gesamtgremiums und der Wahl eines Vorsitzenden.[569]

Eine Nichtigkeit der Wahl ist nur bei einem besonders groben und offensichtlichen Verstoß gegen wesentliche Wahlvorschriften in Betracht zu ziehen. Ein schwerer Verstoß ist z.B. zu bejahen, wenn das Wahlgremium nicht geheim abgestimmt hat.[570] Es sind die zu § 19 BetrVG entwickelten Grundsätze entsprechend anzuwenden, d.h. es darf insbesondere nicht einmal der Anschein einer dem Gesetz entsprechenden Wahl bestehen.[571] Dies bedeutet, dass Beschlüsse des BVG

Kleinsorge in Nagel/Freis/Kleinsorge, SE, § 10 SEBG Rn. 9; *Hinrichs/Plitt*, NZA 2010, 204 (208), die sich für eine analoge Anwendung des § 19 Abs. 2 BetrVG aussprechen.

565 Vgl. *Oetker* in Lutter/Hommelhoff, SE, § 10 SEBG Rn. 12.

566 Hierfür *Feuerborn* in KK zum AktG, § 10 SEBG Rn. 12; *Jacobs* in MüKo, Europäisches Aktienrecht, § 10 SEBG Rn. 6.

567 So *Wissmann* in FS Richardi (2007), 841 (847); in diesem Sinne auch *Rieble* in Rieble/Junker, Vereinbarte Mitbestimmung, § 3 Rn. 59.

568 *Jacobs* in MüKo, Europäisches Aktienrecht, § 36 SEBG Rn. 9.

569 Zum Zweck der konstituierenden Sitzung *Freis* in Nagel/Freis/Kleinsorge, SE, § 12 SEBG Rn. 2 und 9.

570 *Oetker* in Lutter/Hommelhoff, SE, § 10 SEBG Rn. 15.

571 *Jacobs* in MüKo, Europäisches Aktienrecht, § 10 SEBG Rn. 7.

und auch eine abgeschlossene Beteiligungsvereinbarung nur in extremen Ausnahmefällen aufgrund von Wahlfehlern unwirksam sind.[572]

3. Mandatsvoraussetzungen und Sitzgarantien

a. Mandatsvoraussetzungen

In Deutschland sind die Arbeitnehmer aller inländischen Gesellschaften und Betriebe sowie Gewerkschaftsvertreter wählbar.[573] Maßgebend ist die Legaldefinition des § 2 Abs. 1 SEBG, die ausdrücklich auch leitende Angestellte einbezieht. Das SEBG setzt weder die Mitgliedschaft in einem Betriebsrat noch eine bestimmte Dauer des Arbeitsverhältnisses voraus.[574] Auch ein Mindestalter ist nicht erforderlich.[575]

Mit der Berücksichtigung der Gewerkschaftsvertreter nutzt der deutsche Gesetzgeber den Gestaltungsspielraum, den Art. 3 Abs. 2 Buchst. b Unterabs. 2 SE-Richtlinie einräumt.[576] Folglich müssen die wählbaren Gewerkschaftsvertreter keinen Arbeitnehmerstatus haben.[577]

Die in § 6 Abs. 2 S. 3 SEBG angeordnete proportionale Repräsentation der Geschlechter ist nur als Anregung zu verstehen. Sie hat keinen Einfluss auf das ordnungsgemäße Wahlverfahren.[578] Diese Geschlechterquote bezieht sich nur auf die in Deutschland beschäftigten Arbeitnehmer.[579] Da die deutsche Regelung keine Entsprechung in der SE-Richtlinie hat, müssten für eine anteilsgerechte Repräsentation im Gesamtgremium alle Umsetzungsgesetze der beteiligten Mitgliedstaaten eine ausgewogene Berücksichtigung bei der Sitzverteilung vorsehen. Es ist daher fraglich, ob das Ziel der deutschtümelnden Regelung in der Praxis erreicht werden kann.

---

572 *Kienast* in Jannott/Frodermann, SE, 13. Kapitel Rn. 172.

573 § 6 Abs. 2 S. 1 SEBG.

574 *Oetker* in Lutter/Hommelhoff, SE, § 6 SEBG Rn. 8; partiell a.A. *Jacobs* in MüKo, Europäisches Aktienrecht, § 8 SEBG Rn. 13 der bei der Direktwahl analog § 8 BetrVG i.V.m. §§ 7 Abs. 3 S. 1 MitbestG, 4 Abs. 3 S. 1 DrittelbG eine Mindestbeschäftigungsdauer von einem Jahr voraussetzt.

575 *Jacobs* in MüKo, Europäisches Aktienrecht, § 6 SEBG Rn. 2.

576 Begr. zum RegE zu § 6 Abs. 2, BT-Drucks. 15/3405, S. 46.

577 *Evers* in Manz/Mayer/Schröder, SE, § 6 SEBG Rn. 3; *Feuerborn* in KK zum AktG, § 6 SEBG Rn. 4; *Hohenstatt/Müller-Bonanni* in Habersack/Drinhausen, SE, § 6 SEBG Rn. 4; *Jacobs* in MüKo, Europäisches Aktienrecht, § 6 SEBG Rn. 4; a.A. *Oetker* in Lutter/Hommelhoff, SE, § 6 SEBG Rn. 18.

578 *Feuerborn* in KK zum AktG, § 6 SEBG Rn. 5; *Henssler* in Ulmer/Habersack/Henssler, Mitbestimmung, § 6 SEBG Rn. 2.

579 *Oetker* in Lutter/Hommelhoff, SE, § 6 SEBG Rn. 12; weiterführend zur Geschlechterquote *Kraft/Redenius-Hövermann*, AG 2012, 28 (30).

Um Verzögerungen in dem Verhandlungsverfahren zu vermeiden, sind für die deutschen BVG-Mitglieder zwingend Ersatzmitglieder zu wählen.[580] Inwiefern insgesamt ein Verzug vermieden werden kann, hängt von den Umsetzungsgesetzen der anderen beteiligten Mitgliedstaaten ab. Da die Wahl von Ersatzmitgliedern von der SE-Richtlinie nicht vorgegeben ist, sind Unterschiede in den einzelstaatlichen Regelungen zu erwarten.

b. Sitzgarantie für Gewerkschaften

Eine Gewerkschaft, die in einem der an der SE-Gründung beteiligten Unternehmen vertreten ist,[581] hat Anspruch auf einen Sitz im BVG, wenn diesem mehr als zwei Mitglieder aus Deutschland angehören.[582] Vorgaben zur ordnungsgemäßen Einreichung der Wahlvorschläge finden sich in § 8 Abs. 1 S. 2 bis 5 SEBG.

Es ist umstritten, ob diese Sitzgarantie richtlinienkonform ist.[583] Dagegen wird angeführt, dass der Einfluss auf die Zusammensetzung des BVG nach den Wertungen der SE-Richtlinie von den Arbeitnehmervertretern und nicht von den Gewerkschaften ausgehen soll.[584] Dieses Argument ist wenig überzeugend, da in manchen Mitgliedstaaten traditionell die Gewerkschaften für die betriebliche Interessensvertretung zuständig sind. Es ist zu erwarten, dass diese Gewerkschaften auch für die Entsendung der BVG-Mitglieder zuständig sind.[585] Aus diesem Grund kann auch in Deutschland eine Regelung nicht allein deshalb richtlinienwidrig sein, weil sie den Gewerkschaften eine stärkere Rechtsposition einräumt.

Gegen die Zulässigkeit spricht aber, dass die SE-Richtlinie von einer freiwilligen Einbeziehung der Gewerkschaften ausgeht.[586] Externe Gewerkschaftsvertreter sollen nach dem 19. Erwägungsgrund der SE-Richtlinie insbesondere in den Mitgliedstaaten ins BVG gewählt werden können, „in denen Gewerkschaftsvertreter nach ihrem einzelstaatlichen Recht stimmberechtigte Mitglieder des Aufsichts- oder Leitungsorgans sein dürfen“. Dieser Aussage liegt ein Kompromiss zugrunde.

---

580 § 6 Abs. 2 S. 3 SEBG; *Henssler* in Ulmer/Habersack/Henssler, Mitbestimmung, § 6 SEBG Rn. 2.

581 Hierzu *Feuerborn* in KK zum AktG, § 6 SEBG Rn. 7.

582 § 6 Abs. 3 SEBG.

583 Für die Richtlinienkonformität *Feuerborn* in KK zum AktG, § 6 SEBG Rn. 8; *Hohenstatt/Müller-Bonanni* in Habersack/Drinhausen, SE, § 6 SEBG Rn. 4; *Scheibe*, S. 45 ff.; wohl auch *Jacobs* in MüKo, Europäisches Aktienrecht, § 6 SEBG Rn. 6.

584 *Henssler* in Ulmer/Habersack/Henssler, Mitbestimmung, § 6 SEBG Rn. 4; *von der Heyde*, S. 172 f.; *Kallmeyer*, ZIP 2004, 1442 (1443); *Thüsing*, ZIP 2006, 1469 (1473); *Wisskirchen/Prinz*, DB 2004, 2638 (2639).

585 Im Einzelnen § 3 C. III (S. 100).

586 Ähnlich *Rehwinkel*, ZESAR 2008, 74 (77 Fn. 20).

Gewerkschaften, die in einigen Mitgliedstaaten eine tragende Rolle spielen, sollen angemessen berücksichtigt werden. Gleichzeitig soll diese nationale Besonderheit den anderen Mitgliedstaaten nicht aufgezwungen werden. Die einzelnen Traditionen können in der SE nur insoweit berücksichtigt werden, als dies nicht zu Konflikten in den transnationalen Beziehungen führt.[587] Das BVG setzt sich aus Arbeitnehmern zusammen, die mittels unterschiedlicher Verfahrensregelungen gewählt oder bestellt werden. Da die Sitzgarantie zugunsten der Gewerkschaften sogar in den eigenen Reihen als rechtspolitisch fragwürdig erachtet wird,[588] sind Konflikte in den transnationalen Beziehungen nicht ausgeschlossen. Dies gilt insbesondere für das Verhältnis zu denjenigen Staaten, in denen die Gewerkschaften keine Beteiligungsrechte haben.

Auch der Verweis der Gesetzesbegründung auf die „Tradition des Mitbestimmungsgesetzes"[589] ist nicht überzeugend. § 6 Abs. 3 SEBG geht über die im deutschen Mitbestimmungsrecht vorgesehene Repräsentation hinaus, indem eine linear ansteigende Zahl der Gewerkschaftsfunktionäre vorgeschrieben wird.[590] Außerdem kennen weder das DrittelbG noch das BetrVG eine Beteiligung von Gewerkschaftsvertretern.[591] Die Regelung des SEBG kann bewirken, dass die Gewerkschaftsvertreter eine Sitzgarantie haben, obwohl eine solche in keiner beteiligten oder betroffenen Gesellschaft vorgesehen ist.[592] Damit liegt ein klarer Widerspruch zum Zweck der SE-Richtlinie vor, ausschließlich bereits erworbene Beteiligungsrechte zu sichern.[593]

Besonders deutlich zeigt sich die Unzulässigkeit bei der Gründung durch Verschmelzung. Hier besteht die Besonderheit, dass jeder erlöschenden Gesellschaft zwingend ein Sitz im BVG zuzuweisen ist.[594] Nach dem ausdrücklichen Wortlaut des § 6 Abs. 3 SEBG wäre aber zunächst jeder dritte Sitz im Inland einer Gewerkschaft zuzuweisen. Sind an der SE-Gründung mehr als zwei deutsche

---

587 *Kienast* in Jannott/Frodermann, SE, 13. Kapitel Rn. 136 weist zutreffend darauf hin, dass sich die deutsche Mitbestimmung eben gerade nicht in der SE-Richtlinie durchgesetzt hat.

588 Z.B. *BDA u.a.*, Stellungnahme SEEG, S. 8.

589 So die Rechtfertigung in Begr. zum RegE zu § 6 Abs. 3, BT-Drucks. 15/3405, S. 46.

590 Kritisch hierzu *Feuerborn* in KK zum AktG, § 6 SEBG Rn. 8; *Jacobs* in MüKo, Europäisches Aktienrecht, § 6 SEBG Rn. 6; *Kraft*, S. 166; *Krause*, BB 2005, 1221 (1225).

591 So auch *Kienast* in Jannott/Frodermann, SE, 13. Kapitel Rn. 136 Fn. 116.

592 So für die parallele Problematik bei den leitenden Angestellten *Oetker* in Lutter/Hommelhoff, SE, § 5 SEBG Rn. 21.

593 Hierzu § 1 B. II. 1 (S. 4).

594 § 5 Abs. 2 S. 1 SEBG; Art. 3 Abs. 2 Buchst. a lit. ii SE-Richtlinie; oben § 2 C. I. 1 (S. 31).

Gesellschaften unmittelbar beteiligt, müsste folgerichtig ein zusätzliches Mitglied gewählt werden. Diese von der SE-Richtlinie nicht vorgesehene Vergrößerung des BVG würde das Stimmgewicht im BVG zugunsten der deutschen Belegschaften verlagern.[595]

In der Gesamtschau bleibt festzuhalten, dass die Regelung des § 6 Abs. 3 SEBG nicht mit den europarechtlichen Vorgaben in Einklang zu bringen ist. Da eine richtlinienkonforme Auslegung aufgrund des eindeutigen Wortlauts ausscheidet, bleibt die Regelung zunächst anwendbar.[596]

c. Sitzgarantie für leitende Angestellte

Jeder siebte auf Deutschland entfallende Sitz muss von einem leitenden Angestellten besetzt werden.[597] Zur Begründung verweist der deutsche Gesetzgeber wiederum auf die „Tradition des Mitbestimmungsgesetzes".[598] Tatsächlich regelt nur § 15 Abs. 1 S. 2 MitbestG, dass dem Aufsichtsrat ein leitender Angestellter angehören muss. Das BetrVG oder DrittelbG enthalten keine entsprechenden Regelungen.[599] Zudem kennt das deutsche System keine von der Zahl der leitenden Angestellten unabhängige Vertretung.[600] Aus diesem Grund ist auch diese Regelung rechtlich fragwürdig.[601] In der Praxis wird es jedoch selten zu einem Konflikt kommen, da in Deutschland mehr als sechzig Prozent der Gesamtbelegschaft beschäftigt sein müssten.[602]

III. Mitglieder aus anderen Mitgliedstaaten

Bei den Verfahren zur Bestellung der Mitglieder des BVG aus anderen Staaten lassen sich vier verschiedene Gruppen unterscheiden. Die Mehrzahl der Mitgliedsländer sieht ähnlich wie Deutschland eine Bestellung durch bestehende Betriebsräte oder ähnliche Gremien vor. In der zweiten Gruppe sind die

---

595 *Oetker* in Lutter/Hommelhoff, SE, § 5 SEBG Rn. 13; selbst einzelne Vertreter der Gegenauffassung wollen die Sitzansprüche hier nicht konsequent umsetzen: *Oetker* in Lutter/Hommelhoff, SE, § 5 SEBG Rn. 13; *Scheibe*, S. 43 f.

596 *Rehwinkel*, ZESAR 2008, 74 (77 Fn. 20).

597 § 6 Abs. 4 SEBG.

598 Begr. zum RegE zu § 6 Abs. 4, BT-Drucks. 15/3405, S. 46.

599 So auch *Feuerborn* in KK zum AktG, § 6 SEBG Rn. 10.

600 Kritisch auch *Kienast* in Jannott/Frodermann, SE, 13. Kapitel Rn. 138.

601 A.A. *Heinze* in FS Schwerdtner (2003), 741 (745 ff.); *Krause*, BB 2005, 1221 (1225); *Kraushaar*, BB 2003, 1614 (1617); *Scheibe*, S. 55 ff.

602 *Hohenstatt/Müller-Bonanni* in Habersack/Drinhausen, SE, § 6 SEBG Rn. 5; zur abstrakten Zusammensetzung des BVG § 2 C. I (S. 31).

Gewerkschaften das für die Bestellung zuständige Organ. Hiervon zu unterscheiden sind Mitgliedstaaten, in denen die Bestellung nur mittelbar von den Gewerkschaften beherrscht wird. Eine nicht unbeträchtliche Zahl von Umsetzungsgesetzen schreibt eine direkte Wahl der zu beteiligenden Arbeitnehmer vor.

1. Bestellung durch nationale Arbeitnehmervertretungen

a. Liechtenstein

aa. Sitzverteilung im Inland

Die Sitzverteilung der auf Liechtenstein entfallenden BVG-Sitze ist detailliert geregelt. Jede inländische beteiligte Gesellschaft, die in Liechtenstein Arbeitnehmer beschäftigt, soll im BVG vertreten sein.[603] Stehen nicht ausreichend Sitze zur Verfügung, erfolgt die Verteilung in absteigender Reihenfolge entsprechend den jeweiligen Arbeitnehmerzahlen. Dasselbe Verfahren wird angewandt, wenn den liechtensteinischen Arbeitnehmern mehr Sitze als beteiligte Gesellschaften zugewiesen werden.[604] Diese Regelungen gelten entsprechend, wenn nur Betriebe von der SE-Gründung betroffen sind.[605]

bb. Konkretes Wahlverfahren

Für das Verfahren zur Bestimmung der BVG-Mitglieder greift auch das SEBG (LI) auf bereits bestehende Vertreterstrukturen zurück. Die Mitglieder des BVG, welche die in Liechtenstein beschäftigten Arbeitnehmer vertreten, werden durch Beschluss der nationalen Arbeitnehmervertretungen bestellt.[606] Nur hilfsweise findet eine unmittelbare Bestellung durch die Belegschaft statt.[607] Für die Einzelheiten dieser subsidiären Direktwahl kann auf die Regelungen zur Bestellung der nationalen Arbeitnehmervertreter zurückgegriffen werden. Gemäß Art. 4 Abs. 3 MWG (LI) ist eine freie, geheime, schriftliche und allgemeine Wahl durchzuführen.

cc. Mandatsvoraussetzungen

Wählbar sind ausschließlich Arbeitnehmer, die in Liechtenstein beschäftigt sind.[608] Die Bestellung externer Gewerkschaftsvertreter ist nicht erlaubt. Dies

---

603 Art. 9 Abs. 4 SEBG (LI).

604 Art. 9 Abs. 5 und 6 SEBG (LI). Ebenso wie das deutsche Recht enthält das SEBG (LI) keine Regelung, wie bei gleichen Belegschaftsgrößen zu verfahren ist.

605 Art. 9 Abs. 7 SEBG (LI).

606 Art. 9 Abs. 2 S. 1 SEBG (LI); zu den liechtensteinischen Arbeitnehmervertretungen § 3 B. III. 1. b. bb (S. 82).

607 Art. 9 Abs. 2 S. 2 SEBG (LI).

608 Art. 9 Abs. 3 SEBG (LI).

steht im Einklang damit, dass der einzigen Gewerkschaft in Liechtenstein – dem „Liechtensteinischen ArbeitnehmerInnenverband" – auch auf nationaler Ebene keine gesetzlichen Beteiligungsrechte zustehen.[609]

dd. Vorzeitiges Mandatsende

Die Mitgliedschaft im BVG kann vorzeitig beendet werden. Mögliche Tatbestände sind Rücktritt, Abberufung oder Ausscheiden des Betriebs bzw. Unternehmens aus dem Gründungsprozess.[610] Für die Abberufung gelten dieselben Regelungen wie für die Bestellung. Zuständig sind diejenigen Arbeitnehmervertretungen oder Arbeitnehmer, die das betreffende Mitglied entsandt haben.[611] Ein Abberufungsgrund ist soweit ersichtlich nicht erforderlich.[612]

b. Litauen

aa. Konkretes Wahlverfahren

Die litauischen Mitglieder des BVG werden von den Arbeitnehmern oder ihren Vertretern ernannt.[613] Aus Art. 11 Abs. 2 S. 1 SEBG (LT) folgt, dass primär die Arbeitnehmervertreter[614] zuständig sind. Ernennen diese nicht innerhalb von dreißig Tagen nach Zugang der Information ein Mitglied oder existiert in dem Betrieb bzw. der Gesellschaft keine Arbeitnehmervertretung, findet in einer Arbeitnehmerversammlung eine geheime Direktwahl statt. Diese kann im ersten Fall von jedem Arbeitnehmer, im zweiten Fall nur durch die Geschäftsleitung der betroffenen Einheit einberufen werden.[615]

Bei Beteiligung oder Betroffenheit mehrerer litauischer Gesellschaften oder Betriebe soll eine Einigung zwischen den Arbeitnehmervertretern bzw. Arbeitnehmern erzielt werden.[616] Können sich die Arbeitnehmervertreter der verschiedenen litauischen Einheiten nicht einigen oder existiert in einer Einheit keine Arbeitnehmervertretung, findet eine Delegiertenwahl statt. Hierbei vertritt jeweils ein Delegierter zehn Arbeitnehmer. Die Sitzung der Delegierten wird von der Geschäftsleitung der Gesellschaft oder des Betriebs mit den meisten Arbeitnehmern einberufen.[617]

---

609 *Stollt/Wolters*, Arbeitnehmerbeteiligung in der SE, S. 80.
610 Art. 18 Abs. 2 SEBG (LI).
611 Art. 18 Abs. 2 Buchst. c i.V.m. Art. 9 Abs. 8 SEBG (LI).
612 Vgl. Art. 18 Abs. 2 SEBG (LI).
613 Art. 11 Abs. 1 S. 1 SEBG (LT).
614 Zu den litauischen Arbeitnehmervertretern § 3 B. III. 1. a (S. 80).
615 Zum Ganzen Art. 11 Abs. 1 SEBG (LT).
616 Art. 11 Abs. 1 S. 2 SEBG (LT).
617 Art. 11 Abs. 3 SEBG (LT).

Für die Arbeitnehmerversammlung und die Delegiertenwahl gelten die Regelungen des Art. 62 Abs. 5 ArbG (LT) entsprechend.[618] Folglich müssen bei der Arbeitnehmerversammlung die Hälfte der Arbeitnehmer und bei der Delegiertenwahl zwei Drittel der Delegierten anwesend sein. Ist dieses Quorum nicht erfüllt, wird die Versammlung innerhalb von fünf Tagen erneut einberufen. Dann reicht die Anwesenheit von einem Viertel der Arbeitnehmer bzw. der Hälfte der Delegierten aus. Diese praxisorientierte Regelung sorgt für eine zeitnahe Bestellung der BVG-Mitglieder, auch wenn einzelne Gruppen die Versammlung boykottieren. Die Geschäftsleitungen sollen die Arbeitnehmer bei der Organisation der Versammlung bzw. Delegiertenwahl in technischer Hinsicht unterstützen.[619]

bb. Mandatsvoraussetzungen

Das SEBG (LT) nennt keine besonderen Wählbarkeitsvoraussetzungen. Insbesondere lässt es keine externen Gewerkschaftsvertreter als BVG-Mitglieder zu.

c. Luxemburg

aa. Sitzverteilung im Inland

In Luxemburg soll jede beteiligte Gesellschaft im BVG repräsentiert sein, wenn mehrere BVG-Sitze auf die luxemburgischen Arbeitnehmer entfallen.[620] Dies ist die einzige Vorgabe hinsichtlich der Sitzverteilung innerhalb Luxemburgs.

bb. Konkretes Wahlverfahren

Die luxemburgischen Mitglieder des BVG werden von Arbeitnehmervertretern gewählt, die nach den Regelungen in Buch IV Titel I des Code du Travail (LU) eingerichtet werden.[621] Es handelt sich um Personaldelegierte, die jeder im privaten Bereich tätige Arbeitgeber mit mindestens fünfzehn Arbeitnehmern wählen lassen muss.[622] Bilden zwei oder mehr Betriebe eine Sozial- oder Wirtschaftseinheit werden sie zu diesem Zweck als einheitliches Unternehmen behandelt. Die in dem einheitlichen Unternehmen gewählte Personaldelegation

---

618 Art. 11 Abs. 4 SEBG (LT).

619 Art. 11 Abs. 5 SEBG (LT).

620 Art. L. 442-2 Abs. 8 S. 1 Code du Travail (LU).

621 Art. L. 442-2 Abs. 1 Code du Travail (LU).

622 Art. L. 411-1 Abs. 1 Code du Travail (LU); für Arbeitgeber im öffentlich-rechtlichen Sektor gelten Sonderregelungen (Art. L. 422-2 Abs. 1 S. 5 Code du Travail (LU)), auf die hier nicht näher eingegangen werden soll.

vertritt alle Arbeitnehmer.[623] In Betrieben mit mindestens drei Abteilungen besteht die Möglichkeit, für jede dieser Abteilungen eine Personaldelegation einzusetzen.[624]

Existiert eine zentrale Personaldelegation, erfolgt die Wahl oder Ernennung der luxemburgischen BVG-Mitglieder durch sie.[625] Eine zentrale Personaldelegation wird eingerichtet, wenn einem Unternehmen mehrere Betriebe mit Personaldelegation angehören.[626] Sie setzt sich aus jeweils drei Delegierten und deren Stellvertretern für jeden einzelnen Betrieb zusammen.[627] Die zentrale Personaldelegation vertritt die Interessen aller Arbeitnehmer des Unternehmens.[628] Es ist von einer Mitvertretung auch derjenigen Betriebe des Unternehmens auszugehen, in denen keine Personaldelegation gewählt ist.[629]

Gibt es mehrere voneinander unabhängige luxemburgische Unternehmen oder Betriebe, in denen Personaldelegationen oder zentrale Personaldelegationen eingerichtet sind, erfolgt die Wahl oder Ernennung der BVG-Mitglieder auf einer gemeinsamen Versammlung.[630] Die Wahl erfolgt mit einfacher Mehrheit.[631] Die zuständigen Personaldelegierten können beschließen, eine Briefwahl durchzuführen.[632]

In Unternehmen oder Betrieben, die zur Entsendung eines BVG-Mitglieds berechtigt sind, in denen jedoch unabhängig vom Willen der Arbeitnehmer keine Personaldelegation eingerichtet ist, werden Direktwahlen durchgeführt.[633] Die Modalitäten dieser Wahlen können in einer Großherzoglichen Verordnung festgelegt werden.[634]

---

623 *Castegnaro* in Henssler/Braun, Arbeitsrecht in Europa, Luxemburg Rn. 219, 224.

624 Art. L. 411-3 Code du Travail (LU).

625 Art. L. 442-2 Abs. 2 Code du Travail (LU). Wie im deutschen Recht kommt hier die Frage auf, ob dann auch nur die zentrale Personaldelegation zu informieren ist, oben § 3 B. I (S. 76). Dies ist angesichts des eindeutigen Wortlauts der Informationsregelung abzulehnen.

626 Art. L. 411-4 Abs. 1 Code du Travail (LU).

627 Art. L. 411-4 Abs. 3 Code du Travail (LU).

628 Art. L. 411-4 Abs. 2 Code du Travail (LU).

629 Parallel zum deutschen Recht steht diesen vertreterlosen Belegschaften auch kein eigener Informationsanspruch zu, vgl. § 3 B. I (S. 76).

630 Art. L. 442-2 Abs. 4 Code du Travail (LU).

631 Art. L. 442-2 Abs. 6 S. 1 Code du Travail (LU).

632 Art. L. 442-2 Abs. 6 S. 2 Code du Travail (LU).

633 Art. L. 442-2 Abs. 7 S. 1 Code du Travail (LU).

634 Art. L. 442-2 Abs. 7 S. 2 Code du Travail (LU).

Für jeden luxemburgischen Sitz wird ein Ersatzmitglied ernannt, das das originäre Mitglied bei einer kurzfristigen oder dauerhaften Verhinderung vertritt.[635]

cc. Mandatsvoraussetzungen

Die Wahl externer Gewerkschaftsvertreter ist zulässig. Es muss sich allerdings um eine Gewerkschaft handeln, die auf nationaler oder Betriebsebene repräsentativ vertreten ist.[636] Die auf Betriebsebene repräsentative Gewerkschaft muss darüber hinaus einen Tarifvertrag in einer beteiligten Gesellschaft, betroffenen Tochtergesellschaft oder in einem betroffenen Betrieb abgeschlossen haben.

Weitere Voraussetzungen an das passive Wahlrecht werden nicht gestellt. Aufgrund des Wortlauts des Art. L. 442-2 Abs. 1 Code du Travail (LU) und mangels Verweisung auf die Voraussetzungen in Zusammenhang mit der Wahl der Personaldelegierten ist davon auszugehen, dass außer den Gewerkschaftsfunktionären alle Arbeitnehmer wählbar sind. Die Amtszeit der luxemburgischen Mitglieder endet vorzeitig, wenn das Arbeitsverhältnis bzw. die Mitgliedschaft in der Gewerkschaft endet.[637]

d. Niederlande

aa. Sitzverteilung im Inland

In den Niederlanden ist nach Möglichkeit zu gewährleisten, dass jede beteiligte Gesellschaft, die ihren Sitz im Inland hat, durch mindestens ein Mitglied im BVG vertreten ist. Dies darf nicht zu einer Erhöhung der Gesamtmitgliederzahl führen.[638] Wie die Sitze zu verteilen sind, wenn mehr oder weniger BVG-Mandate als beteiligte niederländische Gesellschaften auf die in den Niederlanden beschäftigen Arbeitnehmer entfallen, ist nicht geregelt.

bb. Konkretes Wahlverfahren

Die Ernennung der niederländischen Mitglieder des BVG erfolgt durch die Betriebsräte, die in den beteiligten Gesellschaften, betroffenen Tochtergesellschaften und Betrieben eingerichtet sind.[639] Die Pflicht zur Errichtung eines Betriebsrates trifft alle Arbeitgeber, die mindestens fünfzig Arbeitnehmer beschäftigen.[640]

---

635 Art. L. 442-2 Abs. 1 S. 2 Code du Travail (LU).

636 Art. L. 442-2 Abs. 1 Code du Travail (LU).

637 Art. L. 442-2 Abs. 1 S. 3 Code du Travail (LU).

638 Art. 1:9 Abs. 6 WRW-ER (NL).

639 Art. 1:10 Abs. 2 WRW-ER (NL).

640 Art. 2 Abs. 1 WOR (NL); *Waas*, Modell Holland, S. 67.

Existieren Zentral- bzw. Konzernbetriebsräte, sind diese für die Ernennung zuständig.[641] Ein Zentral- bzw. Konzernbetriebsrat kann in Unternehmen oder Unternehmensgruppen eingerichtet werden, denen mindestens zwei betriebsratsfähige Betriebe angehören.[642] Nach dem Wortlaut des Gesetzes ist derjenige Betriebsrat zu errichten, der die „beste Beteiligungsform im Sinne des WOR (NL)“ gewährt.[643] Die Regelung ist dahingehend auszulegen, dass derjenige Betriebsrat zu errichten ist, der mit Blick auf die Gesellschaftsstruktur die umfassendste Beteiligung der Arbeitnehmer sicherstellt. Sind nicht alle Betriebsräte oder Konzernbetriebsräte in einem Zentral- oder Konzernbetriebsrat vertreten, soll zwischen den Zentral-/Konzernbetriebsräten und den nicht repräsentierten Betriebsräten eine Einigung erzielt werden.[644]

Die Gruppe der Arbeitnehmer, die in keinem Betriebsrat vertreten ist, hat das Recht ihre Interessen von einem auserwählten BVG-Mitglied vertreten zu lassen.[645] Diese Bestimmung wahrt das Repräsentationsrecht der Arbeitnehmer besser als die entsprechende deutsche Vorschrift, wonach auch die betriebsratslosen Betriebe von dem auf höherer Ebene errichteten Betriebsrat mitvertreten werden.[646] Wie dieses niederländische Beteiligungsrecht in der Praxis umgesetzt wird, ist nicht geregelt. Denkbar sind eine Berücksichtigung bei der Stimmverteilung sowie eine Art Treuepflicht des auserwählten BVG-Mitglieds, (auch) im Interesse der betriebsratslosen Arbeitnehmer abzustimmen.

Ist kein einziger Betriebsrat errichtet, wählen die niederländischen Arbeitnehmer die BVG-Mitglieder direkt. Die Wahl, an der alle Arbeitnehmer teilnehmen dürfen, ist geheim. Kandidatenlisten dürfen sowohl von bestimmten repräsentativen Gewerkschaften als auch von den nicht gewerkschaftlich organisierten Arbeitnehmern eingereicht werden.[647]

cc. Mandatsvoraussetzungen

An die niederländischen BVG-Mitglieder werden keine besonderen Anforderungen gestellt. Unklar ist, ob die Ernennung externer Gewerkschaftsvertreter erlaubt ist. Das niederländische Recht trifft darüber keine Aussage. Auf nationaler Ebene sind

641 Art. 1:10 Abs. 3 und 4 WRW-ER (NL).
642 Art. 33 WOR (NL).
643 *Hoogendoorn/Rogmans* in Henssler/Braun, Arbeitsrecht in Europa, Niederlande Rn. 246.
644 Art. 1:10 Abs. 5 WRW-ER (NL).
645 Art. 1:10 Abs. 7 WRW-ER (NL).
646 § 8 Abs. 2 S. 2, Abs. 3 S. 2 SEBG.
647 Art. 1:10 Abs. 6 WRW-ER (NL).

nur Arbeitnehmer in den Betriebsrat wählbar, die seit mindestens einem Jahr in dem Unternehmen beschäftigt sind. Von dieser Voraussetzung können Arbeitgeber und Betriebsrat einvernehmlich abweichen, wenn es um Personen geht, die zwar keinen Arbeitnehmerstatus haben, jedoch regelmäßig Arbeitsleistungen in dem Unternehmen erbringen.[648] Daraus lässt sich schließen, dass auch in der SE nur Gewerkschaftsvertreter zugelassen sind, die irgendeine Form von Arbeitsleistungen erbringen.

dd. Abberufung

Für die Abberufung gelten dieselben Regelungen wie für die Ernennung.[649] Abberufungsberechtigt ist der Wahlkörper, der für die Entsendung des betreffenden BVG-Mitglieds zuständig war.

e. Österreich

aa. Sitzverteilung im Inland

Das österreichische ArbVG (AT) schreibt hinsichtlich der Sitzverteilung im Inland nur vor, dass jede beteiligte Gesellschaft durch mindestens ein Mitglied im BVG vertreten sein soll.[650]

bb. Konkretes Wahlverfahren

Das Verfahren zur Bestimmung der Personen, die die österreichischen Arbeitnehmer im BVG repräsentieren, richtet sich ähnlich wie in Deutschland nach den vorhandenen Betriebsratsstrukturen. So erfolgt in Betrieben die Entsendung durch einen Beschluss des Betriebsausschusses oder Betriebsrats.[651] Ein Betriebsausschuss wird gebildet, wenn es sowohl einen Arbeiter- als auch einen Angestelltenbetriebsrat gibt.[652] Für die Frage der Gruppenzugehörigkeit ist die arbeitsvertragliche Stellung des Arbeitnehmers maßgeblich.[653]

Sind in mehreren unabhängigen Unternehmen Betriebsausschüsse bzw. Betriebsräte eingerichtet, muss eine gemeinsame Versammlung dieser Organe einen Entsendungsbeschluss fassen. Diese Versammlung ist vom Betriebsratsvorsitzenden des Betriebes mit den meisten Arbeitnehmern einzuberufen.[654]

---

648 Art. 6 Abs. 3 und 4 WOR (NL).
649 Dies ergibt sich aus dem Wortlaut des Art. 1:10 Abs. 1 bis 6 WRW-ER (NL).
650 § 217 Abs. 3 ArbVG (AT).
651 § 218 Abs. 1 S. 1 ArbVG (AT).
652 § 40 Abs. 2 Nr. 5 ArbVG (AT).
653 § 41 Ab. 3 ArbVG (AT).
654 § 218 Abs. 1 S. 2 ArbVG (AT).

In Unternehmen erfolgt die Entsendung durch einen Beschluss des Zentralbetriebsrates, sofern ein solcher nach § 40 Abs. 4 Nr. 2 ArbVG (AT) eingerichtet ist.[655] Existieren mehrere Zentralbetriebsräte, müssen diese in einer gemeinsamen Versammlung über die Entsendung entscheiden.[656] Sind einzelne Betriebsausschüsse oder Betriebsräte nicht in den Zentralbetriebsräten repräsentiert, nehmen deren Vorsitzende und Stellvertreter ebenfalls an der Versammlung teil.[657] Für die Entsendung durch eine Konzernvertretung in Unternehmensgruppen gelten die Regelungen entsprechend.[658]

Das österreichische Recht sieht kein Ersatzverfahren für den Fall vor, dass in den beteiligten oder betroffenen Gesellschaften und Betrieben keine Betriebsräte eingerichtet sind. *Gahleitner* vertritt die Auffassung, dass das österreichische Umsetzungsrecht trotz Art. 3 Abs. 2 Buchst. b Unterabs. 3 SE-Richtlinie richtlinienkonform ist. Dies folge daraus, dass die Mitgliedstaaten nach dem Wortlaut dieser Richtlinienvorgabe Schwellenwerte für die Errichtung von Arbeitnehmerorganen vorsehen dürfen. Außer den Schwellenwerten gebe es keinen Fall, in dem unabhängig vom Willen der Arbeitnehmer keine Vertreterorgane eingerichtet sind.[659] Nach hier vertretener Auffassung ist Art. 3 Abs. 2 Buchst. b Unterabs. 3 SE-Richtlinie so zu verstehen, dass gerade bei Nichterreichen der nationalen Schwellenwerte eine direkte Teilnahmemöglichkeit der Arbeitnehmer vorgesehen werden soll. Dieser Richtlinienvorgabe ist mit einer Mitvertretung der betriebsratslosen Arbeitnehmer durch die BVG-Mitglieder nicht Genüge getan.[660] Auch wenn in österreichischen Betrieben die Schwelle zur Einführung von Betriebsräten mit nur fünf Arbeitnehmern[661] sehr gering ist, hätte der österreichische Gesetzgeber für diese Ausnahmefälle eine Partizipationsmöglichkeit vorsehen müssen.

Für die Beschlussfähigkeit der Wahlgremien ist die Anwesenheit von mindestens der Hälfte der Mitglieder erforderlich. Ein Beschluss ist wirksam, wenn die zustimmenden Mitglieder zusammen mehr als die Hälfte aller betroffenen Arbeitnehmer vertreten.[662] Entfällt auf Österreich mehr als ein Sitz, soll auch

---

655 § 218 Abs. 2 S. 1 und 2 ArbVG (AT).

656 § 218 Abs. 2 S. 3 ArbVG (AT).

657 § 218 Abs. 2 S. 4 ArbVG (AT).

658 § 218 Abs. 3 ArbVG (AT) i.V.m. § 40 Abs. 4a ArbVG (AT).

659 *Gahleitner* in Kalss/Hügel, SE-Kommentar, § 217 ArbVG Rn. 5.

660 So aber *Gahleitner* in Kalss/Hügel, SE-Kommentar, § 217 ArbVG Rn. 5; vgl. § 2 C. II. 1 (S. 36).

661 § 40 Abs. 1 S. 1 ArbVG (AT).

662 § 217 Abs. 4 ArbVG (AT).

über die Stimmverteilung beschlossen werden.[663] Dabei sollen möglichst alle österreichischen Arbeitnehmer von einem BVG-Mitglied vertreten werden. Arbeitnehmer, die in einem betriebsratslosen Betrieb beschäftigt sind, sind ebenfalls zu berücksichtigen.[664]

cc. Mandatsvoraussetzungen

Wählbar sind ausschließlich Betriebsratsmitglieder sowie Mitglieder der zuständigen freiwilligen Berufsvereinigung.[665] Letztere müssen nicht zwingend als Arbeitnehmer in der betreffenden Einheit beschäftigt sein. Bei der Entsendung soll auf eine „angemessene Vertretung" beider Geschlechter geachtet werden.[666]

dd. Vorzeitiges Mandatsende

Die Mitgliedschaft kann vorzeitig durch Rücktritt, Abberufung oder Ausscheiden des Betriebs bzw. Unternehmens enden.[667] Ein Abberufungsgrund besteht insbesondere, wenn das BVG-Mitglied nicht mehr dem Betriebsrat bzw. der freiwilligen Berufsvereinigung angehört. Abberufungsberechtigt ist das jeweilige Bestellungsgremium.

Darüber hinaus kann der Entsendungsbeschluss für ungültig erklärt werden. Die Klage ist spätestens einen Monat nach Konstituierung des BVG zu erheben.[668] In allen Fällen der vorzeitigen Mandatsbeendigung muss das zuständige Wahlgremium ein neues Mitglied bestimmen.[669] Die rechtzeitige Bestimmung von Ersatzmitgliedern ist nicht vorgesehen.

f. Slowakische Republik

aa. Sitzverteilung im Inland

In der Slowakischen Republik sollen die Arbeitnehmer jeder beteiligten Gesellschaft, betroffenen Tochtergesellschaft und jedes betroffenen Betriebes durch mindestens einen direkten Repräsentant vertreten sein.[670] Wie diese Vorgabe erfüllt wird, wenn weniger Sitze auf die Slowakische Republik entfallen als Gesellschaften und Betriebe dort ansässig sind, ist in § 38 Abs. 6 bis 8 SE-Gesetz (SK) geregelt. Die Verteilung hängt von der jeweiligen Gründungsform

---

663 § 217 Abs. 2 ArbVG (AT).
664 *Gahleitner* in Kalss/Hügel, SE-Kommentar, § 217 ArbVG Rn. 3.
665 § 217 Abs. 1 ArbVG (AT).
666 § 217 Abs. 5 ArbVG (AT).
667 § 223 Abs. 2 Nr. 2 bis 4 ArbVG (AT).
668 § 223 Abs. 2 Nr. 5 ArbVG (AT).
669 § 223 Abs. 3 ArbVG (AT).
670 § 38 Abs. 5 SE-Gesetz (SK).

ab und ist von dem Grundsatz geprägt, dass die entsandten BVG-Mitglieder auch diejenigen Arbeitnehmer vertreten, denen kein eigener Sitz zugewiesen ist.

bb. Konkretes Wahlverfahren

Für das Verfahren zur Entsendung der slowakischen BVG-Mitglieder verweist § 38 Abs. 2 S. 1 SE-Gesetz (SK) auf die Regelung des § 244 ArbG (SK). Diese Vorschrift regelt die Zusammensetzung des BVG, das zur Einrichtung eines Europäischen Betriebsrats gebildet wird. Entsprechend § 244 Abs. 4 S. 1 ArbG (SK) werden die slowakischen BVG-Mitglieder von den Arbeitnehmervertretern ernannt und gewählt. Als Arbeitnehmervertreter definiert § 11a Abs. 1 ArbG (SK) die zuständige Gewerkschaftsorganisation, den Betriebsrat und die Vertreter der Arbeitnehmer für Sicherheit und Gesundheitsschutz bei der Arbeit.

Grundsätzlich soll ein Übereinkommen zwischen den verschiedenen Vertretungen erzielt werden soll. Kann keine Einigung erzielt werden, entscheidet das Organ, das die meisten Arbeitnehmer vertritt.[671] Dies steht im Einklang mit dem Grundsatz der engen Zusammenarbeit.[672] Falls bei einem Arbeitgeber sowohl eine Gewerkschaftsorganisation als auch ein Betriebsrat tätig ist, steht zwar der Gewerkschaftsorganisation das Recht auf Kollektivverhandlungen, gemeinsame Beschlussfassung, Kontrolltätigkeit und Information zu. Aber auch der Betriebsrat hat unter anderem Mitentscheidungs- und Kontrollrechte.[673] Aufgrund dessen wäre es verfehlt, dem Betriebsrat in dem Entsendungsverfahren keine Beteiligungsrechte zuzubilligen.

Eine Direktwahl findet statt, wenn in dem Unternehmen oder Betrieb keine Arbeitnehmervertreter tätig sind.[674] Einzelheiten sind nicht geregelt. Es bietet sich ein Rückgriff auf die Regelungen zur Betriebsratswahl in § 234 Abs. 2 bis 6 ArbG (SK) an.

Das SE-Gesetz (SK) bestimmt nicht, wie die vertreterlosen Belegschaften an dem Verfahren partizipieren, wenn ihnen kein eigener Sitz im BVG zugeteilt ist. Mangels einer entsprechenden Regelung haben die betreffenden Arbeitnehmer keine Möglichkeit, etwa durch einen eigens hierfür gewählten Vertreter auf die Bestimmung der BVG-Mitglieder Einfluss zu nehmen. Dies stellt ein erhebliches Legitimationsdefizit dar, auch wenn sitzlose Belegschaften von den entsandten BVG-Mitgliedern mitvertreten werden.[675]

---

671 § 244 Abs. 4 S. 3 ArbG (SK).

672 Vgl. § 229 Abs. 1 S. 2 ArbG (SK).

673 § 229 Abs. 1 ArbG (SK); *Nikšová*, EuZA 2012, 105 (112).

674 § 244 Abs. 4 S. 2 ArbG (SK).

675 Vgl. § 38 Abs. 8 S. 2 SE-Gesetz (SK).

cc. Mandatsvoraussetzungen
Besondere Wählbarkeitsvoraussetzungen sind nicht festgelegt. Die Entsendung externer Gewerkschaftsvertreter ist ausdrücklich zugelassen.[676]

g. Ungarn

aa. Sitzverteilung im Inland
In Ungarn sollen die Arbeitnehmer jeder beteiligten Gesellschaft eine Vertretung im BVG erhalten.[677] Weitere Regelungen über die Sitzverteilung im Inland existieren nicht.

bb. Konkretes Wahlverfahren
Die ungarischen Mitglieder des BVG werden vom Betriebsrat bzw. Gesamtbetriebsrat bestellt.[678] Gibt es mehrere Gesamtbetriebsräte, erfolgt die Bestellung durch diese gemeinsam.[679] Ist in einer beteiligten Gesellschaft, betroffenen Tochtergesellschaft oder in einem betroffenen Betrieb kein Betriebsrat eingerichtet, wählen die Arbeitnehmer dieser Einheit einen Vertreter, der für sie an der Nominierungsversammlung teilnimmt.[680] Dort wird der Vertreter als Mitglied des Betriebsrats bzw. des Gesamtbetriebsrats behandelt.[681]

Die Einzelheiten der Wahl dieses besonderen Vertreters sind ausführlich geregelt. Es wird ein Wahlausschuss eingerichtet, der für die Durchführung der Wahl zuständig ist.[682] Dieser Wahlausschuss besteht aus drei Mitgliedern, die von den Arbeitnehmern direkt gewählt werden.[683] Der Wahlausschuss legt eine Wahlordnung und den Wahltermin fest.[684] Zum besonderen Vertreter der betriebsratslosen Arbeitnehmer kann jeder geschäftsfähige Arbeitnehmer mit einer Mindestbeschäftigungsdauer von sechs Monaten gewählt werden.[685] Gewählt ist derjenige Arbeitnehmer, der die meisten Stimmen erhält. An der Abstimmung muss mehr als die Hälfte der Wahlberechtigten teilnehmen.[686] Andernfalls wird die Wahl wiederholt. Für die Gültigkeit der zweiten Wahl ist

---

676 § 38 Abs. 9 SE-Gesetz (SK).
677 § 21 Abs. 3 SE-Gesetz (HU).
678 § 21 Abs. 1 Buchst. a und b SE-Gesetz (HU).
679 § 21 Abs. 1 Buchst. c SE-Gesetz (HU).
680 § 22 Abs. 1 S. 1, Abs. 3 SE-Gesetz (HU).
681 § 22 Abs. 1 S. 2 SE-Gesetz (HU).
682 § 22 Abs. 4 S. 1 SE-Gesetz (HU).
683 § 22 Abs. 4 S. 3 SE-Gesetz (HU).
684 § 22 Abs. 4 S. 2 SE-Gesetz (HU).
685 § 22 Abs. 5 S. 1 SE-Gesetz (HU).
686 § 22 Abs. 5 S. 3, Abs. 6 SE-Gesetz (HU).

die Teilnahme von mehr als einem Drittel der wahlberechtigten Arbeitnehmer ausreichend.[687]

cc. Sonstiges

Das für die Bestellung zuständige Organ sorgt auch für die Bestimmung von Ersatzmitgliedern.[688] Die Bestellung externer Gewerkschaftsvertreter ist zulässig.[689] Das Mandat der BVG-Mitglieder endet vorzeitig bei Rücktritt und Erlöschen des Arbeitsverhältnisses.[690] Außerdem endet die Mitgliedschaft, wenn die betreffende Person zur Ausübung von Arbeitgeberrechten berechtigt wird.[691] In diesen Fällen rückt das Ersatzmitglied nach.[692]

2. Bestellung durch Gewerkschaften

a. Frankreich

aa. Sitzverteilung im Inland

Die auf Frankreich entfallenden Sitze im BVG werden entsprechend der Arbeitnehmerzahlen auf die in Frankreich sitzenden Gesellschaften, Tochtergesellschaften und Betriebe verteilt.[693]

bb. Konkretes Wahlverfahren

Die französischen BVG-Mitglieder werden von den Gewerkschaften ernannt, die in den betreffenden Einheiten vertreten sind. Welche Gewerkschaften im Einzelnen berechtigt sind, hängt von dem Ergebnis der letzten Betriebsratswahlen ab.[694]

Die auf Frankreich entfallenden Sitze werden auf verschiedene Wahlkollegien (collèges) entsprechend der Zahl der in ihnen vertretenen Arbeitnehmer verteilt.[695] Diese Kollegien spiegeln die verschiedenen Gruppen der Arbeitnehmer wieder. Dem einen Kollegium gehören die Angestellten und Arbeiter an. Im anderen Kollegium sind die Ingenieure, Abteilungsleiter, Techniker, leitende Angestellte und ähnliche Personen vertreten.[696]

---

687 § 22 Abs. 5 S. 4 und 5 SE-Gesetz (HU).
688 § 21 Abs. 2 SE-Gesetz (HU).
689 § 21 Abs. 4 SE-Gesetz (HU).
690 § 24 Abs. 1 Buchst. a und c SE-Gesetz (HU).
691 § 24 Abs. 1 Buchst. b SE-Gesetz (HU).
692 § 24 Abs. 2 SE-Gesetz (HU).
693 Art D. 2352-10 Abs. 2 Code du Travail (FR).
694 Art L. 2352-5 Abs. 1 Code du Travail (FR).
695 Art. L. 2352-5 Abs. 3 Code du Travail (FR).
696 Art. L. 2324-11 Abs. 1 Code du Travail (FR).

Für die Sitzverteilung auf die Kollegien ist die Zahl der Arbeitnehmer maßgeblich, die den einzelnen Kollegien in den Gesellschaften, Tochtergesellschaften und Betrieben angehören.[697] Innerhalb dieser Kollegien werden die Sitze auf die verschiedenen Gewerkschaftsorganisationen verteilt. Diese Verteilung wiederum hängt davon ab, wie viele Sitze eine Gewerkschaft bei der letzten Betriebsratswahl in diesem Kollegium für sich verbuchen konnte.[698]

Gibt es in einer bzw. keiner der beteiligten Gesellschaften, betroffenen Tochtergesellschaften oder betroffenen Betrieben eine repräsentative Gewerkschaft, werden die französischen BVG-Mitglieder entsprechend den Regelungen über die Betriebsratswahlen direkt gewählt.[699] Bei einer länderweiten Direktwahl wird nicht in getrennten Wahlen sondern in einer gemeinsamen Wahl abgestimmt. Die Sitze werden auf die beteiligten und betroffenen Einheiten sowie auf die verschiedenen Wahlkollegien entsprechend der Belegschaftszahlen in allen Gesellschaften, Tochtergesellschaften und Betrieben verteilt.[700] Die Kandidatenliste enthält so viele Namen, wie Sitze im BVG auf Frankreich entfallen.[701] Die Abstimmung kann örtlich getrennt in den einzelnen Gesellschaften, Tochtergesellschaften und Betrieben durchgeführt werden. Mit der Stimmauszählung darf nicht vor der letzten Stimmabgabe begonnen werden.[702]

Die französischen BVG-Mitglieder vertreten die Belegschaften aller Gesellschaften und Betriebe mit Sitz in Frankreich.[703]

cc. Mandatsvoraussetzungen

Für die französischen Arbeitnehmer können nur Mitglieder des Betriebsrats oder Gewerkschaftsvertreter der zu beteiligenden Einheiten ins BVG entsandt werden.[704] Indirekt erteilt der französische Gesetzgeber damit der Möglichkeit eine Absage, externe Gewerkschaftsvertreter ins BVG zu entsenden. Denn die nationalen Mandatsträger müssen stets Arbeitnehmer sein. Wählbarkeitsvoraussetzung ist darüber hinaus die Vollendung des achtzehnten Lebensjahres und eine Mindestbeschäftigungsdauer von einem Jahr.[705]

---

697 Art. D. 2352-5 Abs. 3 Code du Travail (FR).
698 Artt. L. 2352-5 Abs. 3, D-2352-9 Code du Travail (FR).
699 Artt. L. 2352-6, D. 2352-10 f. Code du Travail (FR).
700 Art. D. 2352-11 Abs. 2 Code du Travail (FR).
701 Art. D. 2352-11 Abs. 3 Code du Travail (FR).
702 Art. D. 2352-11 Abs. 4 Code du Travail (FR).
703 Art. D. 2352-10 Abs. 2 Code du Travail (FR).
704 Art. L. 2352-5 Abs. 1 Code du Travail (FR).
705 Artt. L-2143-1 Abs. 1, L-2324-15 Abs. 1 Code du Travail (FR).

b. Italien

aa. Konkretes Wahlverfahren

Die italienischen Mitglieder des BVG werden von den betrieblichen Gewerkschaftsvertretungen zusammen mit den Gewerkschaftsorganisationen bestimmt, welche die geltenden Tarifverträge unterzeichnet haben.[706] Betriebliche Gewerkschaftsvertretungen sind die Rappresentanza Sindicale Aziendali („RSA"), deren Rechte in Titel III des Arbeitnehmerstatuts (IT) geregelt sind.[707] Daneben gibt es eine jüngere Form der betrieblichen Gewerkschaftsvertretung, die Rappresentanza Sindicale Unitaria („RSU"). Sie beruht auf einer Vereinbarung zwischen den drei größten italienischen Gewerkschaften, Arbeitgeberverbänden und der Regierung.[708] Zwei Drittel der Mitglieder der RSU werden auf Vorschlag der Gewerkschaft von den Arbeitnehmern gewählt. Das andere Drittel wird von denjenigen Gewerkschaften ernannt, die Parteien der Vereinbarung sind.[709] Auch die RSU kann sich vollumfänglich auf die Rechte des Arbeitnehmerstatuts berufen.[710]

Ist in einem italienischen Betrieb oder Unternehmen unabhängig vom Willen der Arbeitnehmer keine RSU oder RSA eingerichtet, entscheiden die Gewerkschaftsorganisationen, welche den geltenden Tarifvertrag unterzeichnet haben, wie die Arbeitnehmer des vertreterlosen Betriebs oder Unternehmens an der Wahl oder Ernennung der BVG-Mitglieder teilhaben.[711]

bb. Mandatsvoraussetzungen

Wählbar sind die Mitglieder der RSU bzw. RSA. Ausdrücklich gestattet ist auch die Ernennung von Gewerkschaftsvertretern, die nicht Arbeitnehmer in der betreffenden Einheit sind.[712]

---

706 Art. 3 Abs. 2 Buchst. b Legislativdekret Nr. 188/05 (IT).

707 *Radoccia* in Henssler/Braun, Arbeitsrecht in Europa, Italien, Rn. 373; weiterführend *Abele*, ZIAS 1990, 193 (208 ff.).

708 *Valdés Dal-Ré*, Studies on the implementation of Labour Law Directives, S. 73.

709 *Stollt/Wolters*, Arbeitnehmerbeteiligung in der SE, S. 79.

710 *Radoccia* in Henssler/Braun, Arbeitsrecht in Europa, Italien, Rn. 378.

711 Art. 3 Abs. 2 Buchst. c Legislativdekret Nr. 188/05 (IT).

712 Art. 3 Abs. 2 Buchst. b Legislativdekret Nr. 188/05 (IT).

c. Island

aa. Sitzverteilung im Inland

Erhält Island mehr als einen Sitz, sollen die Arbeitnehmer möglichst vieler beteiligter Gesellschaften im BVG vertreten sind.[713] Eine konkretere Regelung über die Sitzverteilung im Inland enthält das Gesetz nicht.

bb. Konkretes Wahlverfahren

Die isländischen BVG-Mitglieder werden von den Gewerkschaftsvertretern gewählt.[714] Da die Vorschrift keine Einschränkung enthält, sind die Gewerkschaftsvertreter aller beteiligten Gesellschaften, betroffenen Tochtergesellschaften und betroffenen Betriebe erfasst. Nicht organsierte Arbeitnehmer sind berechtigt, einen gemeinsamen Vertreter zu wählen, der für sie an der Wahl der BVG-Mitglieder teilnimmt.[715] Bei der Abstimmung hat jeder Gewerkschafts- bzw. sonstiger Vertreter so viele Stimmen, wie er Arbeitnehmer repräsentiert.[716]

Sind keine Gewerkschaftsvertreter ernannt, ist die gesamte Arbeitnehmerschaft der beteiligten Gesellschaft berechtigt, an der Wahl der BVG-Mitglieder teilzunehmen.[717] Aufgrund des eindeutigen Wortlauts gilt dies nicht, wenn nur eine betroffene Tochtergesellschaft oder ein betroffener Betrieb vertretungslos ist. Dann ist die Regelung des Art. 6 Abs. 2 SEBG (IS) anzuwenden, d.h. es wird ein gemeinsamer Delegierter bestimmt.

cc. Mandatsvoraussetzungen

Die Mitglieder werden aus der Reihe der Gewerkschaftsvertreter gewählt.[718] Der Wortlaut dieser Regelung gibt keine Auskunft darüber, ob auch Funktionäre ohne Arbeitnehmerstatus wählbar sind. In der nationalen betrieblichen Interessensvertretung sind gemäß Art. 9 GewerkschaftsG (IS) ausschließlich Arbeitnehmer der betreffenden Arbeitsstätte als Gewerkschaftsvertreter zugelassen. Es kann dem isländischen Gesetzgeber nicht unterstellt werden, dass er von den nationalen Regelungen ohne konkrete Regelung abweichen wollte. Deshalb können auch in der SE nur Arbeitnehmer zu Mitgliedern des BVG gewählt werden.

713 Art. 6 Abs. 7 SEBG (IS).
714 Art. 6 Abs. 1 SEBG (IS).
715 Art. 6 Abs. 2 SEBG (IS).
716 Art. 6 Abs. 4 SEBG (IS).
717 Art. 6 Abs. 5 SEBG (IS).
718 Art. 6 Abs. 3 SEBG (IS).

Verlieren die Arbeitnehmer einer der beteiligten Gesellschaften ihr Entsenderecht, weil beispielsweise die Gesellschaft aus dem Gründungsverfahren ausscheidet, findet eine Neubesetzung statt.[719] Die Vorschrift ist entsprechend anzuwenden, wenn ein isländisches BVG-Mitglied seine Wählbarkeitsvoraussetzungen verliert oder aus anderen Gründen vorzeitig ausscheidet.

d. Norwegen

aa. Sitzverteilung im Inland

In Norwegen sind bei der Sitzverteilung im Inland die beteiligten Gesellschaften mit der höchsten Arbeitnehmerzahl als erstes zu berücksichtigen. Stehen mehr Sitze als beteiligte Gesellschaften zur Verfügung, werden diese auf betroffene Tochtergesellschaften und Betriebe ebenfalls in absteigender Reihenfolge je nach Arbeitnehmerzahlen verteilt.[720] Verliert eine Einheit das Recht auf Entsendung eines Vertreters, ohne dass eine komplette Neubesetzung erforderlich wird, erhält die jeweils nachfolgende Einheit den betreffenden Sitz.[721] Kommt nach der Bildung des BVG eine neue unmittelbare Gründungsgesellschaft hinzu, ohne dass eine komplette Neubesetzung des BVG erforderlich wird, soll auch diese Gesellschaft einen Repräsentant erhalten. Die auf Norwegen entfallenden Sitze sind entsprechend neu zu verteilen.[722] Letzteres kann zu Verzögerungen im Gründungsprozess führen. Dies wiederum kann dem Recht des zukünftigen Sitzstaates widersprechen, wenn dort keine Anpassung an nachträgliche Veränderungen vorgesehen ist.[723]

Der norwegische Gesetzgeber hat erkannt, dass möglicherweise weniger Sitze auf Norwegen entfallen als dort niedergelassene Einheiten an der SE-Gründung beteiligt oder von ihr betroffen sind. In diesem Fall vertreten die jeweiligen Repräsentanten nicht nur die Arbeitnehmer der jeweiligen Einheit sondern auch einen Teil der Arbeitnehmer, die keinen eigenen Vertreter entsandt haben. Gegebenenfalls werden die vertreterlosen Arbeitnehmer zu gleichen Teilen auf die BVG-Mitglieder verteilt.[724]

bb. Konkretes Wahlverfahren

Für die Ernennung der norwegischen BVG-Mitglieder sind die lokalen Gewerkschaftsvertretungen zuständig, wenn diese mindestens zwei Drittel der

---

719 Art. 6 Abs. 9 SEBG (IS).

720 § 5 Abs. 1 SEBG (NO).

721 § 5 Abs. 4 SEBG (NO).

722 § 5 Abs. 5 i.V.m. Abs. 3 SEBG (NO).

723 Nicht so in Deutschland, oben § 2 C. I. 3 (S. 34).

724 § 5 Abs. 6 SEBG (NO).

Arbeitnehmer vertreten. Dabei kann es sich um eine einzelne oder um mehrere Gewerkschaften handeln.[725]

Eine Direktwahl findet statt, wenn keine Gewerkschaften vertreten sind, die vorhandenen Gewerkschaften weniger als zwei Drittel der Arbeitnehmer vertreten oder sich die zuständigen Gewerkschaften nicht einigen können. Diese Wahl wird nach dem gleichen Verfahren wie die Wahl der Aufsichtsratsmitglieder durchgeführt.[726] Zusätzlich bestimmt § 6 Abs. 3 SEBG (NO), dass die Wahl unter bestimmten Voraussetzungen elektronisch durchgeführt werden kann.

cc. Mandatsvoraussetzungen

Wählbar sind ausschließlich Arbeitnehmer. Die Entsendung externer Gewerkschaftsvertreter ist im SEBG (NO) nicht zugelassen.

e. Polen

aa. Sitzverteilung im Inland

In Polen knüpft die Sitzverteilung im Inland an die verschiedenen Arbeitgeber an. Die Sitze werden entsprechend der Zahl der beschäftigten Arbeitnehmer auf die verschiedenen Arbeitgeber verteilt. Dabei soll jede beteiligte Gesellschaft ein Mitglied ins BVG entsenden.[727]

Aus Art. 68 Abs. 2 EWIV/SE-Gesetz (PL) lässt sich schließen, dass bei jedem Arbeitgeber eine getrennte Wahl durchgeführt wird. Mangels anderweitiger Regelung ist davon auszugehen, dass Arbeitnehmer, deren Arbeitgeber bei der Sitzverteilung unberücksichtigt bleiben, nicht an dem Ernennungsverfahren beteiligt sind. Art. 68 Abs. 3 i.V.m. Art. 65 Abs. 1 EWIV/SE-Gesetz (PL) bestimmt lediglich, dass die entsandten BVG-Mitglieder die Arbeitnehmer aller Gesellschaften und Betriebe repräsentieren.

bb. Konkretes Wahlverfahren

Die polnischen Mitglieder werden von einem Gewerkschaftsvertreter ernannt. Dieser muss Mitglied einer Gewerkschaftsorganisation i.S.v. Art. 241^{25a} § 1 ArbG (PL) sein, dessen Bestimmungen entsprechend gelten.[728] Die Gewerkschaftsorganisation muss repräsentativ sein. Repräsentativ ist eine Organisationseinheit oder eine Mitgliedsorganisation einer als repräsentativ

725 § 6 Abs. 1 S. 1 SEBG (NO).

726 § 6 Abs. 2 SEBG (NO).

727 Art. 68 Abs. 1 EWIV/SE-Gesetz (PL).

728 Art. 65 Abs. 1 S. 1 EWIV/SE-Gesetz (PL).

geltenden überbetrieblichen Gewerkschaftsorganisation. In dieser müssen mindestens sieben Prozent der bei dem Arbeitgeber beschäftigten Arbeitnehmer vereinigt ein. Als repräsentativ gilt auch eine Gewerkschaftsorganisation, in der mindestens zehn Prozent der bei dem Arbeitgeber beschäftigten Arbeitnehmer organisiert sind. Gibt es bei einem Arbeitgeber mehr als eine repräsentative Gewerkschaftsorganisation, ernennen diese die BVG-Mitglieder gemeinsam.[729]

Ist keine repräsentative Gewerkschaftsorganisation vorhanden, wählt eine Arbeitnehmerversammlung die polnischen BVG-Mitglieder.[730] Dasselbe gilt, wenn sich die Gewerkschaftsorganisationen nicht über die Ernennung einig können. Dann stellen die Gewerkschaftsorganisationen Kandidaten auf.[731]

Für die Organisation der Wahl ist die Geschäftsleitung verantwortlich.[732] Die Wahlen sind geheim.[733] Erforderlich ist die Teilnahme von mindestens fünfzig Prozent der Arbeitnehmer.[734] Wird diese Wahlbeteiligung nicht erreicht, werden innerhalb von einem Monat Neuwahlen durchgeführt, deren Gültigkeit nicht von der Zahl der teilnehmenden Arbeitnehmer abhängt.[735] Diese Regelung kann zu einer Verzögerung bei der Konstituierung des BVG führen.

cc. Mandatsvoraussetzungen

Mitglied des BVG können auch Vertreter repräsentativer Gewerkschaftsorganisationen sein, die nicht Arbeitnehmer in einer beteiligten Gesellschaft, betroffenen Tochtergesellschaft oder in einem Betrieb sind.[736] Es muss sich jedoch um eine Gewerkschaftsorganisation i.S.d. Art. 6 Abs. 2 Gesetz über die dreigliedrige Kommission (PL) handeln. Folglich sind nur Gewerkschaften erfasst, die einen Mitgliederbestand von mindestens 300.000 Arbeitnehmern haben oder besondere Voraussetzungen für eine Registrierung erfüllen. Die Zahl der BVG-Mitglieder, die zugleich Arbeitnehmer sind, soll überwiegen.[737]

729 Art. 65 Abs. 2 EWIV/SE-Gesetz (PL).
730 Art. 65 Abs. 1 S. 3 EWIV/SE-Gesetz (PL).
731 Art. 65 Abs. 4 EWIV/SE-Gesetz (PL).
732 Art. 66 Abs. 1 S. 1 EWIV/SE-Gesetz (PL).
733 Art. 66 Abs. 2 S. 1 EWIV/SE-Gesetz (PL).
734 Art. 66 Abs. 3 EWIV/SE-Gesetz (PL).
735 Art. 66 Abs. 4 EWIV/SE-Gesetz (PL).
736 Art. 65 Abs. 5 EWIV/SE-Gesetz (PL).
737 Art. 65 Abs. 6 EWIV/SE-Gesetz (PL).

dd. Vorzeitiges Mandatsende

Ist das BVG-Mitglied Arbeitnehmer, endet sein Mandat vorzeitig, wenn das Beschäftigungsverhältnis aufgelöst oder das Mandat niedergelegt wird.[738] Ist das BVG-Mitglied externer Gewerkschaftsfunktionär endet das Mandat auch, wenn die Gewerkschaftsorganisation ihre Empfehlung zurücknimmt.[739] In diesen Fällen muss ein neues Mitglied bestimmt werden.[740]

f. Schweden

aa. Sitzverteilung im Inland

Die Verteilung der auf die schwedischen Arbeitnehmer entfallenden BVG-Sitze ist in §§ 11 ff. SEBG (SE) geregelt. Die unmittelbaren Gründungsgesellschaften mit Sitz in Schweden werden in absteigender Reihenfolge der jeweiligen Arbeitnehmerzahlen berücksichtigt. Sind anschließend noch weitere Sitze zu vergeben, werden diese den betroffenen Tochtergesellschaften und Betrieben ebenfalls in absteigender Reihenfolge der jeweiligen Arbeitnehmerzahlen zugewiesen. Diese Verteilung wird so lange wiederholt bis alle Sitze besetzt sind.[741]

Die lokalen Gewerkschaftssektionen können sich über eine andere Sitzverteilung einigen.[742] Dabei ist sicherzustellen, dass die Arbeitnehmer jeder beteiligten Gesellschaft einen Sitz im BVG erhalten. Verliert eine Gesellschaft oder ein Betrieb den Status der Beteiligung oder Betroffenheit wird dieser Sitz der im ursprünglichen Verteilungsverfahren nachfolgenden Einheit zugewiesen. Dies gilt auch, wenn das BVG nicht insgesamt neu zu besetzen ist.[743]

bb. Konkretes Wahlverfahren

Über die konkrete Besetzung der Sitze entscheiden die lokalen Gewerkschaftssektionen, die mit den jeweiligen Gesellschaften und Betrieben Kollektivverträge abgeschlossen haben.[744] Gibt es mehrere Gewerkschaftssektionen und kann eine Einigung über die Ernennung der BVG-Mitglieder nicht erzielt werden, entscheidet diejenige Gewerkschaft, die die meisten Arbeitnehmer in den beteiligten Gesellschaften, betroffenen Tochtergesellschaften und Betrieben

738 Art. 69 Abs. 1 EWIV/SE-Gesetz (PL).
739 Art. 68 Abs. 2 EWIV/SE-Gesetz (PL).
740 Art. 69 Abs. 3 EWIV/SE-Gesetz (PL).
741 § 11 SEBG (SE).
742 § 12 SEBG (SE).
743 § 15 SEBG (SE).
744 § 16 Abs. 1 SEBG (SE).

mit Sitz in Schweden vertritt.[745] Dieses Verfahren findet keine Anwendung, wenn mehrere BVG-Mitglieder zu ernennen sind. Dann gilt § 8 Abs. 2 und 3 AufsichtsRVertrG (SE) entsprechend.[746] Danach ist diejenige Gewerkschaft für die Entsendung zuständig, die mindestens vier Fünftel der Arbeitnehmer vertritt. Gibt es eine solche Gewerkschaft nicht, werden die Sitze den zwei Gewerkschaften mit der jeweils höchsten Repräsentativität zugewiesen.

Hat keine der betreffenden Einheiten einen Tarifvertrag mit einer lokalen Gewerkschaftssektion abgeschlossen, entscheidet die Gewerkschaft mit der größten Mitgliederzahl in den beteiligten Gesellschaften, betroffenen Tochtergesellschaften und Betrieben über die Ernennung.[747] Dies gilt allerdings nur, wenn sich die lokalen Gewerkschaftssektionen nicht anderweitig einigen können.[748] Existieren überhaupt keine lokalen Gewerkschaftssektionen, wählen die Arbeitnehmer die BVG-Mitglieder direkt.[749] Die Einzelheiten des Wahlverfahrens sind nicht gesetzlich geregelt.

cc. Sonstiges

Die nach diesen Verfahren ernannten BVG-Mitglieder vertreten jeweils die Arbeitnehmer der Gesellschaft oder des Betriebes, denen der Sitz zugewiesen ist. Bei mehreren Sitzen werden die Stimmen möglichst gleichmäßig verteilt.[750] Die Arbeitnehmer von Gesellschaften oder Betrieben, denen kein Sitz zugewiesen ist, werden ebenfalls von den ernannten BVG-Mitgliedern vertreten.[751]

Besondere Wählbarkeitsvoraussetzungen sind nicht statuiert. Auch die Ernennung von externen Gewerkschaftsvertretern ist nicht vorgesehen.

g. Spanien

aa. Sitzverteilung im Inland

Die Verteilung der auf Spanien entfallenden Sitze ist nur unzureichend geregelt. Entfällt mehr als ein Sitz auf die spanischen Arbeitnehmer, soll jede beteiligte Gesellschaft durch mindestens ein Mitglied im BVG vertreten sein.[752] Wie zu verfahren ist, wenn nicht für alle beteiligten Gesellschaften ein Mandat im BVG zur Verfügung steht, ist nicht geregelt.

---

745 § 16 Abs. 2 S. 1 und 2 SEBG (SE).
746 § 16 Abs. 2 S. 3 SEBG (SE).
747 § 17 S. 1 SEBG (SE).
748 § 17 S. 2 SEBG (SE).
749 § 18 SEBG (SE).
750 § 19 Abs. 1 und 2 SEBG (SE).
751 § 19 Abs. 3 SEBG (SE).
752 Art. 29 Abs. 3 S. 1 SEBG (ES).

bb. Konkretes Wahlverfahren

Für die Entsendung der spanischen BVG-Mitglieder sind die Gewerkschaftsorganisationen zuständig, die zusammen die Mehrheit im Betriebsrat bzw. bei den Personaldelegierten innehaben. Die Entsendung erfolgt entweder durch Vereinbarung oder Mehrheitsentscheid.[753] Die Zahl der von einer Gewerkschaft ernannten BVG-Mitglieder muss in jedem Fall im Verhältnis zu der Repräsentativität stehen, die diese Gewerkschaft in den Betriebsratswahlen des Unternehmens erworben hat.[754] Dasselbe Verfahren ist anzuwenden, wenn im Falle des Rücktritts oder Verlusts der Wählbarkeit ein Ersatzmitglied ernannt werden muss.[755]

Arbeitnehmer, die nicht Mitglied in einer dieser Gewerkschaftsorganisationen sind, haben keine Teilhabemöglichkeit. Es ist davon auszugehen, dass sie bei dem Bestellungsverfahren von den Gewerkschaftsvertretern mitvertreten werden. Hierfür spricht, dass die spanischen BVG-Mitglieder alle Arbeitnehmer vertreten, die in den betroffenen spanischen Einheiten beschäftigt sind.[756]

cc. Mandatsvoraussetzungen

Die Wählbarkeitsvoraussetzungen entsprechen denjenigen einer nationalen Arbeitnehmervertretung.[757] Die Kandidaten müssen achtzehn Jahre alt sein und dem Betrieb seit mindestens sechs Monaten angehören.[758]

Die Mitgliedschaft externer Gewerkschaftsvertreter ist in Art. 29 Abs. 2 S. 1 SEBG (ES) ausdrücklich zugelassen. Voraussetzung ist, dass die Person Mitglied in einer Gewerkschaft ist, die auf nationalem Niveau agiert. Alternativ kann es sich auch um ein Mitglied der Gewerkschaft handeln, die in den beteiligten Gesellschaften die höchste Repräsentanz hat.

h. Tschechische Republik

aa. Konkretes Wahlverfahren

Das tschechische Umsetzungsgesetz verweist für das Wahlverfahren auf das ArbG (CZ).[759] Die entsprechende Vorschrift befindet sich in § 290 Abs. 4 ArbG (CZ). Dementsprechend werden die BVG-Mitglieder auf einer gemeinsamen Sitzung der tschechischen Arbeitnehmervertreter ernannt.

---

753 Art. 29 Abs. 1 S. 1 SEBG (ES).
754 Art. 29 Abs. 1 S. 2 SEBG (ES).
755 Art. 29 Abs. 1 S. 3 SEBG (ES).
756 Art. 29 Abs. 1 S. 5 SEBG (ES).
757 Art. 28 SEBG (ES).
758 Art. 69 Abs. 2 Arbeitnehmerstatut (ES).
759 § 48 Abs. 2 SE-Gesetz (CZ).

Arbeitnehmervertreter sind die Gewerkschaftsvertretungen und Betriebsräte. Die Gewerkschaftsvertretungen haben Vorrang, da ein Betriebsrat gemäß § 281 Abs. 1 S. 1 ArbG (CZ) nur gewählt werden kann, wenn keine Gewerkschaftsorganisation vertreten ist.[760] Dementsprechend sind auch für die Ernennung der BVG-Mitglieder in erster Linie die Gewerkschaften zuständig.

Eine Gewerkschaft gilt bereits dann als in einem Betrieb vertreten, wenn nur ein einziger Arbeitnehmer Mitglied ist.[761] Sie vertreten unabhängig von der Zahl der Gewerkschaftsmitglieder alle Arbeitnehmer der betreffenden Einheit.[762]

Wo keine Arbeitnehmervertreter ernannt sind oder diese ihre Aufgaben nicht wahrnehmen, wählen die betroffenen Arbeitnehmer einen Delegierten, der für sie an der gemeinsamen Sitzung teilnimmt.[763] Auf dieser Sitzung hat jeder Teilnehmer so viele Stimmen wie er Arbeitnehmer vertritt.[764]

bb. Mandatsvoraussetzungen

Die tschechischen Arbeitnehmer können auch von einer externen Person im BVG vertreten werden. Diese muss von einer Gewerkschaft, welche die betroffenen Arbeitnehmer repräsentiert, bevollmächtigt oder delegiert sein.[765] Weitere Anforderungen an die Wählbarkeit bestehen nicht.

3. Mittelbare gewerkschaftliche Beherrschung

In einigen Mitgliedsländer fällt die Bestellung der BVG-Mitglieder auf den ersten Blick in den Zuständigkeitsbereich der gesetzlichen Arbeitnehmervertretungen. Auf den zweiten Blick stellt sich jedoch heraus, dass diese Arbeitnehmervertretungen von den Gewerkschaften beherrscht werden, weshalb diese auch auf das Bestellungsverfahren einen maßgeblichen Einfluss ausüben.

a. Belgien

aa. Konkretes Wahlverfahren

[1] Zuständigkeit der Vertreterorgane

Für die Entsendung der belgischen BVG-Mitglieder sind die Mitglieder der Unternehmensräte zuständig, die in den beteiligten Gesellschaften und

760 Zur dominanten Stellung der Gewerkschaften auch *Poljakoá*, WiRO 2005, 193 (193).

761 *Linhart/Ranič* in Henssler/Braun, Arbeitsrecht in Europa, Tschechien Rn. 146.

762 Zu Recht kritisch *Poljakoá*, WiRO 2005, 193 (197 Fn. 17).

763 § 290 Abs. 4 S. 2 ArbG (CZ).

764 § 290 Abs. 4 S. 3 ArbG (CZ).

765 § 48 Abs. 8 SE-Gesetz (CZ).

betroffenen Tochtergesellschaften oder Betrieben installiert sind.[766] Können sich diese Unternehmensräte nicht einigen, entscheidet die Mehrheit.[767] Aus der Formulierung dieser Regelung lässt sich schließen, dass die Mitglieder aller Unternehmensräte ein einheitliches Bestellungsgremium bilden:

> *„En principe, les membres-travailleurs du groupe spécial de* négociation occupés *en Belgique sont désignés par et parmi les représentants des travailleurs occupés en Belgique siégeant aux conseils d'entreprise des sociétés participantes et de leurs filiales ou établissements concernés.“*
>
> (Anm.: Hervorhebung durch die Verf.)

Ein Unternehmensrat wird in allen Unternehmen gebildet, die mehr als fünfzig Arbeitnehmer beschäftigen.[768] Maßgebliche Organisationseinheit, an welche die Einrichtung eines Unternehmensrates anknüpft, ist nicht der Betrieb sondern das Unternehmen.[769] Der französische Terminus „entreprise“[770] steht für eine technische Produktionseinheit, die durch wirtschaftliche und soziale Kriterien definiert wird.[771] Im Unterschied zum deutschen Recht ist der Unternehmensrat paritätisch, d.h. sowohl mit Arbeitnehmer- als auch Arbeitgebervertretern besetzt.[772] Demzufolge hat in Belgien auch der Arbeitgeber Einfluss auf die Zusammensetzung des BVG. Dies könnte in Konflikt stehen zu der in Deutschland herrschenden Ansicht, dass etwa die Wahl des Betriebsrats allein in den Verantwortungsbereich der Arbeitnehmer fällt. Der „deutsche“ Arbeitgeber unterliegt einem aus § 20 Abs. 2 BetrVG bzw. Art. 9 Abs. 3 GG herzuleitenden Neutralitätsgebot.[773] Aufgrund der Regelungshoheit der Mitgliedstaaten in Zusammenhang mit der Besetzung der Sitze des BVG muss die deutsche Wertung jedoch dahinstehen. Zudem ist das BVG nicht mit dem Betriebsrat vergleichbar, da es nur zum Zweck der Verhandlung gegründet wird.[774]

Ist kein Unternehmensrat eingerichtet, sind die Mitglieder des Ausschusses für Sicherheit und Gesundheit für die Ernennung der BVG-Mitglieder zuständig. Auch hier entscheidet die Mehrheit, wenn sich die Mitglieder nicht

---

766 Art. 9 § 2 Abs. 1 CCT Nr. 84 (BE).
767 Art. 9 § 2 Abs. 1 CCT Nr. 84 (BE).
768 Art. 14 § 1 WirtschaftsorganisationsG (BE).
769 *Franke*, S. 43 f.
770 Art. 14 § 1 WirtschaftsorganisationsG (BE).
771 Art. 14 § 1 WirtschaftsorganisationsG (BE).
772 *Matray/Hübinger* in Henssler/Braun, Arbeitsrecht in Europa, Belgien Rn. 156.
773 Die Herleitung des Neutralitätsgebots ist umstritten, *Maschmann*, BB 2010, 245 (250 ff.).
774 Vgl. § 2 C am Anfang (S. 31).

einigen können.[775] Ein solcher Ausschuss ist in Unternehmen zu installieren, die durchschnittlich mehr als fünfzig Arbeitnehmer beschäftigen.[776]

Aus der Regelung ergibt sich nicht, wie zu verfahren ist, wenn in verschiedenen belgischen Unternehmen einerseits ein Unternehmensrat und andererseits ein Ausschuss für Sicherheit und Gesundheit eingerichtet ist und nicht für alle Unternehmen ein eigener Sitz im BVG zur Verfügung steht. Zum Schutz der bestehenden Beteiligungsrechte und im Interesse einer möglichst breiten Legitimation ist davon auszugehen, dass die Unternehmensräte und Ausschüsse für Sicherheit und Gesundheit ein einheitliches Bestellungsgremium bilden.

Existiert weder ein Unternehmensrat noch ein Ausschuss für Sicherheit und Gesundheit können die Gewerkschaftsdelegationen der beteiligten Gesellschaften oder der betroffenen Tochtergesellschaften und Betriebe zur Ernennung ermächtigt werden.[777] Das Recht zur Bildung einer Gewerkschaftsdelegation steht allen repräsentativen Gewerkschaften zu.[778] In kleineren und mittleren Unternehmen ist ihre Einrichtung von einer Mindestarbeitnehmerzahl abhängig, die von dem jeweils einschlägigen Sektorentarifvertrag festgelegt wird.[779] Die Ermächtigung erfolgt durch die paritätischen Kommissionen.[780] Eine paritätische Kommission verwirklicht in dem jeweiligen Wirtschaftsbereich das Mitspracherecht der Arbeitnehmer auf überbetrieblicher Ebene.[781] Sie setzt sich aus Delegierten der repräsentativen Arbeitnehmer- und Arbeitgeberorganisationen zusammen.[782]

Eine Ernennung bzw. Wahl durch die betroffenen Arbeitnehmer findet statt, wenn weder ein Unternehmensrat noch ein Ausschuss für Sicherheit und Gesundheit eingerichtet ist und auch eine Autorisierung der Gewerkschaftsdelegation nicht erfolgt ist.[783] In Anlehnung an die primär anzuwendenden Regelungen in Art. 9 § 2 Abs. 1 bis 3 CCT Nr. 84 (BE) ist davon auszugehen, dass eine Ernennung immer dann stattfindet, wenn sich die betroffenen Arbeitnehmer ohne Durchführung eines demokratischen Wahlverfahrens auf eine Person einigen können. Gelingt dies nicht, ist eine Direktwahl durchzuführen, für deren Modalitäten mangels anderweitiger Angaben des CCT Nr. 84 (BE) auf die Wahl

775 Art. 9 § 2 Abs. 2 CCT Nr. 84 (BE).
776 Art. 49 ArbeitnehmerschutzG (BE).
777 Art. 9 § 2 Abs. 3 CCT Nr. 84 (BE).
778 Art. 7 Abs. 2 CCT Nr. 5 (BE).
779 *Matray/Hübinger* in Henssler/Braun, Arbeitsrecht in Europa, Belgien Rn. 152.
780 Art. 9 § 2 Abs. 3 CCT Nr. 84 (BE).
781 *Matray/Hübinger* in Henssler/Braun, Arbeitsrecht in Europa, Belgien Rn. 168 f.
782 Art. 39 Nr. 2 ArbeitstarifvertragsG (BE).
783 Art. 9 § 2 Abs. 4 CCT Nr. 84 (BE).

des Unternehmensrats oder des Ausschusses für Sicherheit und Gesundheit zurückzugreifen ist. Nicht geregelt ist, wie die vertreterlosen Belegschaften an der Bestellung partizipieren, wenn ihnen kein eigener Sitz im BVG zugewiesen ist.

[2] Faktischer Einfluss der Gewerkschaften
Faktisch spielen stets die Gewerkschaften die zentrale Rolle. Nur sie können Kandidaten für den Unternehmensrat und den Ausschuss für Sicherheit und Gesundheit nominieren.[784]

bb. Mandatsvoraussetzungen
Hinsichtlich der Wählbarkeit bestimmt Art. 9 § 2 Abs. 1 und 2 CCT Nr. 84 (BE), dass bei der Ernennung durch den Betriebsrat oder durch den Ausschuss für Sicherheit und Gesundheit die zu ernennende Person Mitglied in diesen Organen sein muss. Darüber hinaus macht Belgien von der Gestaltungsoption des Art. 3 Abs. 2 Buchst. b Unterabs. 2 SE-Richtlinie Gebrauch, indem es auch die Wahl von externen Gewerkschaftsvertretern zulässt.[785]

cc. Ersatzmitglieder
Gemäß Art. 11 CCT Nr. 84 (BE) muss eine Liste mit Ersatzmitgliedern erstellt werden, um die Funktionsfähigkeit des BVG zu gewährleisten. Die Ersatzmitglieder werden nach demselben Verfahren wie die regulären Mitglieder ernannt.

Die Liste soll für jeden Mitgliedstaat ein Ersatzmitglied benennen. Diese transnationale Ersatzmitgliederliste ist trotz ihrer Zweckmäßigkeit nicht richtlinienkonform. Die Festlegung der Wahl- oder Ernennungsverfahren ist den nationalen Gesetzgebern überlassen.[786] Die SE-Richtlinie schreibt keine Wahl von Ersatzmitgliedern vor. Der belgische Gesetzgeber darf nicht in die Regelungshoheit der anderen Mitgliedstaaten eingreifen, indem es ihnen die Ernennung von Ersatzmitgliedern auferlegt. Die Vorschrift ist richtlinienkonform auf belgische Ersatzmitglieder zu reduzieren.

b. Dänemark
aa. Konkretes Wahlverfahren
In Dänemark ist das Verfahren zur Bestimmung der BVG-Mitglieder auf drei Stufen geregelt. Auf der ersten Stufe werden die aus Dänemark zu entsendenden Mitglieder des BVG von den Arbeitnehmervertretern der

---

784 *Matray/Hübinger* in Henssler/Braun, Arbeitsrecht in Europa, Belgien Rn. 156, 164; *Junker*, ZfA 2001, 225 (229).
785 Art. 9 § 3 CCT Nr. 84 (BE).
786 Art. 3 Abs. 2 Buchst. b Unterabs. 1 SE-Richtlinie.

Ausschüsse für die betriebliche Zusammenarbeit gewählt.[787] Die Bildung dieser Ausschüsse basiert auf einer Kooperationsvereinbarung (DK) zwischen dem Gewerkschaftsbund und dem Arbeitgeberverband.[788] Die Ausschüsse setzen sich sowohl aus Vertretern der Arbeitnehmer als auch aus dem Arbeitgeber zusammen und sind zwingend in Betrieben mit mehr als 35 Arbeitnehmern zu wählen.[789]

Existiert ein solcher Ausschuss nicht, erfolgt die Wahl durch Vertrauensvertreter.[790] Die Einrichtung dieser Vertrauensvertreter sowie die Grundlagen ihrer Arbeit sind ausschließlich in Kollektivverträgen geregelt, deren Voraussetzungen in jedem Unternehmen divergieren. Regelmäßig ist in den entsprechenden Kollektivverträgen jedoch geregelt, dass mindestens vier bis sechs Arbeitnehmer in dem Betrieb beschäftigt sein müssen.[791] Wählbar sind ausschließlich Arbeitnehmer, die gleichzeitig Mitglied in einer Gewerkschaft sind.[792] Da die Vertrauensvertreter von Amts wegen Mitglied in den Ausschüssen für die betriebliche Zusammenarbeit sind,[793] wird die Bestellung stets von den Gewerkschaften beherrscht.

Auf der dritten Stufe sieht das dänische Umsetzungsgesetz eine Direktwahl der zu beteiligenden Arbeitnehmer vor. Dies setzt voraus, dass entweder keine Vertrauensvertreter gewählt sind oder sich die Geschäftsleitung und die Arbeitnehmervertreter des besonderen Ausschusses darauf einigen.[794]

Arbeitnehmer, die weder von Arbeitnehmervertretern der Ausschüsse noch von Vertrauensvertretern repräsentiert sind, dürfen über eigene Repräsentanten an dem Wahlverfahren teilnehmen.[795] Daraus folgt, dass eine Direktwahl nur dann stattfindet, wenn in keiner der beteiligten Gesellschaften, betroffenen Tochtergesellschaften und Betrieben Arbeitnehmervertreter oder Vertrauensvertreter gewählt sind. Anderenfalls obliegt es den nichtrepräsentierten Arbeitnehmern eigene Vertreter zu benennen, die für sie an der Wahl teilnehmen.

787 § 9 Abs. 1 S. 1 SEBG (DK).
788 Die Fundstelle findet sich im Anhang „Ausländische Gesetze“.
789 *Steinrücke/Würtz* in Henssler/Braun, Arbeitsrecht in Dänemark, Rn. 129.
790 § 9 Abs. 1 S. 2 SEBG (DK).
791 *Steinrücke/Würtz* in Henssler/Braun, Arbeitsrecht in Dänemark, Rn. 123 f.
792 *Steinrücke/Würtz* in Henssler/Braun, Arbeitsrecht in Dänemark, Rn. 124.
793 *Steinrücke/Würtz* in Henssler/Braun, Arbeitsrecht in Dänemark, Rn. 129.
794 § 9 Abs. 1 S. 3 SEBG (DK).
795 § 9 Abs. 2 SEBG (DK).

bb. Mandatsvoraussetzungen
Wählbar sind ausschließlich Personen mit Arbeitnehmerstatus. Externe Gewerkschaftsvertreter sind nicht zur Wahl zugelassen. Dies ergibt sich aus dem Wortlaut des § 9 Abs. 1 S. 1 SEBG (DK).

c. Finnland

aa. Sitzverteilung im Inland
Das finnische Umsetzungsgesetz bestimmt, dass seine Regelungen über die Sitzverteilung und die Verfahren zur Bestimmung der finnischen SE-Arbeitnehmervertreter unabhängig davon gelten, wo die SE ihren satzungsmäßigen Sitz hat.[796] Der finnische Gesetzgeber legt damit als einziger ausdrücklich fest, dass sich auch die Verteilung der Sitze innerhalb der Mitgliedstaaten nach dem jeweiligen einzelstaatlichen Recht richtet.

Entfallen auf Finnland weniger Sitze als finnische Gesellschaften an der SE-Gründung beteiligt sind, werden die Sitze in absteigender Reihenfolge nach Arbeitnehmerzahlen verteilt.[797] Erhält Finnland mehr Sitze als beteiligte finnische Gesellschaften, darf jede Gesellschaft einen Sitz besetzen. Verbleibende Sitze werden entsprechend der Arbeitnehmerzahlen verteilt.[798] Von diesen Verteilungsregelungen kann durch Vereinbarung der Arbeitnehmer abgewichen werden.[799] Auch dabei soll sichergestellt werden, dass jede beteiligte finnische Gesellschaft oder einzelne Gruppen von Arbeitnehmern im BVG vertreten sind.

bb. Konkretes Wahlverfahren
Das Verfahren zur Bestimmung der finnischen BVG-Mitglieder ist in § 8 SEBG (FI) geregelt. Die Arbeitnehmer sind berechtigt, die Mitglieder des BVG durch Vereinbarung oder Wahlen zu bestimmen. Vereinbarung meint ein Übereinkommen zwischen den Gewerkschaften und Arbeitnehmern. Das Gesetz nimmt damit auf die geltende Rechtspraxis Bezug.[800] In Finnland gibt es nur eine gewerkschaftliche Betriebsvertretung, die von der Gewerkschaft selbst bzw. den ihr angehörenden Arbeitnehmern ernannt wird.[801] Zudem obliegt es in Finnland den Sozialpartnern, das Mitbestimmungssystem auszugestalten.[802]

---

796 § 2 SEBG (FI).
797 § 7 Abs. 1 SEBG (FI).
798 § 7 Abs. 2 SEBG (FI).
799 § 7 Abs. 3 SEBG (FI).
800 Zum Ganzen *Fulton,* Arbeitnehmervertretung in Europa, Finnland.
801 *Rebhahn*, NZA 2001, 763 (771).
802 *Junker*, ZfA 2005, 1 (20).

Aus Praktikabilitätsgründen wird auf bereits vorhandene Strukturen zurückgegriffen.

Nicht geregelt ist, wie ein solches Übereinkommen erzielt wird, wenn mehrere Gesellschaften oder Betriebe mit Sitz im Inland beteiligt bzw. betroffen sind, und wie nicht gewerkschaftlich organisierte Arbeitnehmer an dem Verfahren teilnehmen.

Kann über das anzuwendende Verfahren keine Einigung unter den Arbeitnehmern erzielt werden, arrangieren hilfsweise die Mitglieder des Gesundheits- und Sicherheitsausschuss, der die meisten Arbeitnehmer vertritt, eine Wahl oder ein anderes Verfahren, an dem alle Arbeitnehmer teilnehmen können.[803]

d. Portugal

aa. Konkretes Wahlverfahren

In Portugal erfolgt die Entsendung der BVG-Mitglieder durch ein Übereinkommen zwischen den Gewerkschaften und Betriebsräten.[804] Damit orientiert sich das Legislativdekret Nr. 215/2005 (PT) an der betrieblichen Interessensvertretung auf nationaler Ebene. Diese basiert in Portugal sowohl auf Betriebsräten als auch Gewerkschaftsorganisationen. Beide Einrichtungen sind verfassungsrechtlich geschützt und haben gesetzlich verankerte Beteiligungsrechte.[805]

An der Entsendung der BVG-Mitglieder dürfen nur Gewerkschaften teilnehmen, die mindestens fünf Prozent der in Portugal beschäftigten Arbeitnehmer repräsentieren.[806] Erreichen mehrere Gewerkschaften diesen Prozentsatz zusammen, sind sie befugt, über einen gemeinsamen Vertreter an der Ernennung teilzunehmen.[807]

Haben mehrere beteiligte Gesellschaften, betroffene Tochtergesellschaften oder Betriebe ihren Sitz in Portugal, erfolgt die Entsendung durch Vereinbarung zwischen den jeweiligen Betriebsräten und Gewerkschaften.[808] Der Wortlaut von Art. 39 Abs. 1 Buchst. a bis c Legislativdekret Nr. 215/2005 (PT) lässt darauf schließen, dass ein gesellschaftsübergreifendes Übereinkommen zwischen den jeweiligen Betriebsräten und Gewerkschaften geschlossen wird. Dies ermöglicht auch sitzlosen Gesellschaften, an dem Bestellungsverfahren teilzunehmen. Wie ein solches Übereinkommen in der Praxis erzielt wird, ist nicht geregelt.

Von dieser gemeinsamen Entsendung gibt es zwei Ausnahmen: Einerseits kann die Entsendung allein durch die Betriebsräte erfolgen, wenn in den

---

803 Art. 8 S. 2 SEBG (FI).
804 Art. 39 Abs. 1 Buchst. a Legislativdekret Nr. 215/2005 (PT).
805 *E. Fedtke/ J.J. Fedtke* in Henssler/Braun, Arbeitsrecht in Europa, Portugal Rn. 110 ff.
806 Art. 39 Abs. 2 Legislativdekret Nr. 215/2005 (PT).
807 Art. 39 Abs. 3 Legislativdekret Nr. 215/2005 (PT).
808 Art. 39 Abs. 1 Buchst. b und c Legislativdekret Nr. 215/2005 (PT).

betroffenen Einheiten keine Gewerkschaften vertreten sind.[809] Andererseits können auch allein die Gewerkschaften zuständig sein, wenn die repräsentativen Gewerkschaften zusammen mindestens zwei Drittel der in Portugal beschäftigen Arbeitnehmer vertreten.[810] Ist die Zwei-Drittel-Voraussetzung nicht erfüllt, können sich die Gewerkschaften zusammenschließen, die jeweils mindestens fünf Prozent der portugiesischen Arbeitnehmer vertreten.[811]

Eine direkte und geheime Wahl der Arbeitnehmer findet statt, wenn kein Betriebsrat eingerichtet ist und keine Gewerkschaft mindestens fünf Prozent der portugiesischen Arbeitnehmer vertritt oder ein Drittel der Arbeitnehmer einen entsprechenden Antrag stellt.[812] Wahlvorschläge dürfen von mindestens hundert Arbeitnehmern oder zehn Prozent der in Portugal beschäftigten Arbeitnehmer eingereicht werden.[813] Für die Einzelheiten des Wahlverfahrens gelten die Vorschriften entsprechend, die in Zusammenhang mit der Einführung eines Europäischen Betriebsrats installiert wurden.[814]

Bei der Entsendung soll festgelegt werden, wie viele Arbeitnehmer ein einzelnes portugiesisches BVG-Mitglied vertritt.[815]

bb. Mandatsvoraussetzungen

Mitglied des BVG kann auch ein externer Vertreter einer Gewerkschaft sein, die die Arbeitnehmer in den beteiligten Gesellschaften, betroffenen Tochtergesellschaften oder Betrieben vertritt.[816]

4. Direktwahl der Arbeitnehmer

a. Bulgarien

aa. Sitzverteilung im Inland

Auch in Bulgarien sollen bei der Wahl der BVG-Mitglieder möglichst alle beteiligten Gesellschaften mit Sitz in Bulgarien berücksichtigt werden.[817]

---

809 Art. 39 Abs. 1 Buchst. a bis c a.E. Legislativdekret Nr. 215/2005 (PT).
810 Art. 39 Abs. 1 Buchst. d Legislativdekret Nr. 215/2005 (PT).
811 Art. 39 Abs. 1 Buchst. e Legislativdekret Nr. 215/2005 (PT).
812 Art. 39 Abs. 4 Legislativdekret Nr. 215/2005 (PT).
813 Art. 39 Abs. 4 Legislativdekret Nr. 215/2005 (PT).
814 Art. 39 Abs. 5 Legislativdekret Nr. 215/2005 (PT).
815 Art. 39 Abs. 6 Legislativdekret Nr. 215/2005 (PT).
816 Art. 38 Abs. 3 Legislativdekret Nr. 215/2005 (PT).
817 Art. 13 Abs. 10 SEBG (BG).

bb. Konkretes Wahlverfahren

Die bulgarischen BVG-Mitglieder werden von den in Bulgarien beschäftigten Arbeitnehmern in einer Allgemeinen Versammlung i.S.d. Art. 6 ArbG (BG) gewählt.[818] An dieser Versammlung nehmen alle Arbeiter und Angestellte der beteiligten und betroffenen Unternehmen teil.[819] Ist die Durchführung einer solche Versammlung aus organisatorischen oder anderen Gründen nicht möglich, können in den einzelnen Unternehmensabteilungen Bevollmächtigte gewählt werden.[820] Die Versammlung zur Wahl der BVG-Mitglieder unterliegt der Ordnung des Art. 6a ArbG (BG).[821] Danach kann die Versammlung vom Arbeitgeber, vom Leiter der Gewerkschaftsorganisationen sowie von einem Zehntel der Arbeitnehmer des Betriebes einberufen werden. Die Versammlung gibt sich selbst eine Ordnung. Sie ist beschlussfähig, wenn mehr als die Hälfte der Arbeitnehmer anwesend ist.[822] Die Beschlüsse werden mit einfacher Mehrheit gefasst.[823]

Alternativ kann diese Allgemeine Versammlung ihr Ernennungsrecht auf die Gewerkschaften oder nationalen Arbeitnehmervertreter übertragen.[824] Bei den Gewerkschaften muss es sich um repräsentative Organisationen handeln. Die Voraussetzungen für die Anerkennung der Repräsentativität sind in Artt. 34, 36 ArbGB (BG) geregelt. Arbeitnehmervertreter sind Personen, die gemäß Art. 7a ArbGB (BG) von der Allgemeinen Versammlung gewählt werden.[825]

cc. Mandatsvoraussetzungen

Das Recht, Vorschläge für die sich zur Wahl stellenden Kandidaten zu machen, steht sowohl einzelnen Arbeitnehmern und Gruppen von Arbeitnehmern als auch den repräsentativen Gewerkschaftsorganisationen zu.[826] Der Wortlaut dieser Vorschrift lässt offen, ob Bulgarien von der Gestaltungsoption der SE-Richtlinie Gebrauch gemacht hat, auch externe Gewerkschaftsvertreter als Mitglieder des BVG zuzulassen. Die Gewerkschaften spielen in Bulgarien eine wichtige Rolle, da ihnen im ArbGB (BG) viele Rechte zuerkannt sind.[827] Dennoch können

818 Art. 13 Abs. 1 SEBG (BG).
819 Art. 6 Abs. 1 ArbGB (BG).
820 Art. 6 Abs. 2 ArbGB (BG).
821 Art. 13 Abs. 1 SEBG (BG).
822 Art. 6a Abs. 1 bis 3 ArbGB (BG).
823 Art. 13 Abs. 5 SEBG (BG).
824 Art. 13 Abs. 3 SEBG (BG).
825 Hierzu bereits § 3 B. III. 1 (S. 79).
826 Art. 13 Abs. 4 SEBG (BG).
827 So etwa in Art. 7a Abs. 2 und 5 und Art. 33 ArbGB (BG).

die nationalen Arbeitnehmervertreter nur aus den eigenen Reihen gewählt werden.[828] Mangels Tradition im bulgarischen Arbeitsrecht ist davon auszugehen, dass auch vorliegend nur Arbeitnehmer gewählt werden können. Es bestehen keine Anhaltspunkte, dass der bulgarische Gesetzgeber stillschweigend externe Gewerkschaftsvertreter als BVG-Mitglieder zulassen wollte.

b. Estland

aa. Sitzverteilung im Inland

In Estland ergibt sich das Verfahren zur Bestimmung der inländischen Mitglieder des BVG aus §§ 54, 17 SEBG (EE). Hinsichtlich der Sitzverteilung ist im Einklang mit der SE-Richtlinie zu berücksichtigen, dass möglichst jede beteiligte Gesellschaft ein Mitglied ins BVG entsendet.[829] Ist die Zahl der zu verteilenden Sitze kleiner als die Zahl der beteiligten Gesellschaften, wird die Gesellschaft mit der größten Arbeitnehmerzahl als erstes berücksichtigt.[830]

bb. Konkretes Wahlverfahren

Die Wahl der estnischen BVG-Mitglieder erfolgt in erster Linie durch eine allgemeine Arbeitnehmerversammlung.[831] Diese Versammlung bestimmt ihren Ablauf selbst. Es soll gewährleistet werden, dass alle Arbeitnehmer an der Versammlung teilnehmen können.[832]

Sind Arbeitnehmer aus mehreren Unternehmen oder Betrieben zu beteiligen, werden die BVG-Mitglieder von einer besonderen Kollektivvertretung gewählt. Diese Kollektivvertretung setzt sich aus drei Vertretern jedes Unternehmens bzw. Betriebes zusammen. Diese Vertreter werden von den Arbeitnehmern jeder einzelnen Einheit in einer vorgelagerten Versammlung nach den Regelungen des primären Wahlverfahrens gewählt.[833] Anschließend beruft der älteste Vertreter des Unternehmens oder Betriebes mit der höchsten Arbeitnehmerzahl die besondere Kollektivvertretung ein. Bei der Abstimmung hat jedes Mitglied so viele Stimmen, wie es Arbeitnehmer vertritt. Die Vertreter desselben Unternehmens oder Betriebes haben jeweils gleich viele Stimmen.[834]

---

828 Art. 7a Abs. 1 ArbGB (BG).
829 § 54 Abs. 2 Nr. 1 SEBG (EE).
830 § 54 Abs. 2 Nr. 2 SEBG (EE).
831 § 54 Abs. 1 i.V.m. § 17 Abs. 1 S. 1 SEBG (EE).
832 § 54 Abs. 1 i.V.m. § 17 Abs. 1 S. 2 und 3 SEBG (EE).
833 Zum Ganzen § 54 Abs. 1 i.V.m. § 17 Abs. 2 SEBG (EE).
834 § 54 Abs. 1 i.V.m. § 17 Abs. 3 SEBG (EE).

cc. Mandatsvoraussetzungen

Es existiert keine Regelung, die die Wahl externer Gewerkschaftsmitglieder erlaubt. Demnach erfüllen allein Personen, die in den estnischen Gesellschaften oder Betrieben als Arbeitnehmer beschäftigt sind, die Anforderungen an die Wählbarkeit.

c. Irland

aa. Sitzverteilung im Inland

In Irland wird bei ausreichender Sitzanzahl jede beteiligte Gesellschaft bei der Sitzvergabe berücksichtigt. Die dort gewählten oder ernannten Personen vertreten jeweils die Arbeitnehmer dieser Einheiten.[835]

Entfallen auf die irischen Arbeitnehmer mehr Sitze als beteiligte Gesellschaften, werden die verbleibenden Sitze in absteigender Reihenfolge entsprechend den Arbeitnehmerzahlen verteilt.[836]

Der Begriff der beteiligten Gesellschaft umfasst auch die betroffenen Tochtergesellschaften und Betriebe.[837] Diese erhalten folglich keinen eigenen Sitz im BVG. Anderes gilt nur, wenn keine unmittelbare Gründungsgesellschaft ihren Sitz in Irland hat.[838]

bb. Konkretes Wahlverfahren

Die irischen BVG-Mitglieder werden von den zu beteiligenden irischen Arbeitnehmern gewählt. Dies ergibt sich aus dem Zusammenspiel der Regelungen in Art. 6 Abs. 1 und Art. 8 SE-Regulations 2006 (IE). Für die Organisation der Wahl sind die Organe der beteiligten Gesellschaften, betroffenen Tochtergesellschaften und betroffenen Betrieben verantwortlich.[839]

Gibt es mehr beteiligte Gesellschaften mit Sitz in Irland als Sitze auf die irischen Arbeitnehmer entfallen, findet ein gesellschaftsübergreifendes Wahlverfahren statt. Dies folgt aus Art. 6 Abs. 5 SE-Regulations 2006 (IE). Danach gelten diejenigen Personen als gewählt, die die meisten Stimmen erhalten. Die so nominierten Mitglieder vertreten alle beteiligten Gesellschaften.[840]

Die beteiligten Gesellschaften, betroffenen Tochtergesellschaften und Betriebe ernennen in Abstimmung mit den Arbeitnehmern oder/und ihren

835 Art. 6 Abs. 3 SE-Regulations 2006 (IE).
836 Art. 6 Abs. 4 SE-Regulations 2006 (IE).
837 Art. 6 Abs. 6 SE-Regulations 2006 (IE).
838 Art. 6 Abs. 6 SE-Regulations 2006 (IE).
839 Art. 6 Abs. 2 SE-Regulations 2006 (IE).
840 Art. 6 Abs. 5 SE-Regulations 2006 (IE).

Vertretern einen Wahlvorstand, der für die Organisation und Durchführung der Wahl verantwortlich ist.[841] Dem Wahlvorstand obliegt es, eine geheime Abstimmung durchzuführen, sofern mehr Kandidaten als zu vergebende Sitze aufgestellt sind.[842] Entspricht die Zahl der Kandidaten der Zahl der Sitze, gelten die Kandidaten automatisch als gewählt.[843] Sind weniger Kandidaten als zu verteilende Sitze aufgestellt, kann der Wahlvorstand den Zeitraum für Wahlvorschläge so lange verlängern, bis ausreichend Kandidaten zur Verfügung stehen.[844] Diese Regelung kann in Konflikt geraten mit § 11 Abs. 1 S. 1 SEBG, wonach die Bestimmung der BVG-Mitglieder innerhalb von zehn Wochen nach Zugang der Information zu erfolgen hat.[845] Weder der SE-Richtlinie noch dem SEBG kann entnommen werden, wie dieser Konflikt zu lösen ist.

cc. Mandatsvoraussetzungen

Wählbar sind Arbeitnehmer der beteiligten Gesellschaften, betroffenen Tochtergesellschaften oder Betriebe, die am Tag der Nominierung seit mindestens einem Jahr beschäftigt sind. Gewerkschaftsvertreter und Vertreter eines vom Arbeitgeber für Tarifverhandlungen anerkannten Organs dürfen gewählt werden, auch wenn sie keine Arbeitnehmer sind.[846] Umgekehrt scheiden die gewählten BVG-Mitglieder aus, wenn sie diese Voraussetzungen nicht mehr erfüllen.[847]

Jeder Kandidat muss von einer Gewerkschaft, einem anderen Organ oder von mindestens zwei Arbeitnehmern vorgeschlagen werden.[848] Gewerkschaften sind nur solche, die eine Verhandlungslizenz im Sinne des Trade Union Act besitzen.[849] Das andere Vertreterorgan muss in Zusammenhang mit Tarifverhandlungen bzw. der Information und Anhörung von Arbeitnehmern von der beteiligten Gesellschaft, betroffenen Tochtergesellschaft oder von dem betroffenen Betrieb anerkannt sein.[850]

---

841 Art. 7 Abs. 5 SE-Regulations 2006 (IE).
842 Art. 7 Abs. 2 SE-Regulations 2006 (IE).
843 Art. 7 Abs. 3 SE-Regulations 2006 (IE).
844 Art. 7 Abs. 4 SE-Regulations 2006 (IE).
845 § 2 B. III (S. 30).
846 Art. 6 Abs. 9 SE-Regulations 2006 (IE).
847 Art. 7 Abs. 11 und 12 SE-Regulations 2006 (IE).
848 Art. 6 Abs. 9 SE-Regulations 2006 (IE).
849 Art. 2 SE-Regulations 2006 (IE).
850 Art. 6 Abs. 9 SE-Regulations 2006 (IE).

Die beteiligten Gesellschaften, betroffenen Tochtergesellschaften und Betriebe tragen dafür Sorge, dass frei gewordene irische Plätze im BVG erneut besetzt werden.[851]

d. Malta

aa. Konkretes Wahlverfahren

Auch die maltesischen BVG-Mitglieder werden mittels einer Direktwahl bestimmt.[852] Für die Organisation der Wahl ist die Geschäftsführung der beteiligten Gesellschaft verantwortlich.[853]

Die Sitzverteilung innerhalb Maltas ist in Art. 5 Abs. 2 Buchst. a SEBG (MT) geregelt. Entfallen auf Malta ebenso viele Sitze wie beteiligte Gesellschaften, findet in jeder dieser Gesellschaften eine getrennte Wahl statt.[854] Dies gilt auch, wenn eine größere Zahl an Sitzen auf die maltesischen Arbeitnehmer entfällt. Hier ist sicherzustellen, dass die Sitze entsprechend der jeweiligen Arbeitnehmerzahlen zugewiesen werden und nach Möglichkeit jede beteiligte Gesellschaft im BVG vertreten ist.[855] Erhält Malta weniger Sitze als beteiligte maltesische Gesellschaften, findet ein übergreifendes Wahlverfahren statt, an dem die Arbeitnehmer aller Gesellschaften teilnehmen.[856]

Die Geschäftsleitung veröffentlicht eine Wahlordnung, zu der die nationalen Arbeitnehmervertreter – soweit praktikabel – zuvor angehört werden.[857] Die Geschäftsleitung soll darüber hinaus einen bzw. mehrere unabhängige Wahlleiter bestimmen, welche die Durchführung der Wahlen überwachen und eine Frist für die Einreichung von Wahlvorschlägen sowie den Wahltermin festlegen.[858] Entspricht die Zahl der Kandidaten bei Ablauf der Frist zur Einreichung von Wahlvorschlägen den zu wählenden BVG-Mitgliedern, gelten diese automatisch als ernannt. Die Durchführung einer Wahl erübrigt sich.[859]

---

851 Art. 7 Abs. 10 SE-Regulations 2006 (IE).
852 Art. 5 Abs. 1 SEBG (MT).
853 Art. 5 Abs. 2 SEBG (MT).
854 Art. 5 Abs. 2 Buchst. a lit. i SEBG (MT).
855 Art. 5 Abs. 2 Buchst. a lit. ii SEBG (MT).
856 Art. 5 Abs. 2 Buchst. a lit. iii SEBG (MT).
857 Art. 5 Abs. 2 Buchst. f und g SEBG (MT).
858 Art. 5 Abs. 2 Buchst. e, Abs. 3 SEBG (MT).
859 Art. 5 Abs. 8 SEBG (MT).

bb. Aktives und passives Wahlrecht

Aktiv wahlberechtigt sind die Arbeitnehmer aller auf Malta niedergelassenen Gesellschaften oder Betriebe, die an der SE-Gründung beteiligt oder von ihr betroffen sind.[860] Passiv wahlberechtigt sind alle maltesischen Arbeitnehmer, die sich nicht mehr in der Probezeit befinden. Die Geschäftsleitung kann die Entsendung externer Gewerkschaftsvertreter zulassen.[861]

cc. Sonstiges

Die Wahl kann von allen maltesischen Arbeitnehmern oder Arbeitnehmervertretern angefochten werden. Anfechtungsgrund sind insbesondere Zweifel an der aktiven oder passiven Wahlberechtigung.[862] Ist ein Sitz im BVG neu zu besetzen, sind die von dem ausscheidenden Mitglied vertretenen Arbeitnehmer für die Wahl oder Ernennung eines Ersatzmitglieds zuständig.[863]

e. Slowenien

In Slowenien erfolgt die Bestimmung der Mitglieder des BVG durch die Arbeitnehmer direkt.[864] Wahlvorschläge können eingereicht werden von Betriebsräten, Gewerkschaften, die in dem Unternehmen vertreten sind und einer Gruppe von mindestens fünfzig Arbeitnehmern.[865] Einzelheiten zur Durchführung der Wahl und die Sitzverteilung im Inland sind nicht geregelt.

f. Vereinigtes Königreich

aa. Primäre Direktwahl der Arbeitnehmer

Im Vereinigten Königreich stimmen die Arbeitnehmer unmittelbar über die Ernennung der BVG-Mitglieder ab.[866] Wahlberechtigt sind alle Arbeitnehmer, die im Vereinigten Königreich bei einer beteiligten Gesellschaft, betroffenen Tochtergesellschaft oder bei einem betroffenen Betrieb beschäftigt sind. Die Geschäftsleitungen der beteiligten Gesellschaften sind für die Durchführung des Wahlverfahrens verantwortlich.[867]

---

860 Art. 5 Abs. 2 Buchst. c i.V.m. Art. 2 Abs. 6 SEBG (MT).
861 Art. 5 Abs. 2 Buchst. d SEBG (MT).
862 Art. 5 Abs. 7 SEBG (MT).
863 Art. 4 Abs. 2 Buchst. b SEBG (MT).
864 Art. 8 Abs. 1 ZSDUEDD (SI).
865 Art. 8 Abs. 2 ZSDUEDD (SI).
866 Art. 10 Abs. 1 SE-Regulations 2009 (GB).
867 Art. 10 Abs. 2 SE-Regulations 2009 (GB).

Abhängig von der Anzahl der zugewiesenen Sitze ergeben sich Unterschiede im Hinblick auf die abzuhaltenden Wahlen, die in Art. 10 Abs. 3 Buchst. a SE-Regulations 2009 (GB) geregelt sind: Ist an der SE-Gründung dieselbe Zahl an britischen Gesellschaften unmittelbar beteiligt, wie britische Mitglieder ins BVG zu entsenden sind, führt jede beteiligte Gesellschaft ihr eigenes Wahlverfahren durch. Auch wenn dem Vereinigten Königreich mehr Sitze zugewiesen werden als beteiligte Gesellschaften dort ihren Sitz haben, werden in diesen Gesellschaften separate Wahlverfahren abgehalten. Die Geschäftsleitungen stellen sicher, dass jede beteiligte Gesellschaft durch mindestens ein Mitglied im BVG vertreten ist und die Sitze abhängig von der Arbeitnehmerzahl anteilsmäßig verteilt werden.

Komplizierter ist das Verfahren, wenn weniger Mitglieder ins BVG zu entsenden sind, als sich britische Gesellschafen an der SE-Gründung beteiligen. Dann werden so viele Wahlen abgehalten, wie Sitze im BVG von den Arbeitnehmern des Vereinigten Königreichs zu besetzen sind. Die Sitze werden wiederum in absteigender Reihenfolge abhängig von den Arbeitnehmerzahlen verteilt. Die Arbeitnehmer derjenigen Gesellschaften, die bei der Sitzverteilung nicht berücksichtigt werden und in denen entsprechend keine Wahl abgehalten wird, dürfen an der Wahl in einer anderen Gesellschaft teilnehmen. Auch hierfür hat die Geschäftsleitung Sorge zu tragen. Dasselbe gilt für Arbeitnehmer, die in betroffenen Tochtergesellschaften oder Betrieben beschäftigt sind, die einer im Ausland sitzenden Gesellschaft zuzurechnen sind.[868]

Wählbar sind sowohl britische Arbeitnehmer, die in einer beteiligten Gesellschaft, betroffenen Tochtergesellschaft oder in einem betroffenen Betrieb beschäftigt sind, als auch externe Gewerkschaftsvertreter. Bei letzteren muss die Geschäftsleitung der betreffenden Gesellschaft zustimmen.[869]

Die Geschäftsleitung stellt Regelungen für das Wahlverfahren auf, über die nach Möglichkeit zuvor mit den nationalen Arbeitnehmervertretern beraten wurde. Die Arbeitnehmer und Arbeitnehmervertreter sollen über die Regelungen in Kenntnis gesetzt werden.[870] Die Durchführung der Wahl wird von einem unabhängigen Wahlleiter, der von der Geschäftsleitung ernannt wird, überwacht. Finden mehrere Wahlen statt, kann für jede einzelne ein eigener Wahlleiter bestimmt werden.[871] Einzelheiten hinsichtlich der Funktion des Wahlleiters sind in Art. 11 SE-Regulations 2009 (GB) geregelt. Der Wahlleiter hat insbesondere sicherzustellen, dass allen Wahlberechtigten die Abstimmung ermöglicht wird,

868 Zum Ganzen Art. 10 Abs. 3 Buchst. a SE-Regulations 2009 (GB).
869 § 21 Abs. 3 Buchst. d SE-Regulations 2009 (GB).
870 Art. 10 Abs. 3 Buchst. f und g SE-Regulations 2009 (GB).
871 Art. 10 Abs. 3 Buchst. e SE-Regulations 2009 (GB).

den möglichen Kandidaten Zugang gewährt wird, die Wahlen geheim abgehalten werden und die abgegebenen Stimmen fehlerfrei ausgezählt werden.

Art. 11 Abs. 4 bis 7 SE-Regulations 2009 (GB) sieht ein Verfahren vor für den Fall, dass die Wahl der BVG-Mitglieder nicht korrekt abgelaufen ist. Der Wahlleiter muss gemäß Abs. 4 dieser Regelung in einem inoffiziellen Wahlbericht alle Fehler der Geschäftsleitung, den wahlberechtigten Arbeitnehmern und betroffenen Kandidaten mitteilen, die Einfluss auf das Wahlergebnis haben. Sind die Wahlen in allen Gesellschaften betroffen oder wurde nur in einer Gesellschaft eine Wahl abgehalten, sind insgesamt Neuwahlen durchzuführen. War lediglich die Wahl in einer einzigen Gesellschaft fehlerhaft, findet auch nur dort eine Neuwahl statt. Die Wahlen gelten als nicht durchgeführt.[872]

bb. Ernennung durch den Beratungsausschuss

Alternativ können die BVG-Mitglieder des Vereinigten Königreichs durch einen Beratungsausschuss ernannt werden, dessen Einrichtung freiwillig ist.[873] Gemäß Art. 12 Abs. 1 SE-Regulations 2009 (GB) kommt die Ernennung durch einen Beratungsausschuss in Betracht, wenn entweder dieselbe oder eine größere Zahl an BVG-Sitzen als beteiligte Gesellschaften auf das Vereinigte Königreich entfallen und in der beteiligten Gesellschaft ein Beratungsausschuss eingerichtet ist. Im Umkehrschluss ist die Ernennung durch einen Beratungsausschuss ausgeschlossen, wenn weniger Sitze als beteiligte Gesellschaften auf das Vereinigte Königreich entfallen. Dies ist darauf zurückzuführen, dass in einem solchen Fall nicht in allen beteiligten Gesellschaften Wahlen abgehalten werden, gleichzeitig aber die nicht berücksichtigten Arbeitnehmer ebenfalls ein Wahlrecht haben[874]. Dieses Wahlrecht würde übergangen, wenn die Ernennung von einem Beratungsausschuss wahrgenommen wird, der die betreffenden Arbeitnehmer nicht vertritt.

Weitere Voraussetzungen sind, dass der Beratungsausschuss für die Information und Beratung der Arbeitnehmer zuständig ist, unabhängig arbeitet, sämtliche Arbeitnehmer der beteiligten Gesellschaft vertritt und sich ausschließlich aus Arbeitnehmern der betroffenen Gesellschaften zusammensetzt.[875] Liegen alle Voraussetzungen vor, nominieren die Ausschussmitglieder die BVG-Mitglieder aus ihren eigenen Reihen. Stimmt die Geschäftsleitung zu, kann auch ein

---

872 Im Einzelnen Art. 11 Abs. 7 SE-Regulations 2009 (GB).

873 Vgl. *von der Heyde*, S. 127.

874 Art. 10 Abs. 3 Buchst. a lit. iii (cc) SE-Regulations 2009 (GB).

875 Art. 12 Abs. 4 SE-Regulations 2009 (GB).

externer Gewerkschaftsvertreter ernannt werden.[876] Die Ernennung durch einen Beratungsausschuss wird erst 21 Tage nach deren Bekanntgabe wirksam.[877] Diese Regelung kann in Konflikt geraten mit § 11 Abs. 1 S. 1 SEBG, wonach die Wahl oder Bestellung innerhalb von zehn Wochen zu erfolgen hat.

Art. 12 Abs. 7 bis 9 SE-Regulations 2009 (GB) sieht eine Überprüfung der Nominierung vor, wenn das entsprechende Gremium kein Beratungsausschuss ist bzw. fehlerhaft gebildet wurde oder das ausgewählte Mitglied die Wählbarkeitsvoraussetzungen nicht erfüllt. In diesem Fall soll die Geschäftsleitung der beteiligten Gesellschaft, die Arbeitnehmer oder ihre Vertreter Beschwerde bei der zentralen Schlichtungsstelle (Central Arbitration Committee) einlegen können.[878] Dies steht in Konflikt zu der hier vertretenen Auffassung, wonach die Durchsetzung von Wahlfehlern ausschließlich vor den Gerichten des zukünftigen Sitzstaates der SE geltend gemacht werden können.[879]

cc. Stimmverteilung

Ein Mitglied des BVG, das von den Arbeitnehmern direkt gewählt ist, vertritt alle Arbeitnehmer, die in der entsprechenden Abstimmung wahlberechtigt waren. Ist ein Mitglied von einem Beratungsausschuss benannt worden, vertritt es diejenigen Arbeitnehmer, die auch von dem entsprechenden Ausschuss vertreten werden.[880]

IV. Vergleich

Alle untersuchten Mitgliedstaaten enthalten mehr oder weniger umfangreiche Regelungen über das Verfahren zur Bestellung der aus dem jeweiligen Hoheitsgebiet zu entsendenden BVG-Mitglieder. In der Ausgestaltung bestehen jedoch erhebliche Unterschiede. Dies erschwert nicht nur den reibungslosen Ablauf des Verhandlungsverfahrens, sondern führt stellenweise zu Diskrepanzen.

1. Unzureichende Regelung der länderinternen Sitzverteilung

Neben dem SEBG enthalten weniger als die Hälfte der untersuchten Umsetzungsgesetze eine ausreichend genaue Regelung über die länderinterne Sitzverteilung

---

876 Art. 12 Abs. 3 SE-Regulations 2009 (GB).

877 Art. 12 Abs. 10 Buchst. a SE-Regulations 2009 (GB).

878 In Nordirland kann eine entsprechende Beschwerde beim Arbeitsgericht (Industrial Court) eingelegt werden.

879 § 2 C. II. 3 (S. 38).

880 Art. 13 Abs. 1 und 3 SE-Regulations 2009 (GB).

(EE, FI, FR, IE, GB, LI, MT, NO, SE, SK). Einige Mitgliedstaaten übernehmen nur den Wortlaut von Art. 3 Abs. 2 Buchst. b Unterabs. 1 SE-Richtlinie (AT, BG, ES, HU, IS, LU, NL, PL). Andere wiederum regeln die Sitzverteilung in ihrem Hoheitsgebiet überhaupt nicht (BE, CZ, DK, IT, LT, PT, SI). Zu Schwierigkeiten führt dies, wenn auf ein Land weniger BVG-Sitze entfallen als beteiligte Gesellschaften dort ihren Sitz haben. Aufgrund der unzureichenden Regelung besteht die Gefahr, dass das BVG falsch zusammengesetzt wird. Das Risiko der Anfechtbarkeit ist hoch.

In den anderen Ländern (EE, FI, FR, IE, GB, LI, MT, NO, SE) erfolgt die Sitzverteilung wie in Deutschland proportional nach den Arbeitnehmerzahlen in den Gesellschaften. In Norwegen und Schweden sollen ausdrücklich auch die betroffenen Tochtergesellschaften und Betriebe bei der Sitzverteilung berücksichtigt werden, jedoch nur wenn ausreichend Mandate zur Verfügung stehen.[881] Der slowakische Gesetzgeber bestimmt weiter, dass jede betroffene Tochtergesellschaft und jeder betroffene Betrieb im BVG vertreten sein sollen.

In Finnland und Norwegen kann von der gesetzlichen Sitzverteilungsregelung durch Vereinbarung abgewichen werden. Die Umsetzungsgesetze von Malta und dem Vereinigten Königreich[882] verbinden die Sitzverteilung mit der Zahl der durchzuführenden Wahlen. So stellen sie sicher, dass alle betroffenen Arbeitnehmer an dem Bestellungsverfahren partizipieren.

2. Legitimationsdefizit in der Zusammensetzung

Die ordnungsgemäße Umsetzung von Art. 3 Abs. 2 Buchst. b Unterabs. 3 SE-Richtlinie fordert eine Legitimation durch die gesamte Arbeitnehmerschaft. Hiernach sind auch die vertreterlosen Arbeitnehmer zu beteiligen.[883] Dies ist in einer nicht unbeträchtlichen Zahl der untersuchten Umsetzungsgesetze nur unzureichend oder überhaupt nicht gewährleistet (AT, BE, ES, FI, FR, LI, LU, NL, NO, PL, PT, SE, SK). Das Legitimationsdefizit beruht vorwiegend darauf, dass die BVG-Mitglieder durch bestehende Arbeitnehmervertretungen oder Gewerkschaften bestellt werden:

Österreich sieht kein Verfahren für den Fall vor, dass einzelne Belegschaften keine Arbeitnehmervertreter haben. Fünf weitere Umsetzungsgesetze bestimmen lediglich, dass die Arbeitnehmer die BVG-Mitglieder direkt wählen, wenn

881 Zu der diesbezüglichen Auslegung im SEBG § 3 C. II. 1 (S. 92).

882 Die Umsetzungsgesetze von Malta und dem Vereinigten Königreich sind sich sehr ähnlich. Dies ist darauf zurückzuführen, dass Malta eine ehemalige Kolonie des Vereinigten Königreichs ist.

883 Hierzu § 2 C. II. 1 (S. 36).

sie keine Vertreter haben (BE, FI, LI, LU, PT). Dabei wird übersehen, dass aufgrund der abstrakten Sitzverteilung regelmäßig nicht alle lokalen Gesellschaften und Betriebe einen eigenen Sitz erhalten. Ist in einem Land mit unzureichender Sitzzahl eine Gesellschaft mit einer Arbeitnehmervertretung bzw. Gewerkschaft vorhanden, haben die vertreterlosen Arbeitnehmer einer anderen unabhängigen Gesellschaft keinerlei Teilhabemöglichkeit. Dasselbe Problem stellt sich, wenn bei der Ernennung durch Gewerkschaften die nicht organisierten Arbeitnehmer nicht gesondert berücksichtigt werden. So werden z.B. in der Tschechischen Republik keine hohen Anforderungen an die Repräsentativität der zuständigen Gewerkschaft gestellt.[884]

In einigen Staaten wird zur Lösung dieses Legitimationsproblems angeordnet, dass die bestellten BVG-Mitglieder sämtliche Arbeitnehmer vertreten (ES, FR, NL, NO, PL, SE, SK). Dies gewährleistet eine nur geringe Legitimationsbasis, da die vertreterlosen Arbeitnehmer keine Möglichkeit haben, auf die Bestellung der einzelnen Personen einzuwirken. Das Legitimationsdefizit wird auch nicht dadurch behoben, dass die Interessen der vertreterlosen Arbeitnehmer von einem bestimmten, eigens dafür auserwählten BVG-Mitglied mitvertreten werden (NL).

Neben Deutschland sehen nur wenige Länder eine besondere Teilhabemöglichkeit der vertreterlosen Arbeitnehmer vor (CZ, DK, HU, IS, IT, LT). Regelmäßig sind hier – wie in Deutschland – die vertreterlosen bzw. nichtorganisierten Arbeitnehmer berechtigt, durch einen eigenen Delegierten an dem Wahl- oder Ernennungsverfahren teilzunehmen.

3. Fristenkollision

Auch in zeitlicher Hinsicht kann es zu Abweichungen der einzelstaatlichen Regelungen kommen. So wurde bereits festgestellt, dass die Zehn-Wochen-Frist des § 11 Abs. 1 S. 1 SEBG zur Bildung des BVG transnational ist.[885] Einzelne Länder haben aufgrund ihrer Regelungshoheit andere Fristen in Zusammenhang mit der Bestellung der BVG-Mitglieder etabliert, die im Einzelfall mit der deutschen Regelung kollidieren können. So wird z.B. im Vereinigten Königreich die Ernennung durch einen Beratungsausschuss erst 21 Tage später wirksam.[886] Auch das polnische Umsetzungsrecht bietet ein erhebliches Verzögerungspotenzial, da bei einer ungenügenden Wahlbeteiligung Neuwahlen erst einen Monat später

884 § 3 C. III. 2. h. aa (S. 121).
885 § 2 B. III (S. 30).
886 § 3 C. III. 4. f. bb (S. 137).

durchgeführt werden müssen.[887] In Irland kann der Zeitraum für die Einreichung von Wahlvorschlägen so lange verlängert werden, bis ausreichend Kandidaten aufgestellt sind.[888]

Weder die SE-Richtlinie noch das SEBG können diesen Konflikt lösen. Grundsätzlich wird das Verhandlungsverfahren vom Recht des zukünftigen Sitzstaates bestimmt. Da es sich bei der Konstituierung des BVG im Interesse des Gesamtgremiums um einen transnationalen Aspekt handelt, ist § 11 Abs. 1 S. 1 SEBG nach hier vertretener Auffassung Vorrang einzuräumen.

4. Unterschiedliche Mandatsvoraussetzungen

Aufgrund der Verweisung gelten unterschiedliche Mandatsvoraussetzungen. Externe Gewerkschaftsvertreter können in dreizehn der untersuchten Mitgliedstaaten ins BVG gewählt werden (AT, BE, CZ, ES, GB, HU, IE, IT, LU, MT, PL, PT, SK). In sechs dieser Länder werden zusätzliche Anforderungen an die Repräsentativität der Gewerkschaft gestellt (ES, LU, PL). In zwei Ländern hängt die Zulassung von der Genehmigung der jeweiligen Geschäftsleitung ab (GB, MT).

In einzelnen Mitgliedstaaten werden weitere Voraussetzungen an die Mitgliedschaft im BVG gestellt. Vereinzelt wird die Mitgliedschaft in der jeweiligen nationalen Arbeitnehmervertretung (AT, BE, FR, IS, IT) oder eine bestimmte Mindestbeschäftigungsdauer (ES, IE, FR) vorausgesetzt. In Frankreich und Spanien ist zudem ein Mindestalter von achtzehn Jahren und auf Malta das Ende der Probezeit erforderlich.

Die unterschiedlichen Regelungen haben eine bunte Zusammensetzung des BVG zur Folge. Ein Widerspruch im Verhältnis der Rechtsordnungen entsteht dadurch aber nicht. Im Übrigen ist zu erwarten, dass auch in den Ländern ohne gesetzliche Anordnung üblicherweise Personen ins BVG entsandt werden, die auf nationaler Ebene bereits eine vergleichbare Position bekleiden.

5. Keine einheitliche Abberufungsregelung

Die Möglichkeit zur vorzeitigen Abberufung eines BVG-Mitglieds ist nur in drei Ländern ausdrücklich vorgesehen (AT, LI, NL). Grund für eine Abberufung kann der Verlust der Wählbarkeit sein. In allen anderen Mitgliedstaaten ist davon auszugehen, dass in diesem Fall das Mandat automatisch endet.

---

887 § 3 C. III. 2. e. bb (S. 117).
888 § 3 C. III. 4. c. bb (S. 132).

6. Keine Ersatzmitglieder

Neben Deutschland sehen lediglich drei weitere Länder die Bestellung von Ersatzmitgliedern vor (BE, HU, LU). Dies ist ein wesentliches Manko in dem Zusammenspiel der nationalen Regelungen, da durch das Fehlen von Ersatzmitgliedern ein Verzug im Verhandlungsverfahren eintreten kann.

§ 4 Vergleich der Auffangregelungen

A. Bestimmung der Mitglieder des SE-Betriebsrats

I. Tabellarische Übersicht

System	Staat	konkretes Wahlverfahren	Amtszeit
Bestellung durch nationale Arbeitnehmervertreter	AT*	Entsendung durch Beschluss des (Zentral-) Betriebsrats bzw. Betriebsausschusses	4 Jahre
	DE*	Wahl durch ein Wahlgremium bestehend aus Betriebsrat, Gesamtbetriebsrat oder Konzernbetriebsrat; hilfsweise Direktwahl	4 Jahre
	HU*	Bestellung durch (Gesamt-) Betriebsrat	3 Jahre
	LI*	Entsendung durch Beschluss der gewählten Arbeitnehmervertretungen; hilfsweise Direktwahl	4 Jahre
	LT*	Wahl durch Gewerkschaften bzw. Betriebsräte; hilfsweise Direktwahl	4 Jahre
	LU*	Wahl durch (zentrale) Personaldelegationen; hilfsweise Direktwahl	5 Jahre
	NL*	Ernennung durch (Zentral-, Konzern-) Betriebsräte; hilfsweise Direktwahl	4 Jahre
	SK*	Entsendung durch Übereinkommen zwischen den nationalen Arbeitnehmervertretungen; hilfsweise Direktwahl	–

System	Staat	konkretes Wahlverfahren	Amtszeit
Bestellung durch Gewerkschaften	CZ	Ernennung durch Gewerkschaftsvertreter	5 Jahre
	ES*	Entsendung durch Gewerkschaftsorganisationen, welche die Mehrheit in den nationalen Arbeitnehmervertretungen innehaben	–
	FR*	Ernennung durch Gewerkschaften auf Basis des Ergebnisses der letzten Betriebsratswahlen; hilfsweise Direktwahl	–
	IS*	Wahl durch Gewerkschaftsvertretungen; hilfsweise Direktwahl	–
	IT	Wahl durch die bestehenden Arbeitnehmervertreter; hilfsweise Direktwahl	–
	NO*	Ernennung durch Vertreter repräsentativer Gewerkschaften; hilfsweise Direktwahl	–
	PL*	Ernennung durch Gewerkschaftsvertretungen; hilfsweise Direktwahl	–
	SE*	Entsendung durch die lokalen Gewerkschaftssektionen	–
Mittelbare gewerkschaftliche Beherrschung	BE*	Entsendung durch den Unternehmensrat, Ausschuss für Gesundheit und Sicherheit oder die Gewerkschaftsdelegation; hilfsweise Direktwahl	–
	DK*	Wahl durch Mitglieder des Ausschusses für die betriebliche Zusammenarbeit; hilfsweise Wahl durch Vertrauensvertreter bzw. Direktwahl	–
	FI*	Entsendung durch Übereinkommen zwischen Gewerkschaften und Arbeitnehmern	–
	PT*	Entsendung durch Übereinkommen zwischen Betriebsräten und Gewerkschaften; hilfsweise Direktwahl	4 Jahre
Direktwahl	BG*	Wahl durch allg. Arbeitnehmerversammlung	1–3 Jahre
	EE	Wahl durch allg. Arbeitnehmerversammlung	–
	SI*	Wahl durch Arbeitnehmer	–
Wahl durch BVG	GB	keine spezifische Regelung	–
	IE	keine spezifische Regelung	–
	MT	keine spezifische Regelung	–

* Die Regelungen entsprechen denjenigen zur Bestimmung der BVG-Mitglieder.

II. Mitglieder aus Deutschland

Für die Bestellung der deutschen Mitglieder des SE-Betriebsrats gilt das Verfahren zur Bestellung der BVG-Mitglieder entsprechend.[889] Zuständig sind daher die Betriebsräte auf der höchsten Ebene des Unternehmens.[890] Von der Verweisung nicht umfasst sind die Sitzgarantien der Gewerkschaften und leitenden Angestellten.

Die Amtszeit der inländischen Mitglieder des SE-Betriebsrats beträgt vier Jahre.[891] Für die Abberufung der inländischen Mitglieder gelten die Vorschriften über das BVG. Zuständig ist daher das jeweilige Wahlgremium.[892] Die Mitgliedschaft kann auch aus anderen Gründen vorzeitig enden. Denkbar sind etwa die Auflösung des Arbeitsverhältnisses und die Niederlegung des Amtes.[893]

III. Mitglieder aus anderen Mitgliedstaaten

1. Anwendung des Verfahrens zur Bestimmung der BVG-Mitglieder

Die meisten Mitgliedstaaten verweisen für die Bestimmung der Mitglieder des SE-Betriebsrats wie das SEBG auf das Verfahren zur Bestimmung der Mitglieder des BVG oder installieren im Wesentlichen die gleichen Verfahrensregelungen.[894]

a. Bestellung durch nationale Arbeitnehmervertreter

Die überwiegende Zahl der untersuchten Gesetze greift über die Anwendung des Verfahrens zur Bestimmung der BVG-Mitglieder auf bestehende Vertretungsstrukturen zurück. Zuständig sind in dieser Gruppe entweder Betriebsräte, vergleichbare Gremien oder Gewerkschaftsvertretungen.

In **Belgien** befindet sich die maßgebliche Vorschrift in Art. 28 CCT Nr. 84 (BE). Die belgischen SE-Betriebsratsmitglieder werden in erster Linie von den gewerkschaftlich beherrschten Unternehmensräten bestimmt.[895] Die

889 § 23 Abs. 1 S. 3 i.V.m. § 6 Abs. 2 S. 2 und 3 und §§ 7 bis 10 SEBG.

890 Hierzu § 3 C. II. 2 (S. 93).

891 § 23 Abs. 1 S. 6 SEBG.

892 § 23 Abs. 1 S. 7 i.V.m. §§ 8–10 SEBG.

893 Vgl. § 23 Abs. 1 S. 6 Hs. 2 SEBG.

894 In vielen Mitgliedstaaten wird der SE-Betriebsrat als „besonderes Vertretungsorgan" bezeichnet. Im Folgenden wird einheitlich der Begriff SE-Betriebsrat verwendet.

895 Vgl. im Einzelnen § 3 C. III. 3. a (S. 122).

Regelung des Art. 29 CCT Nr. 84 (BE) über die Erstellung einer transnationalen Ersatzmitgliederliste ist richtlinienwidrig.[896]

In **Dänemark** sind die Mitglieder des Ausschusses für die betriebliche Zusammenarbeit und ersatzweise die Vertrauensvertreter für die Bestellung der SE-Betriebsratsmitglieder zuständig.[897] Arbeitnehmer, die in vertreterlosen Betrieben beschäftigt sind, können durch eigene Repräsentanten an dem Wahlverfahren teilnehmen.[898] Ist in keiner der beteiligten Gesellschaften, betroffenen Tochtergesellschaften und betroffenen Betriebe eine Arbeitnehmervertretung eingerichtet, muss eine Direktwahl durchgeführt werden.[899]

In **Finnland** erfolgt die Bestellung primär durch ein Übereinkommen zwischen den zuständigen Gewerkschaften und den zu beteiligenden Arbeitnehmern.[900]

Frankreich bedient sich in Art. L. 2353-9 Code du Travail (FR) einer Verweisung auf das Verfahren zur Besetzung der BVG-Sitze. Zuständig sind die repräsentativen Gewerkschaften. Die Sitzverteilung folgt einem komplizierten Verfahren, das vom Ergebnis der letzten Betriebsratswahlen abhängt.[901] Aufgrund der Verweisung auf die Kollegienwahl profitieren die leitenden Angestellten auch hier unter bestimmten Voraussetzungen von einer Sitzgarantie. Gibt es keine Gewerkschaftsvertretung, wählen die Arbeitnehmer nach den Regeln über die Wahl des nationalen Betriebsrats direkt.[902]

Das Umsetzungsgesetz in **Island** bestimmt, dass die Mitglieder des SE-Betriebsrats von den Gewerkschaftsvertretern und gewählten Repräsentanten bestimmt werden.[903] Für die Einzelheiten des Wahlverfahrens wird auf die Vorschriften über die Wahl der BVG-Mitglieder verwiesen.[904]

Auch in **Liechtenstein** sieht das Umsetzungsgesetz die gleichen Regelungen vor wie für die Besetzung der BVG-Sitze. Zuständig sind die gewählten Arbeitnehmervertreter.[905] Die Amtszeit für die Mitglieder, die aus Liechtenstein in den SE-Betriebsrat entsandt werden, beträgt vier Jahre. Eine Abberufung oder

---

896 Vgl. § 3 C. III. 3. a (S. 122).
897 § 21 Abs. 3 SEBG (DK).
898 § 21 Abs. 4 SEBG (DK).
899 Zum Gesamten § 3 C. III. 3. b (S. 125).
900 § 20 Abs. 3 und 4 Gesetz SEBG (FI); vgl. § 3 C. III. 3. c. bb (S. 127).
901 Im Einzelnen § 3 C. III. 2. a (S. 112).
902 Art. L. 2353-9 Code du Travail (FR).
903 Art. 14 Buchst. a SEBG (IS).
904 Art. 14 Buchst. b SEBG (IS); vgl. § 3 C. III. 2. c. bb (S. 115).
905 Art. 28 Abs. 2 bis 7 des SEBG (LI); vgl. § 3 C. III. 1. a (S. 101).

vorzeitige Beendigung aus anderen Gründen ist möglich.[906] Für die Abberufung sind die Arbeitnehmervertretungen oder Arbeitnehmer zuständig, die das betreffende Mitglied entsandt haben.[907]

Die aus **Litauen** zu entsendenden Mitglieder des SE-Betriebsrats werden von den Gewerkschaften und in deren Abwesenheit von den Betriebsräten bestellt.[908] Die Amtszeit der SE-Betriebsratsmitglieder beläuft sich auf vier Jahre.[909] Da die nationalen Gesetzgeber nur die Amtszeit der Mitglieder festlegen können, die aus ihrem Hoheitsgebiet zu entsenden sind[910], gilt die Vorschrift entgegen dem Wortlaut nur für die litauischen Mitglieder. Dies betrifft auch die vorzeitige Beendigung der Mitgliedschaft durch Tod, Ende des Arbeitsverhältnisses, Rücktritt oder Abberufung. In diesem Fall ist bis zum Ablauf der regulären Amtszeit ein neues Mitglied zu entsenden.[911]

Die aus **Luxemburg** zu entsendenden SE-Betriebsratsmitglieder sowie deren Vertreter werden von der (zentralen) Personaldelegation und in deren Abwesenheit von den Arbeitnehmern selbst bestellt.[912] Wählbar sind ausschließlich Arbeitnehmer.[913] Die Amtszeit der luxemburgischen Mitglieder beläuft sich auf fünf Jahre.[914] Dies entspricht der Amtszeit der nach nationalem Recht zu wählenden Personaldelegierten.[915]

Die Amtszeit der aus den **Niederlanden** zu entsendenden Mitglieder des SE-Betriebsrats beträgt vier Jahre. Für ihre Ernennung wird auf das Verfahren zur Besetzung der BVG-Sitze verwiesen.[916] Zuständig sind demnach die nationalen Betriebsräte auf der jeweils höchsten Stufe.[917]

Ebenso verfährt auch das Umsetzungsrecht in **Norwegen**. Gemäß Nr. 1 Abs. 1 Buchst. b des Anhangs zu SEBG (NO) sind die Mitglieder des kraft Gesetzes zu bildenden SE-Betriebsrats nach den Regeln des § 6 SEBG (NO) zu wählen oder

906 Art. 39 Abs. 1 S. 1 SEBG (LI).
907 Art. 28 Abs. 8 i.V.m. Abs. 2 SEBG (LI).
908 Art. 21 Abs. 3 bis 8 SEBG (LT); vgl. § 3 C. III. 1. b (S. 102).
909 Art. 24 SEBG (LT).
910 § 2 D. II. 3 (S. 44).
911 Art. 22 SEBG (LT).
912 Art. L. 443-2 Abs. 2 i.V.m. Art. L. 443-3 Abs. 3 bis 8 Code du Travail (LU); vgl. § 3 C. III. 1. c (S. 103).
913 Art. L. 443-3 Abs. 3 Code du Travail (LU).
914 Art. L. 443-2 Abs. 3 S. 2 Code du Travail (LU).
915 Art. L. 413-2 Abs. 1 Code du Travail (LU).
916 Art. 1:22 Abs. 4 WRW-ER (NL).
917 Vgl. § 3 C. III. 1. d. bb (S. 105).

bestellen.[918] Die Sitzverteilungsregelung des § 7 SEBG (NO) ist von der Verweisung ausgenommen. Ein Grund hierfür ist nicht ersichtlich. Da in der norwegischen Auffangregelung eine anders lautende Bestimmung fehlt, kann es sich nur um ein Redaktionsversehen handeln.

In Österreich wird ebenfalls auf das Verfahren zur Entsendung der BVG-Mitglieder verwiesen. Dies erfolgt mit der Maßgabe, dass externe Gewerkschaftsvertreter zugleich Betriebsratsmitglieder i.S.v. § 53 Abs. 4 ArbVG (AT) sein müssen, wenn sie in den SE-Betriebsrat entsandt werden.[919] Österreich ist das einzige Land, das auch bei der Wahl des SE-Betriebsrats externe Gewerkschaftsvertreter zulässt. Die Tätigkeitsdauer des SE-Betriebsrats beträgt vier Jahre.[920] Die Vorschrift muss richtlinienkonform auf die in Österreich beschäftigten Mitglieder des SE-Betriebsrats beschränkt werden, da die Festlegung der Amtszeit in der Regelungshoheit der einzelnen Mitgliedstaaten liegt. Für die vorzeitige Beendigung der Amtszeit und die Neubesetzung wiederholt § 237 Abs. 5 und 6 ArbVG (AT) die Regelung, die für die BVG-Mitglieder gilt.[921]

Für die in **Polen** beschäftigten Arbeitnehmer bestimmen primär die Gewerkschaftsvertreter, wer als Mitglied in den SE-Betriebsrat entsandt wird. Gemäß Art. 90 Abs. 1 EWIV/SE-Gesetz (PL) ist das Verfahren zur Bestimmung der BVG-Mitglieder entsprechend anzuwenden. Eine Ausnahme bildet die Ernennung externer Gewerkschaftsvertreter, die ausweislich des Wortlauts von Art. 90 Abs. 1 EWIV/SE-Gesetz (PL) nicht in den SE-Betriebsrat gewählt werden können.

Die Ernennung der aus **Portugal** zu entsendenden Mitglieder des SE-Betriebsrats erfolgt nach dem gleichen System wie die Ernennung der BVG-Mitglieder.[922] Externe Gewerkschaftsvertreter sind nicht wählbar.[923] Die Amtszeit der portugiesischen SE-Betriebsratsmitglieder beträgt vier Jahre.[924]

Auch die in **Schweden** zu ernennenden Mitglieder des SE-Betriebsrats werden grundsätzlich nach den gleichen Regelungen wie die BVG-Mitglieder bestimmt. Dies ergibt sich aus §§ 38 ff. SEBG (SE). Allerdings ist hier eine hilfsweise Direktwahl durch die Arbeitnehmer nicht vorgesehen.

918 Vgl. § 3 C. III. 2. d (S. 116).
919 § 234 Abs. 1 ArbVG (AT), § 3 C. III. 1. e (S. 107).
920 § 237 Abs. 1 ArbVG (AT).
921 Vgl. § 3 C. III. 1. e (S. 107).
922 Art. 40 Legislativdekret Nr. 215/2005 (PT); vgl. § 3 C. III. 3. d (S. 128).
923 Vgl. Art. 38 Abs. 3 Legislativdekret Nr. 215/2005 (PT).
924 Art. 43 Legislativdekret Nr. 215/2005 (PT).

In **Spanien** befindet sich die maßgebliche Vorschrift in Art. 29 SEBG (ES).[925] Im Unterschied zur Bestellung der BVG-Mitglieder dürfen in den SE-Betriebsrat nur Arbeitnehmer entsandt werden, die die Voraussetzungen eines nationalen Arbeitnehmervertreters[926] erfüllen.[927]

Für die Bestimmung der aus **Ungarn** zu entsendenden Mitglieder des SE-Betriebsrats gelten § 21 Abs. 1 und 2 und § 22 SE-Gesetz (HU) entsprechend.[928] Die Bestellung erfolgt durch den Betriebsrat bzw. Gesamtbetriebsrat. Sind mehrere Gesamtbetriebsräte vorhanden, erfolgt die Bestellung in einer gemeinsamen Sitzung der Gesamtbetriebsräte. Die Arbeitnehmer betriebsratsloser Einheiten entsenden einen eigenen Vertreter in diese Sitzung.[929] Die Amtszeit der SE-Betriebsratsmitglieder beläuft sich auf drei Jahre.[930] Ein vorzeitiges Mandatsende ist möglich durch Rücktritt, Abberufung, Berechtigung zur Ausübung von Arbeitgeberrechten, Erlöschen des Arbeitsverhältnisses sowie Auflösung der Tochtergesellschaft oder des Betriebes, dem das Mitglied angehört.[931] Die Abberufung kann von wenigstens dreißig Prozent der Mitglieder des Bestellungsorgans beantragt werden. Für die Abberufung selbst ist die Zustimmung von mehr als der Hälfte erforderlich.[932] Im Fall der vorzeitigen Mandatsbeendigung rückt ein Ersatzmitglied nach.[933]

b. Direktwahl der Arbeitnehmer

In **Bulgarien** wählen die Arbeitnehmer ihre Mitglieder des SE-Betriebsrats direkt.[934] Die Amtszeit der bulgarischen Mitglieder ist nicht geregelt. Die nationalen Arbeitnehmervertreter werden gemäß Art. 7a Abs. 1 S. 1 ArbGB (BG) für einen Zeitraum von ein bis drei Jahren gewählt werden. Da das SEBG (BG) in vielen Fällen auf das ArbGB (BG) verweist, kann diese Regelung auf die Amtszeit der SE-Betriebsratsmitglieder entsprechend angewandt werden. Folglich obliegt es der Allgemeinen Versammlung, über die genaue Tätigkeitsdauer der

925 Vgl. § 3 C. III. 2. g (S. 120).
926 Hierzu § 3 C. III. 2. g. cc (S. 121).
927 Art. 29 Abs. 2 S. 2SEBG (ES).
928 § 35 Abs. 2 SE-Gesetz (HU); die Verweisung umfasst nicht die Zulassung externer Gewerkschaftsvertreter.
929 Vgl. § 3 C. III. 1. g (S. 111).
930 § 37 Abs. 1 SE-Gesetz (HU).
931 § 38 Abs. 1 SE-Gesetz (HU).
932 § 38 Abs. 2 S. 1 bis 3 SE-Gesetz (HU).
933 § 38 Abs. 3 SE-Gesetz (HU).
934 Art. 13 Abs. 2 SEBG (BG); vgl. § 3 C. III. 4. a (S. 129).

bulgarischen Mitglieder des SE-Betriebsrats zu entscheiden. Dies stellt für die Arbeit und Zusammensetzung des gesetzlich gebildeten SE-Betriebsrats einen erheblichen Unsicherheitsfaktor dar. Bei einem entsprechenden Beschluss der Allgemeinen Versammlung können theoretisch bereits nach einem Jahr teilweise Neuwahlen erforderlich sein.

Auch in **Estland** erfolgt die Wahl in erster Linie durch eine Arbeitnehmerversammlung. Haben mehrere Unternehmen oder Betriebe ihren Sitz in Estland, wählen deren Arbeitnehmer jeweils drei Vertreter, welche anschließend die Mitglieder des SE-Betriebsrats bestimmen.[935]

Das Umsetzungsgesetz in **Slowenien** sieht in Art. 21 Abs. 1 und 2 das gleiche Verfahren wie zur Bestimmung der BVG-Mitglieder vor. Die Entsendung erfolgt mittels einer geheimen Direktwahl der Arbeitnehmer.[936]

2. *Anderes Entsendungsverfahren*

In **Italien** gilt für die Bestimmung der Mitglieder des SE-Betriebsrats ein im Vergleich zur Bestellung der BVG-Mitglieder leicht abgeändertes Verfahren. Primär sind die Arbeitnehmervertretungen für die Wahl oder Ernennung zuständig.[937] Für die Definition der Arbeitnehmervertreter verweist Art. 2 Abs. 1 Buchst. e Legislativdekret Nr. 188/05 (IT) auf die branchenunabhängigen Tarifverträge vom 20.12.1993 und 27.07.1994[938] in ihrer aktuellen Fassung oder hilfsweise auf die nationalen Tarifverträge falls die branchenunabhängigen Tarifverträge keine Anwendung finden. Aus dieser Verweisung folgt, dass grundsätzlich allein die RSU für die Bestellung der italienischen SE-Betriebsratsmitglieder zuständig ist. Ist keine RSU vorhanden, nimmt die Belegschaft gemeinsam mit den Gewerkschaftsorganisationen die Bestimmung vor. Diese Gewerkschaftsorganisationen müssen Vertragspartei der nationalen Tarifverträge sind.[939] Die Wahl oder Ernennung soll entsprechend der nationalen Gesetzgebung und den oben genannten Tarifverträgen erfolgen.[940]

In der **Slowakischen Republik** entspricht die Regelung zur Entsendung der SE-Betriebsratsmitglieder auf den ersten Blick der Regelung zur Bestimmung

---

935 § 66 i.V.m. §§ 54, 17 SEBG (EE); im Einzelnen § 3 C. III. 4. b (S. 131).

936 Im Einzelnen § 3 C. III. 4. e (S. 135).

937 Teil 1 Buchst. a des Anhangs zum Legislativdekret Nr. 188/05 (IT).

938 Accordo interconfederale 20 dicembre 1993 tra confindustria e CGIL, CISL e UIL – costituzione delle Rappresentanze Sindicali Unitarie und Accordo interconfederale 27 luglio 1994 per la costituzione delle Rappresentanze sindacali unitarie.

939 Vgl. Teil 1 Buchst. a des Anhangs zum Legislativdekret Nr. 188/05 (IT).

940 Teil 1 Buchst. b des Anhangs zum Legislativdekret Nr. 188/05 (IT).

der BVG-Mitglieder.[941] Die Wahl oder Ernennung erfolgt durch die nationalen Arbeitnehmervertreter in einer gemeinsamen Sitzung. Dabei hat jedes Organ so viele Stimmen wie es Arbeitnehmer vertritt.[942] Im Unterschied zu dem Verfahren zur Bestimmung der BVG-Mitglieder berücksichtigt § 44 Abs. 4 S. 2 SE-Gesetz (SK) auch diejenigen Arbeitnehmer, für die keine Vertreter bestellt sind. Gemäß vorstehender Regelung sind diese Arbeitnehmer berechtigt, einen eigenen Vertreter zu wählen, der für sie an der gemeinsamen Sitzung teilnimmt.

In der **Tschechischen Republik** werden die Mitglieder des SE-Betriebsrats auf einer gemeinsamen Sitzung der Arbeitnehmervertreter gewählt oder ernannt.[943] Vertreterlose Arbeitnehmer sind berechtigt, einen Repräsentanten zu wählen, der für sie an der gemeinsamen Sitzung teilnimmt. Diese Regelung entspricht dem Verfahren zur Bestimmung der BVG-Mitglieder.[944] Davon abweichend verzichtet der tschechische Gesetzgeber aber auf eine Verweisung auf das ArbG (CZ). Die Verfahrensregelungen sind direkt im Umsetzungsgesetz verortet. Die Amtszeit der SE-Betriebsratsmitglieder beträgt fünf Jahre.[945]

In **Irland,** auf **Malta** und im **Vereinigten Königreich** werden die Mitglieder des SE-Betriebsrats von den Mitgliedern des BVG gewählt oder ernannt.[946] Über die konkrete Vorgehensweise entscheidet das BVG. Die Bestimmungen sind richtlinienwidrig, da sie entgegen ihrem Wortlaut nicht für die gesamte Besetzung des SE-Betriebsrats Geltung beanspruchen können. Gemäß Teil 1 Buchst. b Unterabs. 1 des Anhangs zur SE-Richtlinie werden die Mitglieder nach den Regelungen und Gepflogenheiten der Mitgliedstaaten gewählt.[947] Die Regelungen sind so auszulegen, dass nur die aus Irland, Malta bzw. dem Vereinigten Königreich zu entsendenden Mitglieder von den eigenen BVG-Mitgliedern gewählt oder ernannt werden.

IV. Vergleich

Die einzelstaatlichen Regelungen zur Bestimmung der SE-Betriebsratsmitglieder lehnen sich wie das SEBG zum großen Teil an das Verfahren zur Bestellung der

941 Vgl. § 3 C. III. 1. f (S. 109).
942 § 44 Abs. 4 S. 1 SE-Gesetz (SK).
943 § 55 Abs. 4 S. 1 SE-Gesetz (CZ).
944 Vgl. § 3 C. III. 2. h (S. 121).
945 Art. 56 Abs. 1 S. 2 SE-Gesetz (CZ).
946 Teil 1 Art. 4 des Anhangs zu SE-Regulations 2006 (IE); Teil 1 Abs. 1 Buchst. a und b des Anhangs zu SEBG (MT); Teil 1 Art. 1 Abs. 4 und 5 des Anhangs der SE-Regulations 2009 (GB).
947 Im Einzelnen § 2 D. II (S. 42).

BVG-Mitglieder an (AT, BE, BG, DK, EE, ES, FI, FR, HU, IS, LI, LT, LU, NL, PL, PT, SE und SI). Beim Zusammenspiel der einzelnen Verfahren können dieselben Abweichungen auftreten wie schon bei der Bestellung der BVG-Mitglieder.[948] Überwiegend fehlen konkrete Regelungen über die innerstaatliche Sitzverteilung sowie über die Bestellung von Ersatzmitgliedern. Die Bestellung von Ersatzmitgliedern ist neben Deutschland nur in vier Ländern vorgesehen (BE, HU, LT, LU).

Sechs Umsetzungsgesetze sehen ein Verfahren vor, das nicht mit dem Verfahren zur Bestellung der BVG-Mitglieder übereinstimmt (CZ, GB, IE, IT, MT, SK). Die von Irland, Malta und dem Vereinigten Königreich vorgesehene Übertragung der Zuständigkeit auf das BVG kann zu Schwierigkeiten in der praktischen Anwendung führen. Dies folgt daraus, dass ein BVG, das in Zusammenhang mit der Gründung einer „deutschen" SE gebildet wird, nach deutschen Recht zu behandeln ist. Grund ist die kollisionsrechtliche Anordnung des Art. 6 SE-Richtlinie. Nach deutschem Verständnis ist die Tätigkeit des BVG auf die Verhandlungen über eine Beteiligungsvereinbarung beschränkt. Mit deren Abschluss endet auch die Tätigkeit des BVG.[949] Erfolgt die Bestellung der SE-Betriebsratsmitglieder später, steht möglicherweise kein zuständiges Bestellungsorgan mehr zur Verfügung.

Die unterschiedlichen Mandatsvoraussetzungen führen wie schon beim BVG zu einer bunten Zusammensetzung des SE-Betriebsrats, ohne dass dies einer einheitlichen Aufgabenwahrnehmung abträglich wäre. Österreich lässt als einziges Land auch die Wahl externer Gewerkschaftsvertreter zu. In Frankreich besteht unter bestimmten Voraussetzungen ein Sitzanspruch zugunsten der leitenden Angestellten.

Am konfliktträchtigsten sind die aus der Verweisung resultierenden unterschiedlichen Amtszeiten der SE-Betriebsratsmitglieder. Diese reichen von drei (HU) bis zu fünf Jahren (CZ, LU). In fünf Ländern beträgt die Amtszeit ebenso wie in Deutschland vier Jahre (AT, LI, LT, NL, PT). Die darauf beruhenden partiellen Neubesetzungen sind mit dem Verständnis des SE-Betriebsrats als einheitliche Arbeitnehmervertretung nicht in Einklang zu bringen. Freilich kann dem durch die Vereinbarung einer einheitlichen Wahlperiode innerhalb des Organs abgeholfen werden. Nichtsdestotrotz wäre eine Richtlinienvorgabe hilfreich, um diesbezüglich Klarheit zu schaffen. Die Notwendigkeit einer solchen Regelung wird auch durch die Tatsache belegt, dass die Mehrzahl der untersuchten Umsetzungsgesetze überhaupt keine Amtszeit festlegt.

---

948 § 3 C. IV (S. 138).

949 Statt aller *Hohenstatt/Müller-Bonanni* in Habersack/Drinhausen, SE, § 4 SEBG Rn. 2 f.

B. Bestimmung der Arbeitnehmervertreter im Aufsichts- oder Verwaltungsorgan

I. Tabellarische Übersicht

System	Staat	konkretes Wahlverfahren
Bestellung durch nationale Arbeitnehmervertreter	AT*	Entsendung durch Beschluss des (Zentral-) Betriebsrats bzw. Betriebsausschusses
	DE*	Wahl durch ein Wahlgremium bestehend aus Betriebsrat, Gesamtbetriebsrat oder Konzernbetriebsrat; hilfsweise Direktwahl
	DK	Wahl durch ein Wahlgremium bestehend aus Arbeitnehmer- und Arbeitgebervertretern
	LI*	Entsendung durch Beschluss der gewählten Arbeitnehmervertretungen; hilfsweise Direktwahl
	LT*	Wahl durch Gewerkschaften bzw. Betriebsräte; hilfsweise Direktwahl
	LU	Ernennung durch Personaldelegierte
	NL*	Ernennung durch (Zentral-, Konzern-) Betriebsräte; hilfsweise Direktwahl
Bestellung durch Gewerkschaften	ES*	Entsendung durch Gewerkschaftsorganisationen, welche die Mehrheit in den nationalen Arbeitnehmervertretungen innehaben
	IS*	Wahl durch Gewerkschaftsvertretungen; hilfsweise Direktwahl
	NO*	Ernennung durch Vertreter repräsentativer Gewerkschaften; hilfsweise gelten die nationalen Regelungen zur Wahl der nationalen Aufsichtsratsmitglieder
	SE*	Entsendung durch die lokalen Gewerkschaftssektionen; das Ernennungsrecht kann auf den SE-Betriebsrat übertragen werden
Mittelbare gewerkschaftliche Beherrschung	BE*	Entsendung durch den Unternehmensrat, Ausschuss für Gesundheit und Sicherheit oder die Gewerkschaftsdelegation; hilfsweise Direktwahl
	FI*	Entsendung durch Übereinkommen zwischen Gewerkschaften und Arbeitnehmern
	PT*	Entsendung durch Übereinkommen zwischen Betriebsräten und Gewerkschaften; hilfsweise Direktwahl

System	Staat	konkretes Wahlverfahren
Direktwahl	CZ	grds. Wahl durch Arbeitnehmer; bei Betroffenheit mehrerer Gesellschaften Ernennung durch die Arbeitnehmervertreter
	EE*	Wahl durch allg. Arbeitnehmerversammlung
	FR	Wahl durch Arbeitnehmer
	PL	Wahl durch Arbeitnehmer
	SK	grds. Wahl durch Arbeitnehmer; bei Betroffenheit mehrerer Unternehmen oder Betriebe Ernennung durch die Arbeitnehmervertreter
Wahl durch SE-Betriebsrat	HU	Keine spezifischen Regelungen
	IE	Keine spezifischen Regelungen
	SI	Keine spezifischen Regelungen
Keine Regelung	BG, GB, IT, MT	

* Die Regelungen entsprechen denjenigen zur Bestimmung der Mitglieder des BVG bzw. SE-Betriebsrat.

II. Arbeitnehmervertreter aus Deutschland

Die aus Deutschland zu entsendenden Arbeitnehmervertreter im Aufsichts- oder Verwaltungsorgan werden von einem Wahlgremium gewählt, das sich aus den Arbeitnehmervertretungen der SE, ihrer Tochtergesellschaften und Betriebe zusammensetzt.[950] Wie bei der Wahl der inländischen Mitglieder des SE-Betriebsrats gelten die Regelungen über die Bestellung der BVG-Mitglieder entsprechend.[951] Aus der Verweisung folgt auch, dass für jeden inländischen Arbeitnehmervertreter ein Ersatzmitglied zu wählen ist und die Sitzgarantien der Gewerkschaften und leitenden Angestellten in § 6 Abs. 3 und 4 SEBG bei der Wahl zu beachten sind.[952]

Ein inländisches Mitglied oder Ersatzmitglied der Arbeitnehmer im Aufsichts- oder Verwaltungsorgan der SE kann schon vor Ablauf seiner Amtszeit abberufen werden.[953] Antragsberechtigt ist das jeweilige Wahlgremium, in den Fällen der Urwahl mindestens drei wahlberechtigte Arbeitnehmer, die Gewerkschaft oder

950 § 36 Abs. 3 S. 1 SEBG.

951 Es gelten § 6 Abs. 2 bis 4, § 8 Abs. 1 S. 2 bis 5, Abs. 2 bis 7 sowie §§ 9, 10 SEBG, vgl. § 36 Abs. 3 S. 2 SEBG.

952 Zum Problem der Richtlinienkonformität § 3 C. II. 3. b (S. 98) und § 3 C. II. 3. c (S. 100).

953 § 37 Abs. 1 SEBG.

der Sprecherausschuss, wenn diese Gruppierung den fraglichen Arbeitnehmervertreter vorgeschlagen hat.[954]

Außerdem kann die Wahl eines inländischen Mitglieds oder Ersatzmitglieds der Arbeitnehmervertreter im Aufsichts- oder Verwaltungsorgan angefochten werden, wenn gegen wesentliche Vorschriften über das Wahlrecht, die Wählbarkeit oder das Wahlverfahren verstoßen worden ist und keine Berichtigung erfolgt ist.[955] Die Anfechtung ist ausgeschlossen, wenn das Wahlergebnis durch den Verstoß nicht geändert oder beeinflusst werden konnte.[956] Anfechtungsberechtigt sind das Wahlgremium, im Fall der Direktwahl mindestens drei wahlberechtigte Arbeitnehmer, die vorschlagsberechtigte Gewerkschaft, der vorschlagsberechtigte Sprecherausschuss, der SE-Betriebsrat und die Leitung der SE. Im Fall der Anfechtung durch die Gewerkschaft oder den Sprecherausschuss muss es sich um einen Arbeitnehmervertreter handeln, der von ihnen vorgeschlagen wurde.[957] In Ausnahmefällen kommt bei einem besonders schwerwiegenden Verstoß gegen Wahlgrundsätze auch eine Nichtigkeit der Wahl in Betracht.[958]

III. Arbeitnehmervertreter aus anderen Mitgliedstaaten

Die Regelungen für die Verfahren zu Bestimmung der Arbeitnehmervertreter in anderen Staaten lassen sich in vier Kategorien einteilen. Die Mehrzahl der nationalen Umsetzungsgesetze verweist wie das SEBG auf das Verfahren zur Bestimmung der BVG-Mitglieder oder sieht die gleichen Regelungen vor. Einige Mitgliedstaaten legen ein davon abweichendes Verfahren fest, andere Gesetze übertragen das Ernennungsrecht auf den SE-Betriebsrat und manche nationalen Gesetzgeber haben von ihrer Regelungshoheit keinen Gebrauch gemacht. Sofern sich die Verfahrensregelungen nicht nur auf die aus dem Inland stammenden Arbeitnehmervertreter beziehen, sind die entsprechenden Vorschriften richtlinienkonform auf die dort zu wählenden Vertreter zu beschränken, da anderenfalls ein Eingriff in die Regelungshoheit der übrigen Staaten vorliegt.[959]

954 § 37 Abs. 1 S. 2 SEBG.
955 § 37 Abs. 2 S. 1 SEBG.
956 § 37 Abs. 2 S. 1 SEBG.
957 § 37 Abs. 2 S. 2, Abs. 1 S. 1 SEBG.
958 *Henssler* in Ulmer/Habersack/Henssler, Mitbestimmung, § 37 SEBG Rn. 20 m.w.N.
959 Hierzu § 2 E. II. 3. a (S. 57).

1. Anwendung des Verfahrens zur Bestimmung der BVG-Mitglieder

Die Umsetzungsgesetze in Belgien, Estland, Island, Litauen, Norwegen, den Niederlanden, Österreich, Portugal, Schweden und Spanien verweisen auf das Verfahren zur Bestellung der BVG-Mitglieder.[960] Dabei sind folgende Besonderheiten zu beachten:

In **Belgien** ist primär der Unternehmensrat zuständig.[961] Da dieser paritätisch besetzt ist, entscheidet auch die Arbeitgeberseite über die Ernennung der Arbeitnehmervertreter mit. Gemäß Art. 49 CCT Nr. 84 (BE) soll eine transnationale Ersatzliste aufgestellt werden, die für jedes Mandat einen Stellvertreter bereithält. Diese Regelung steht wie bereits die Vorschriften in Artt. 11, 29 CCT Nr. 84 (BE) nicht im Einklang mit der SE-Richtlinie.[962] Wählbar sind nur die Mitglieder der nationalen Arbeitnehmervertretungsorgane. Dies folgt aus der Verweisung auf die Wahl der SE-Betriebsratsmitglieder, die ihrerseits auf das Verfahren zur Bestellung der BVG-Mitglieder Bezug nimmt.[963]

Auch der Gesetzgeber in **Norwegen** hat einer kosten- und zeitgünstigeren Bestimmung durch bestehende Arbeitnehmervertreter den Vorzug gegeben, obwohl die Unternehmensmitbestimmung in Norwegen sehr ausgeprägt ist.[964] Das Umsetzungsrecht orientiert sich nur hilfsweise an dem Verfahren zur Wahl der nationalen Aufsichtsratsmitglieder.[965]

In den **Niederlanden** entspricht die in Bezug genommene Regelung den nationalen Vorschriften über die Entsendung von Arbeitnehmervertretern in den Aufsichtsrat. Gemäß Art. 2:158 Abs. 5 und 6 BW (NL) kann der Betriebsrat in den Niederlanden bei Vorliegen bestimmter Voraussetzungen für ein Drittel der Aufsichtsratsmitglieder einen bindenden Wahlvorschlag unterbreiten.

Die Verweisung in **Portugal** umfasst nicht die Befugnis, externe Gewerkschaftsvertreter zu wählen.[966]

---

960 Art. 48 CCT Nr. 84 (BE); § 76 SEBG (EE); Art. 16 Abs. 6 SEBG (IS); Art. 31 Abs. 4 SEBG (LT); Nr. 13 Abs. 3 des Anhangs zu SEBG (NO); Art. 1:32 Abs. 5 WRW-ER (NL); § 247 Abs. 1 ArbVG (AT); Art. 42 Legislativdekret Nr. 215/2005 (PT); § 59 SEBG (SE); Art. 30 SEBG (ES).

961 Im Einzelnen § 3 C. III. 3. a (S. 122).

962 Zur Begründung § 3 C. III. 3. a (S. 122).

963 Art. 48 i.V.m. Art. 28 Abs. 2 CCT Nr. 84 (BE).

964 Voraussetzung sind sehr niedrige Schwellenwerte von nur 30 bzw. 50 Arbeitnehmern, *Stollt/Wolters*, Arbeitnehmerbeteiligung in der SE, S. 82.

965 Nr. 13 Abs. 3 des Anhangs zu SEBG (NO).

966 Art. 42 Legislativdekret Nr. 215/2005 (PT).

In **Schweden** können die zuständigen lokalen Gewerkschaftssektionen beschließen, das Ernennungsrecht auf den SE-Betriebsrat zu übertragen.[967]

Aus der Verweisung des Gesetzes in **Spanien** ergibt sich nicht, welche Anforderungen an eine Mitgliedschaft im Aufsichts- oder Verwaltungsorgan gestellt werden. Unklar ist, ob die Kandidaten Arbeitnehmer sein müssen oder auch externe Gewerkschaftsvertreter zugelassen sind. Da letztere nur bei der Wahl der BVG-Mitglieder zugelassen sind und die Vertretung im Aufsichts- oder Verwaltungsorgan aufgrund der auf Dauer angelegten Tätigkeit eher mit dem Betriebsrat zu vergleichen ist, muss die Verweisung dahingehend ausgelegt werden, dass nur Arbeitnehmer, welche die Voraussetzungen eines nationalen Arbeitnehmervertreters erfüllen, gewählt werden können[968].

In **Finnland** und **Liechtenstein** gibt es für die Wahl der Aufsichtsratsmitglieder eigene Vorschriften, die jedoch mit dem Verfahren zur Bestellung der BVG-Mitglieder übereinstimmen.[969]

2. Anderes Entsendungsverfahren

a. Dänemark

Die Sitze im Aufsichts- oder Verwaltungsorgan, die den Arbeitnehmern dänischer Gesellschaften zugewiesen sind, werden nach einem eigenen Verfahren besetzt, das in den §§ 36 bis 39 SEBG (DK) geregelt ist.

Die Arbeitnehmervertreter werden von einem Wahlgremium gewählt, für dessen Einrichtung die Gesellschaften zuständig sind. Sind lediglich Betriebe von Gesellschaften betroffen, die ihren Sitz in einem anderen Mitgliedstaat haben, ist die Geschäftsleitung der Betriebe für die Einsetzung des Wahlgremiums verantwortlich.[970]

Das Wahlgremium setzt sich aus Vertretern der Arbeitnehmer und der Geschäftsleitung zusammen. Die Mehrheit der Mitglieder wird von den Arbeitnehmern gestellt. Zumindest eine Person soll Mitglied des zuständigen Gesellschaftsorgans bzw. der Geschäftsleitung des Betriebes sein.[971] Die Vertreter der Arbeitnehmerseite werden in erster Linie aus der Mitte der originären Vertretungsorgane des Betriebes ausgewählt. Dabei soll sichergestellt werden, dass die

---

967 § 59 S. 2 SEBG (SE).

968 Zu den Voraussetzungen an eine Mitgliedschaft im SE-Betriebsrat § 4 A. III. 1 (S. 145).

969 § 29 Abs. 2 SEBG (FI); Art. 47 Abs. 3 bis 8 des SEBG (LI).

970 § 36 Abs. 1 SEBG (DK).

971 § 36 Abs. 2 SEBG (DK).

Interessen aller Arbeitnehmer, die in Dänemark beschäftigt sind, in dem Wahlgremium repräsentiert sind.[972] Ist in einer Gesellschaft kein Vertretungsorgan eingerichtet, ernennt hilfsweise das zuständige Gesellschaftsorgan oder die Geschäftsleitung des betreffenden Betriebs die Arbeitnehmerrepräsentanten des Wahlgremiums. Vertrauensvertreter haben Vorrang.[973]

Das so gebildete Wahlgremium verhandelt mit den zuständigen Gesellschaftsorganen oder Geschäftsleitungen der Betriebe und setzt anschließend ein Datum für die Wahl fest. Über diesen Wahltermin sollen alle dänischen Arbeitnehmer Kenntnis erlangen.[974] Die Arbeitnehmer können Wahlvorschläge sowohl für reguläre Mitglieder des Aufsichts- oder Verwaltungsorgans der SE als auch für Ersatzmitglieder machen.[975]

b. Frankreich

Der französische Gesetzgeber verweist für die Wahl der Arbeitnehmervertreter im Aufsichts- oder Verwaltungsorgan auf die Artt. L. 225-28 bis L. 225-34 und L. 225-80 Code de Commerce (FR).[976] Dort ist die Beteiligung der Arbeitnehmer in Aufsichts- oder Verwaltungsorganen französischer Gesellschaften geregelt.

aa. Wahlverfahren

Art. L. 225-28 Abs. 3 Code de Commerce (FR) sieht ähnlich wie bei der Wahl des BVG und SE-Betriebsrats eine Aufteilung in Wahlkollegien vor. Voraussetzung ist ein Sitzanspruch der Ingenieure, leitenden Angestellten und ähnlichen Personen. Dieser Sitzanspruch setzt gemäß Art. L. 225-27 Code de Commerce (FR) wiederum voraus, dass zwei oder mehr Mitglieder des Aufsichts- oder Verwaltungsorgans von den französischen Arbeitnehmern gewählt werden.

Die Anwendung des Art. L. 225-27 Code de Commerce (FR) ist von der Verweisung grundsätzlich nicht umfasst.[977] Gegen ein diesbezügliches redaktionelles Versehen des französischen Gesetzgebers spricht, dass ihm die erforderliche Anpassung an die Gegebenheiten in einer SE bewusst war. Er nimmt in Art. L. 2353-31 Abs. 2 a.E. Code du Travail (FR) beispielsweise eine einzelne

972 § 36 Abs. 3 SEBG (DK).
973 § 36 Abs. 4 SEBG (DK).
974 § 37 Abs. 1 SEBG (DK).
975 § 37 Abs. 3 Nr. 2 SEBG (DK).
976 Art. L. 2353-31 Abs. 2 Code du Travail (FR).
977 Vgl. Art. L. 2353-31 Abs. 2 Code du Travail (FR).

Regelung des Art. L. 225-28 Code de Commerce (FR) von der Verweisung aus. Hätte der französische Gesetzgeber eine Sitzgarantie der höheren Angestellten nicht gewünscht, wäre auch Art. L. 225-28 Abs. 3 Code de Commerce (FR) von der Verweisung ausgenommen worden. Im Übrigen entspricht die Sitzgarantie den französischen Gepflogenheiten in Zusammenhang mit der Arbeitnehmerbeteiligung in den Gesellschaftsorganen.

Aufgrund der Sitzgarantie können die Ingenieure, leitenden Angestellten und ähnliche Personen sehr stark im Aufsichts- oder Verwaltungsorgan der SE repräsentiert sein. Dies wird dadurch relativiert, dass zwei oder mehr Arbeitnehmervertreter auf Frankreich entfallen müssen. Hierfür sind ein zahlenmäßig stark besetztes Aufsichts- oder Verwaltungsorgan und die Beteiligung nur weniger Mitgliedstaaten erforderlich.

Entfällt auf jeden bzw. den einzigen Wahlkörper nur ein Sitz, findet eine Mehrheitswahl in zwei Wahlgängen statt.[978] Jede Wahlbewerbung muss auch den Namen des Stellvertreters angeben. Der Kandidat und sein Stellvertreter müssen verschiedenen Geschlechts sein.[979] Gewählt ist derjenige Kandidat, der im ersten Wahlgang die absolute Mehrheit oder im zweiten Wahlgang die relative Mehrheit erhält.[980] In allen anderen Fällen, d.h. wenn mehr als ein Sitz auf jeden Wahlkörper entfällt, findet eine Verhältniswahl in Form einer Listenwahl ohne Mischung der Parteilisten statt.[981] Jede Liste muss doppelt so viele Kandidaten wie Sitze enthalten und beide Geschlechter gleichermaßen berücksichtigen.[982]

bb. Wahlvorschläge

Es stellt sich die Frage, wer in Frankreich zur Einreichung von Wahlvorschlägen berechtigt ist. Gemäß Art. L. 225-28 Abs. 4 Code de Commerce (FR) sind bei einer nach französischem Recht freiwilligen Mitbestimmung sowohl die repräsentativen Gewerkschaften als auch Gruppen von zwanzig bzw. hundert Arbeitnehmern zur Einreichung von Wahlvorschlägen berechtigt. Findet die Mitbestimmung hingegen kraft Gesetzes statt, können nur diejenigen repräsentativen Gewerkschaften Wahlvorschläge unterbreiten, die im ersten Durchgang der letzten Betriebsrats- oder Personaldelegiertenwahl zehn Prozent der

978 Art. L. 225-28 Abs. 5 S. 1 und 2 Code de Commerce (FR).
979 Art. L. 225-28 Abs. 5 S. 3 und 4 Code de Commerce (FR).
980 Art. L. 225-28 Abs. 5 S. 5 Code de Commerce (FR).
981 Art. L. 225-28 Abs. 6 S. 1 Code de Commerce (FR).
982 Art. L. 225-28 Abs. 6 S. 2 Code de Commerce (FR).

Wählerstimmen gewinnen konnten.[983] Wird in der SE das Modell einer anderen Rechtsordnung installiert, geht die vom französischen Mitbestimmungssystem abhängige Verweisung ins Leere. Es ist dann zu ermitteln, ob das Modell der fremden Rechtsordnung auf vergleichsweise freiwilliger oder gesetzlicher Basis beruht.

cc. Wahlrecht

Wählbarkeitsvoraussetzung ist eine Mindestbeschäftigungsdauer von zwei Jahren.[984] Die Territorialitätsbedingung ist von der Verweisung gemäß Art. L. 2353-31 Abs. 2 a.E. Code du Travail (FR) ausgenommen. Daher sind auch Arbeitnehmer beteiligter oder betroffener Gesellschaften wählbar, die ihren Sitz in einem anderen Mitgliedsland haben. Nicht wählbar sind die Mitglieder des SE-Betriebsrats. Dies gilt unabhängig davon, ob dieser kraft Vereinbarung oder kraft Gesetzes eingerichtet ist.[985]

Aktiv wahlberechtigt sind alle Arbeitnehmer, die in der Gesellschaft und den in Frankreich ansässigen Tochtergesellschaften seit mindestens drei Monaten beschäftigt sind.[986]

dd. Vorzeitiges Mandatsende

Das Mandat der französischen Arbeitnehmervertreter endet, wenn ihr Arbeitsvertrag aufgelöst ist.[987] Im Übrigen ist auf Antrag der Mehrheit der Mitglieder des Aufsichts- oder Verwaltungsorgans eine gerichtliche Abberufung möglich, wenn der Arbeitnehmervertreter einen Fehler bei der Ausübung seines Mandats begangen hat.[988]

Art. L. 225-34 Abs. 1 Code de Commerce (FR) enthält eine Regelung für den Fall, dass ein Sitz der Arbeitnehmervertreter im Aufsichts- oder Verwaltungsrat vor Ablauf der Amtszeit neu zu besetzen ist.

c. Luxemburg

Das Verfahren zur Bestimmung der luxemburgischen Arbeitnehmervertreter ist in Art. L. 443-6 Code du Travail (LU) geregelt. Gemäß Abs. 1 dieser Vorschrift erfolgt die Ernennung durch die Delegierten der Unternehmen in einer

983 Art. L- 225-28 Abs. 4 i.V.m. Artt. L. 423-2, 2122-1 Code de Commerce (FR).
984 Art. L. 225-28 Abs. 1 Code de Commerce (FR).
985 Art. L. 225-30 S. 2 Code de Commerce (FR).
986 Art. L. 225-8 Abs. 2 Code de Commerce (FR).
987 Art. L. 225-32 Abs. 1 Code de Commerce (FR).
988 Art. L. 225-32 Abs. 2 Code de Commerce (FR).

geheimen Abstimmung. Die Abstimmung wird auf der Grundlage einer Listenwahl gemäß den Regeln der Verhältniswahl durchgeführt. Die Einzelheiten zur Wahldurchführung und Wahlanfechtung sind in einer Großherzoglichen Verordnung[989] geregelt. Gemäß Art. 5 Abs. 1 dieser Verordnung werden die Wahlvorschläge von den Wählern, d.h. vorliegend von den Personaldelegierten in Form von Listen eingebracht. Jede Kandidatur wird als einzelne Liste behandelt.

Die Verteilung der Sitze innerhalb Luxemburgs erfolgt nach dem Verhältnis der Zahl der in den Unternehmen beschäftigten Arbeitnehmer zur ganzheitlichen Belegschaftsstärke des Unternehmens.[990] Unvollkommene Sitzanteile, die die Hälfte übersteigen, werden aufgerundet. Falls sich die jeweiligen Delegierten nicht einigen können, entscheidet bei Gleichheit der Arbeitnehmerzahlen das Los.[991] Gemäß Art. L. 443-6 Abs. 2 S. 3 Code du Travail (LU) finden getrennte Abstimmungen der Personaldelegationen statt.

Das Mandat der luxemburgischen Arbeitnehmervertreter im Aufsichts- oder Verwaltungsorgan endet vorzeitig bei freiwilligem Verzicht, Ende des Arbeitsverhältnisses, Abberufung durch das ernennende Organ oder Ausgliederung der Einheit aus der SE.[992] In diesem Fall hat das ernennende Organ für eine Ersatzbesetzung zu sorgen, die das begonnene Mandat zu Ende führt.[993]

d. Polen

In Polen werden die Arbeitnehmervertreter mittels einer geheimen Wahl in einer Generalversammlung der Belegschaften bestimmt.[994] Wie diese Wahl im Einzelnen durchgeführt wird, ist nicht geregelt. Die Vorschrift bestimmt nur, dass die Betriebe entsprechende Verfahrensregelungen aufstellen.

e. Slowakische Republik

In der Slowakischen Republik wird für das Verfahren zur Besetzung der Sitze im Aufsichts- oder Verwaltungsorgan der SE auf das HGB (SK) verwiesen. Dort ist die Wahl von Arbeitnehmervertretern im Aufsichtsrat einer

---

989 Mémorial Luxembourgeois A Nr. 69 vom 24.09.1974, geändert durch Großherzogliche Verordnung, Mémorial Luxembourgeois A Nr. 107 vom 25.07.2008.

990 Art. L. 443-6 Abs. 2 S. 1 Code du Travail (LU).

991 Art. L. 443-6 Abs. 2 S. 2 Code du Travail (LU).

992 Art. L. 444-4 Abs. 2 Code du Travail (LU).

993 Art. L. 444-4 Abs. 3 Code du Travail (LU).

994 Art. 110 EWIV/SE-Gesetz (PL).

Aktiengesellschaft geregelt.[995] Gemäß § 200 Abs. 5 S. 1 HGB (SK) werden die Arbeitnehmervertreter von der Belegschaft gewählt. Für die Organisation und Durchführung des Wahlverfahrens ist der Vorstand in Zusammenarbeit mit der Gewerkschaftsorganisation verantwortlich. Ist eine Gewerkschaftsorganisation nicht vertreten, treten die wahlberechtigten Arbeitnehmer an ihre Stelle. Wahlvorschläge können entweder von der Gewerkschaftsorganisation oder von mindestens zehn Prozent der wahlberechtigten Arbeitnehmer eingereicht werden. Gewählt wird mit absoluter Mehrheit. Dasselbe gilt für die Abberufung.[996]

Haben mehrere Gesellschaften oder Betriebe ihren Sitz in der Slowakischen Republik gilt die Regelung des § 44 Abs. 4 SE-Gesetz (SK) entsprechend. Dann findet eine gemeinsame Ernennung durch die Arbeitnehmervertreter dieser Einheiten statt.[997]

f. Tschechische Republik

Für die Bestimmung der tschechischen Arbeitnehmervertreter im Aufsichts- oder Verwaltungsorgan der SE verweist § 64 Abs. 5 S. 1 SE-Gesetz (CZ) auf die Regelung des HGB (CZ) über die Wahl von Aufsichtsratsmitgliedern in einer Aktiengesellschaft. Gemäß § 200 Abs. 5 S. 1 und 3 HGB (CZ) wählen die bei der Gesellschaft beschäftigten Personen die Arbeitnehmervertreter direkt in einer geheimen Abstimmung, an der mindestens die Hälfte der Wahlberechtigten teilnehmen muss. Die Wahl wird gemäß § 200 Abs. 5 S. 5 HGB (CZ) vom Vorstand nach Absprache mit den Gewerkschaftsvertretungen oder gegebenenfalls dem Betriebsrat organisiert. Wahlvorschläge können nach § 200 Abs. 5 S. 8 HGB (CZ) vom Vorstand, der Gewerkschaftsvertretung oder gegebenenfalls dem Betriebsrat sowie von zehn Prozent der wahlberechtigten Arbeitnehmer eingereicht werden. Für die Abberufung gilt die Regelung entsprechend. Der Vorstand und die betrieblichen Arbeitnehmervertreter können gemäß § 200 Abs. 7 HGB (CZ) eine Wahlordnung verabschieden, in der z.B. auch eine indirekte Wahl durch Wahlmänner vereinbart werden kann.

Sind in der Tschechischen Republik mehrere Gesellschaften ansässig, die Arbeitnehmer beschäftigen, erfolgt die Ernennung in einer gemeinsamen Sitzung der Arbeitnehmervertreter i.S.d. § 55 Abs. 4 SE-Gesetz (CZ).[998] Diese Regelung vermeidet ein aufwendiges betriebsübergreifendes Wahlverfahren.

---

995 § 53 Abs. 5 S. 1 SE-Gesetz (SK).

996 Zum Ganzen § 200 Abs. 5 S. 1 bis 4 HGB (SK).

997 § 53 Abs. 5 S. 2 SE-Gesetz (SK).

998 § 64 Abs. 5 S. 2 SE-Gesetz (CZ).

3. *Bestimmung durch den SE-Betriebsrat*

In **Irland** wird auf ein kosten- und zeitintensives Bestimmungsverfahren verzichtet. Stattdessen statuieren die SE-Regulations 2006 (IE) in ihrem Anhang Teil 1 Art. 16 Abs. 6, dass die irischen Mitglieder des SE-Betriebsrats über die Besetzung der zugewiesenen Sitze im Aufsichts- oder Verwaltungsorgan entscheiden. Diese können nur Personen aus ihren eigenen Reihen ernennen.

In **Slowenien** und **Ungarn** werden die Arbeitnehmervertreter ebenfalls vom SE-Betriebsrat bestimmt.[999] Entfallen mehrere Sitze auf Slowenien soll der Betriebsrat diese auf die beteiligten Gesellschaften, betroffenen Tochtergesellschaften und Betriebe entsprechend der jeweiligen Arbeitnehmerzahlen verteilen.[1000] In Ungarn können die Mitglieder des SE-Betriebsrats nicht gleichzeitig Mitglied des Aufsichts- oder Verwaltungsorgans werden.[1001] Stehen für die ungarischen Arbeitnehmer mehrere Sitze zur Verfügung, erfolgt die Verteilung im Verhältnis der in den Tochtergesellschaften und Betrieben beschäftigten Arbeitnehmer.[1002]

4. *Verzicht auf eine Regelung*

Bulgarien, **Italien**, **Malta** und das **Vereinigte Königreich** verzichten auf eine eigene Regelung zur Bestimmung der Sitze im Aufsichts- oder Verwaltungsorgan der SE. Die jeweiligen Auffangregelungen bestimmen lediglich, dass der SE-Betriebsrat über die Sitzverteilung entscheidet.[1003] Der Verzicht auf konkretere Bestimmungen ist darauf zurückzuführen, dass in diesen Ländern eine Mitbestimmung in den Gesellschaftsorganen nicht gesetzlich vorgeschrieben ist.[1004]

Entfällt bei einer SE mit Sitz in Deutschland ein Sitz auf diese Länder und kommt die gesetzliche Auffangregelung zum Tragen, entscheidet der SE-Betriebsrat über die Besetzung des Sitzes.[1005] Es ist dann die Ernennung einer Person wahrscheinlich, die für diese Länder im SE-Betriebsrat sitzt.

---

999 Art. 33 ZSDUEDD (SI); § 48 Abs. 1 S. 2 SE-Gesetz (HU).

1000 Art. 34 Abs. 1 ZSDUEDD (SI).

1001 § 48 Abs. 1 S. 3 SE-Gesetz (HU).

1002 § 50 Abs. 3 SE-Gesetz (HU).

1003 Art. 19 Abs. 4 und 6 SEBG (BG); Teil 3 Art. 4 Buchst. b Unterabs. 2 des Anhangs zu SEBG (MT); Teil 3 des Anhangs zum Legislativdekret Nr. 188/05 (IT); Teil 3 Art. 13 des Anhangs der SE-Regulations 2009 (GB).

1004 *Harth/Taggart* in Henssler/Braun, Arbeitsrecht in Europa, Großbritannien Rn. 88; *von der Heyde*, S. 125; *Stollt/Wolters*, Arbeitnehmerbeteiligung in der SE, S. 75, 81.

1005 § 36 Abs. 2 SEBG; hierzu bereits § 2 E. II. 3. a (S. 57).

IV. Vergleich

1. Legitimationsdefizit in der Zusammensetzung

Auch bei den Verfahren zur Bestimmung der Arbeitnehmervertreter im Aufsichts- oder Verwaltungsorgan bedienen sich die meisten nationalen Gesetzgeber der Verweisung auf die Regelungen in Zusammenhang mit der Bestellung der BVG-Mitglieder bzw. SE-Betriebsratsmitglieder (AT, BE, EE, ES, FI, IS, LI, LT, NO, NL, PT, SE). Die auf diesen Verfahren beruhenden Ernennungen sind aus folgenden Gründen nicht ausreichend legitimiert:

- Bei der Bestimmung der Arbeitnehmervertreter im Aufsichts- oder Verwaltungsorgan kann der Vorwurf erhoben werden, dass bereits aufgrund der Verweisung auf die einzelstaatlichen Rechtsvorschriften und Gepflogenheiten Wahlrechte übergangen werden.[1006]
- Vertreterloser bzw. nicht gewerkschaftlich organisierte Arbeitnehmer haben wie bereits bei den Verfahren zur Bestellung der BVG-Mitglieder in einigen Ländern keine Möglichkeit, an der Bestellung zu partizipieren.[1007]

2. Paritätisch besetzte Wahlgremien

Eine Abweichung vom deutschen System kann bei der Ernennung durch bestehende nationale Arbeitnehmervertretungen entstehen, wenn diese wie in Belgien und Dänemark paritätisch besetzt sind.[1008] Denn nach dem deutschen Rechtsverständnis muss die Auswahlentscheidung stets auf die Arbeitnehmer zurückzuführen sein.[1009] Dies ist bei der Zuständigkeit eines Organs, dem auch der Arbeitgeber angehört, zweifelhaft.

3. Abweichende Entsendungsverfahren

Sechs Umsetzungsgesetze installieren ein eigenständiges Wahl- bzw. Ernennungsverfahren (CZ, DK, FR, LU, PL, SK). Lediglich in drei Ländern wird die Zuständigkeit auf den SE-Betriebsrat übertragen (IE, HU, SL). Das schwedische Umsetzungsrecht sieht die Möglichkeit vor, dass die an sich zuständigen Gewerkschaftssektionen ihr Recht auf den SE-Betriebsrat übertragen können.

1006 Hierzu § 2 E. II. 3. c (S. 59).
1007 Hierzu § 3 C. IV (S. 138).
1008 Vgl. § 4 B. III. 1 (S. 156) und § 4 B. III. 2. a (S. 157).
1009 § 2 E. I. 2 (S. 49).

Vier Gesetze verzichten auf eine konkrete Regelung zur Bestimmung der Arbeitnehmervertreter (BG, GB, IT, MT). Letzteres bereitet bei einer SE mit Sitz in Deutschland keine Schwierigkeiten, da das SEBG für diesen Fall eine Ernennung durch den SE-Betriebsrat vorsieht.[1010]

4. *Unterschiedliche Mandatsvoraussetzungen*

Hinsichtlich der Mandatsvoraussetzungen fällt auf, dass in Irland die Mitgliedschaft im SE-Betriebsrat erforderlich ist, während andere Länder die Mitgliedschaft ausdrücklich als Ausschlusskriterium qualifizieren (FR, HU). Bei einem möglichen Zusammentreffen dieser unterschiedlichen Regelungen in einem Aufsichts- oder Verwaltungsorgan drängt sich die Frage nach deren Sinn und Zweck auf. So kann das augenscheinliche Ziel des Doppelmandatverbotes, zwei voneinander unabhängige Arbeitnehmervertretungen zu gewährleisten, in Bezug auf das Gesamtgremium nicht erreicht werden.

Im Übrigen differieren die Mandatsvoraussetzungen im Wesentlichen nur bei der Frage, ob die Mitgliedschaft in einer nationalen Arbeitnehmervertretung erforderlich ist. Als einziges Land erlaubt Österreich auch die Wahl externer Gewerkschaftsvertreter. Das französische Recht billigt ebenso wie das SEBG den leitenden Angestellten unter bestimmten Voraussetzungen einen Sitzanspruch zu, wobei die Anforderungen in Frankreich mit nur zwei zu besetzenden Sitzen weniger hoch sind.

5. *Rudimentäre Regelungen*

Der Gestaltungsspielraum der nationalen Gesetzgeber hat vorliegend den Nachteil, dass einige Mitgliedstaaten wie z.B. Polen das Verfahren zur Bestimmung der Arbeitnehmervertreter nur rudimentär regeln. Treten aufgrund dieser unzureichenden Regelungen Fragen oder Zweifel auf, kann dies zulasten des gesamten Aufsichts- oder Verwaltungsorgans gehen. Es besteht ein erhöhtes Risiko, dass die Wahl einzelner Aufsichtsratsmitglieder angefochten wird. Ferner sehen neben Deutschland lediglich drei Länder die Benennung von Ersatzmitgliedern vor (BE, DK, FR).

1010 § 36 Abs. 2 SEBG, ferner § 2 E. II. 3. a (S. 57).

§ 5 Vergleich der persönlichen Rechtsstellung

A. Tabellarische Übersicht

Staat	Sonderkündigungsschutz	Freistellung
AT	Kündigung bedarf der vorherigen Zustimmung des Arbeits- und Sozialgerichts; Zustimmung darf nur bei Vorliegen bestimmter Voraussetzungen erteilt werden; Kündigungsschutz endet drei Monate nach Mandatsende	bezahlte Freistellung, soweit erforderlich
BE	Kündigungsgrund muss vorab vom Arbeitsgericht bzw. der paritätischen Kommission als rechtfertigend anerkannt werden; Beginn des Kündigungsschutzes am dreißigsten Tag vor der Ernennung	*Mitglieder des BVG/SE-BR:* bezahlte Freistellung, soweit erforderlich
		Arbeitnehmervertreter im Aufsichts- oder Verwaltungsorgan: keine Regelung
BG	Kündigung grds. nur mit vorheriger Zustimmung der Arbeitsinspektion	*Mitglieder des BVG/SE-BR:* bezahlte Freistellung, soweit erforderlich
		Arbeitnehmervertreter im Aufsichts- oder Verwaltungsorgan: keine Regelung
CZ	*Mitglieder des BVG/SE-BR:* allg. Diskriminierungsverbot	*Mitglieder des BVG/SE-BR:* bezahlte Freistellung, soweit erforderlich
	Arbeitnehmervertreter im Aufsichts- oder Verwaltungsorgan: keine Schutzvorschriften	*Arbeitnehmervertreter im Aufsichts- oder Verwaltungsorgan:* keine Regelung
DE	*Mitglieder des BVG/SE-BR:* Ausschluss der ordentlichen Kündigung während der Amtszeit und in dem Jahr danach; außerordentliche Kündigung nur mit Zustimmung des SE-Betriebsrats	*Mitglieder des BVG und SE-BR:* bezahlte Freistellung, soweit erforderlich
	Arbeitnehmervertreter im Aufsichts- oder Verwaltungsorgan: allg. Diskriminierungsverbot	*Arbeitnehmervertreter im Aufsichts- oder Verwaltungsorgan:* Freistellung, wenn eine Erledigung der Aufgaben in der Freizeit nicht möglich ist.

Staat	Sonderkündigungsschutz	Freistellung
DK	es gelten die jeweiligen kollektivvertraglichen Regelungen	es gelten die jeweiligen kollektivvertraglichen Regelungen
EE	Bei Kündigung während der Amtszeit oder in dem darauffolgenden Jahr wird vermutet, dass sie auf der Amtstätigkeit beruht und unzulässig ist; vor der Kündigung ist der jeweilige Wahlkörper anzuhören	bezahlte Freistellung, soweit erforderlich
ES	allg. Diskriminierungsverbot, das auch noch in dem Jahr nach Mandatsende gilt; Anspruch auf ein streitiges Verfahren; Vorrang bei einer Sozialauswahl	Anspruch auf 60 Stunden pro Jahr; diese werden wie bezahlter Urlaub behandelt.
FI	Kündigung ist grds. nur zulässig, wenn die Mehrheit der repräsentierten Arbeitnehmer zustimmt.	bezahlte Freistellung, soweit erforderlich
FR	*Mitglieder des BVG/SE-BR:* Kündigung ist grds. nur mit vorheriger Zustimmung der Arbeitsinspektion und nach Anhörung des Betriebsrats zulässig	*Mitglieder des SE-BR:* Anspruch zwanzig Monatsstunden. Der Lohnanspruch besteht fort.
	Arbeitnehmervertreter im Aufsichts- oder Verwaltungsorgan: Kündigung ist nur zulässig bei einem Fehlverhalten und auf Antrag der Mehrheit des Aufsichts- bzw. Verwaltungsrats	*Mitglieder des BVG und Arbeitnehmervertreter im Aufsichts- oder Verwaltungsorgan:* bezahlte Freistellung, soweit erforderlich
GB	allg. Diskriminierungsverbot	bezahlte Freistellung, soweit erforderlich
HU	Kündigung des Vorsitzenden der verschiedenen Vertreterorgane ist während der Amtszeit und in den sechs Monaten danach nur mit Zustimmung des SE-Betriebsrats bzw. Aufsichts- oder Verwaltungsorgans zulässig	Die jeweiligen Vorsitzenden erhalten eine Arbeitszeitvergünstigung in Höhe von 15 %, die anderen Mitglieder in Höhe von 10 % der monatlichen Arbeitszeit; es besteht Anspruch auf ein Abwesenheitsgeld
IE	allg. Diskriminierungsverbot; Kündigungen die auf der Amtstätigkeit beruhen, sind unzulässig	bezahlte Freistellung, soweit erforderlich
IS	allg. Diskriminierungsverbot; Kündigungen die auf der Amtstätigkeit beruhen, sind unzulässig	Freistellungsanspruch muss mit dem Arbeitgeber verhandelt werden
IT	allg. Diskriminierungsverbot; Kündigungen die auf der Amtstätigkeit beruhen, sind unzulässig	bezahlte Freistellung, soweit erforderlich

Staat	Sonderkündigungsschutz	Freistellung
LI	allg. Diskriminierungsverbot	bezahlte Freistellung, soweit erforderlich
LT	*Mitglieder des BVG/SE-BR:* Kündigung ist grds. nur mit Genehmigung der nationalen Arbeitnehmervertreter zulässig, die das Mitglied entsandt haben	bezahlte Freistellung, soweit erforderlich
	Arbeitnehmervertreter im Aufsichts- oder Verwaltungsorgan: keine Schutzregelungen	
LU	Kündigungsverbot während der Amtszeit und in den darauffolgenden sechs Monaten; es kann Antrag auf gerichtliche Auflösung des Arbeitsverhältnisses gestellt werden	bezahlte Freistellung, soweit erforderlich; Konkretisierung für die Mitglieder des BVG und SE-BR möglich
MT	allg. Diskriminierungsverbot; Kündigungen die auf der Amtstätigkeit beruhen, sind unzulässig	bezahlte Freistellung, soweit erforderlich
NL	Kündigungsverbot während der Amtszeit; mit Ausnahme von Kündigungen während der Probezeit, betriebsbedingte oder außerordentliche Kündigungen sowie Beendigung durch das Gericht	bezahlte Freistellung, soweit erforderlich
NO	Kündigung nur mit gewerkschaftlicher Zustimmung	Freistellung zur Erfüllung der Pflichten
PL	Kündigung bedarf der Zustimmung der zuständigen Gewerkschaftsorganisation bzw. des zuständigen Arbeitsinspektors; gilt auch für das Jahr nach Ende der Amtszeit.	bezahlte Freistellung, soweit erforderlich
PT	allg. Diskriminierungsverbot; Kündigungen während der Amtszeit und in den drei Jahren danach sind widerlegbar rechtswidrig	*Mitglieder des BVG/SE-BR:* Anspruch auf 25 Monatsstunden
		Arbeitnehmervertreter im Aufsichts- oder Verwaltungsorgan: bezahlte Freistellung, soweit erforderlich
SE	allg. Diskriminierungsverbot; Vorrang bei einer Sozialauswahl	Bezahlte Freistellung zur Erfüllung der Pflichten; der konkrete Rahmen wird mit dem Arbeitgeber vereinbart

Staat	Sonderkündigungsschutz	Freistellung
SI	Kündigung bedarf grds. der Zustimmung des Organs, dem die betroffene Person angehört; Kündigungsschutz gilt ein weiteres Jahr nach dem Mandatsende.	bezahlte Freistellung, soweit erforderlich; konkrete Stundenzahl wird mit dem Arbeitgeber vereinbart
SK	*Mitglieder des BVG/SE-BR:* Kündigung bedarf grds. der Zustimmung des Organs, dem die betroffene Person angehört; Kündigungsschutz gilt weitere sechs Monate nach dem Mandatsende	*Mitglieder des BVG/SE-BR:* bezahlte Freistellung, soweit erforderlich; konkrete Stundenzahl und Höhe des Lohnersatzes werden mit dem Arbeitgeber vereinbart
	Arbeitnehmervertreter im Aufsichts- oder Verwaltungsorgan: keine Schutzvorschriften	*Arbeitnehmervertreter im Aufsichts- oder Verwaltungsorgan:* keine Regelung

B. Arbeitnehmervertreter aus Deutschland

In Deutschland ist § 42 SEBG für die persönliche Rechtsstellung der SE-Arbeitnehmervertreter maßgeblich. Im Gegensatz zu der vergleichbaren Bestimmung des § 40 EBRG enthält diese Vorschrift keine konkretisierende Verweisung auf die anwendbaren deutschen Vorschriften.[1011]

I. Persönlicher Schutzbereich

In persönlicher Hinsicht unterfallen dem Schutzbereich die Mitglieder des BVG und des SE-Betriebsrats sowie die Arbeitnehmervertreter im Aufsichts- oder Verwaltungsorgan.[1012]

Nicht erfasst sind die Mitglieder des Wahlgremiums. Eine analoge Anwendung scheidet aus, da der Wortlaut der Vorschrift eindeutig ist und keine unbewusste Regelungslücke vorliegt.[1013] Außerdem fehlt es an einer hinreichend präzisen Vergleichbarkeit im deutschen Recht. Auch hier profitieren nicht alle

---

1011 Statt vieler *Feuerborn* in KK zum AktG, § 42 SEBG Rn. 3; *Henssler* in Ulmer/Habersack/Henssler, Mitbestimmung, § 42 SEBG Rn. 1.

1012 Die Arbeitnehmer, die in sonstiger Weise an einem Unterrichtungs- und Anhörungsverfahren mitwirken, werden auch hier nicht gesondert aufgeführt.

1013 *Feuerborn* in KK zum AktG, § 42 SEBG Rn. 6; *Grobys*, NZA 2005, 84 (91); *Henssler* in Ulmer/Habersack/Henssler, Mitbestimmung, § 42 SEBG Rn. 3.; *Oetker* in Lutter/Hommelhoff, SE, § 42 SEBG Rn. 1; *Thüsing/Forst*, FS Reuter (2009), 851 (863); a.A. *Hohenstatt/Müller-Bonanni* in Habersack/Drinhausen, SE, § 42 SEBG Rn. 2; *Jacobs* in MüKo, Europäisches Aktienrecht, § 42 SEBG Rn. 3.

Personen, die vorbereitende Aufgaben wahrnehmen, von besonderen Schutzvorschriften. *Henssler* weist zutreffend darauf hin, dass etwa die Delegierten nach §§ 10 ff. MitbestG keinen besonderen Schutzvorschriften unterliegen.[1014] Im Übrigen besteht das Wahlgremium regelmäßig aus den Betriebsräten, die ohnehin dem Schutz des BetrVG und KSchG unterliegen.[1015] Für alle anderen Personen gilt der Errichtungsschutz des § 44 Nr. 1 SEBG.[1016] Dieses Ergebnis steht auch im Einklang mit Art. 10 SE-Richtlinie, der eine abschließende Aufzählung der geschützten Personen enthält.

II. Besonderer Kündigungsschutz

1. Mitglieder des SE-Betriebsrats

Die Mitglieder des SE-Betriebsrats stehen aufgrund ihrer Position und Aufgaben den deutschen Betriebsratsmitgliedern nahe. Für sie gelten § 15 Abs. 1 KSchG und § 103 BetrVG entsprechend.[1017] Gemäß § 15 Abs. 1 KSchG ist die ordentliche Kündigung während der Amtszeit und in dem darauffolgenden Jahr grundsätzlich ausgeschlossen.[1018] Eine außerordentliche Kündigung ist unter den Voraussetzungen des § 626 BGB mit Zustimmung des Betriebsrats bzw. deren gerichtlicher Ersetzung zulässig.[1019] Dasselbe gilt grundsätzlich auch für die Versetzung.[1020]

Umstritten ist, wer das für die Zustimmung zuständige Vertreterorgan ist. In Betracht kommen der SE-Betriebsrat, der nationale Betriebsrat und das für die Bestellung zuständige Wahlgremium. Für die Zuständigkeit des Wahlgremiums wird angeführt, dass dieses „eher" für den „Schutz des von ihm (mit-)kreierten Organs" zuständig ist.[1021] Dieses Argument ist wenig plausibel, da dann auch auf nationaler Ebene nicht die Zustimmung des Betriebsrats sondern die der Arbeitnehmer erforderlich wäre, die das zu kündigende Betriebsratsmitglied gewählt haben. Für die Zuständigkeit des nationalen Betriebsrats könnte sprechen, dass

---

1014 *Henssler* in Ulmer/Habersack/Henssler, Mitbestimmung, § 42 SEBG Rn. 3.

1015 *Feuerborn* in KK zum AktG, § 42 SEBG Rn. 5.

1016 *Henssler* in Ulmer/Habersack/Henssler, Mitbestimmung, § 42 SEBG Rn. 3.

1017 *Feuerborn* in KK zum AktG, § 42 SEBG Rn. 10; *Henssler* in Ulmer/Habersack/Henssler, Mitbestimmung, § 42 SEBG Rn. 5; *Jacobs* in MüKo, Europäisches Aktienrecht, § 42 SEBG Rn. 6; *Kienast* in Jannott/Frodermann, SE, 13. Kapitel Rn. 420.

1018 Etwas anderes gilt nur bei Stilllegung des Betriebes oder Betriebsteils, § 15 Abs. 4 und 5 KSchG.

1019 § 103 Abs. 1 und 2 BetrVG.

1020 § 103 Abs. 3 BetrVG.

1021 *Oetker* in Lutter/Hommelhoff, SE, § 42 SEBG Rn. 12.

es sich bei der Kündigung um einen betrieblichen Vorgang handelt.[1022] Unstimmig ist diese Auffassung allerdings, wenn der betreffende SE-Arbeitnehmervertreter in einer betriebsratslosen Einheit beschäftigt ist. Letztlich ist entscheidend, dass § 103 BetrVG auch die Funktionsfähigkeit des Gremiums schützt, dem der Arbeitnehmer angehört.[1023] Die Zustimmung des SE-Betriebsrats erscheint deshalb am sachnächsten.[1024]

2. Mitglieder des BVG

a. Reguläre Mitglieder

Auch die Mitglieder des BVG kommen in den Genuss des besonderen Kündigungsschutzes des § 15 Abs. 1 KSchG und § 103 BetrVG. Hierfür spricht ihre Tätigkeit.[1025] Zudem unterliegen auch die Mitglieder des BVG, das nach dem EBRG zu bilden ist, diesen Schutzbestimmungen.[1026] Obwohl das BVG bei der Einführung der Arbeitnehmerbeteiligung in einer SE auch über die Mitbestimmung im Aufsichts- oder Verwaltungsorgan verhandelt, steht es dem BVG nach dem EBRG nahe. Eine unterschiedliche Behandlung wäre nicht gerechtfertigt.[1027]

Der nachwirkende Schutz beginnt, wenn das Verhandlungsverfahren beendet ist. Zu diesem Zeitpunkt endet auch die besondere Funktion des betreffenden BVG-Mitglieds.[1028] Im Nachwirkungszeitraum kann anstelle des BVG, dessen Amtstätigkeit beendet ist, der SE-Betriebsrat die Zustimmung zu einer außerordentlichen Kündigung erteilen bzw. ablehnen. Dies lässt sich aus dem Rechtsgedanken des § 18 Abs. 3 S. 2 SEBG ableiten.

b. Leitende Angestellte

Vereinzelt wird dafür plädiert, dass der besondere Kündigungsschutz nicht für die leitenden Angestellten des BVG gilt.[1029] Hierfür könnte sprechen, dass die leitenden Angestellten nach nationalem Recht nicht privilegiert sind und die

---

1022 So für die vergleichbare Vorschrift des § 40 EBRG *Blanke*, EBRG, § 40 Rn. 13.

1023 *Rieble* in Dornbusch/Fischermeier/Löwisch, § 103 BetrVG Rn. 1.

1024 Ebenso *Jacobs* in MüKo, Europäisches Aktienrecht, § 42 SEBG Rn. 6.

1025 *Jacobs* in MüKo, Europäisches Aktienrecht, § 42 SEBG Rn. 6; *Kienast* in Jannott/Frodermann, SE, 13. Kapitel Rn. 420; *Oetker* in Lutter/Hommelhoff, SE, § 42 SEBG Rn. 7.

1026 § 40 Abs. 2 Alt. 1 EBRG; *Feuerborn* in KK zum AktG, § 42 SEBG Rn. 11.

1027 *Henssler* in Ulmer/Habersack/Henssler, Mitbestimmung, § 42 SEBG Rn. 6.

1028 *Henssler* in Ulmer/Habersack/Henssler, Mitbestimmung, § 42 SEBG Rn. 7.

1029 *Kleinmann/Kujath* in Manz/Mayer/Schröder, SE, § 42 SEBG Rn. 4; *Oetker* in Lutter/Hommelhoff, SE, § 42 SEBG Rn. 10.

SE-Richtlinie bzw. das SEBG eine Gleichstellung mit den nationalen Schutzvorschriften vorsehen.[1030] Dagegen spricht, dass es sich bei dem BVG um ein einheitliches Gremium handelt, in dem die regulären Arbeitnehmer und die leitenden Angestellten dieselben Aufgaben wahrnehmen. Die leitenden Angestellten, die als Mitglieder ins BVG entsandt sind, vertreten nicht ausschließlich die Interessen der leitenden Angestellten. Vielmehr besteht ihre Aufgabe darin, eine Beteiligungsvereinbarung auszuhandeln. Auch sie stehen aufgrund ihrer Funktion und Aufgabe den Betriebsratsmitgliedern nahe. Im Übrigen differenziert § 42 SEBG nicht zwischen den verschiedenen Mitgliedern des BVG.

3. *Arbeitnehmervertreter im Aufsichts- oder Verwaltungsorgan*

Die Arbeitnehmervertreter im Aufsichts- oder Verwaltungsorgan der SE unterfallen nicht dem besonderen Kündigungsschutz des § 15 KSchG und § 103 BetrVG. Es fehlt an der Vergleichbarkeit mit den nationalen Betriebsratsmitgliedern.[1031] Auf die Arbeitnehmervertreter in einem deutschen Aufsichtsrat findet der Sonderkündigungsschutz keine Anwendung.[1032] Für sie gilt lediglich das allgemeine Benachteiligungsverbot des § 26 MitbestG bzw. § 9 DrittelbG. Diese Vorschriften werden in der SE von § 44 Nr. 3 SEBG verdrängt, der insoweit die speziellere Vorschrift ist.[1033] Hinsichtlich der Arbeitnehmervertreter im Aufsichts- oder Verwaltungsorgan geht die Verweisung des § 42 SEBG folglich ins Leere.

III. Freistellung und Entgeltfortzahlung

1. *Mitglieder des BVG und SE-Betriebsrats*

Für die deutschen Mitglieder des BVG und SE-Betriebsrats kommt § 37 Abs. 2 und 3 BetrVG entsprechend zur Anwendung.[1034] Sie haben einen Anspruch auf bezahlte Freistellung, soweit dies zur Ausführung ihrer besonderen Aufgaben

---

1030 *Oetker* in Lutter/Hommelhoff, SE, § 42 SEBG Rn. 10, 13.

1031 *Feuerborn* in KK zum AktG, § 42 SEBG Rn. 12; *Jacobs* in MüKo, Europäisches Aktienrecht, § 42 SEBG Rn. 6; *Kleinmann/Kujath* in Manz/Mayer/Schröder, SE, § 42 SEBG Rn. 4; *Oetker* in Lutter/Hommelhoff, SE, § 42 SEBG Rn. 7, 14.

1032 BAG vom 04.04.1974, Az. 2 AZR 452/73, BAGE 26, 116; *Thüsing/Forst*, FS Reuter (2009), 851 (860).

1033 *Oetker* in Lutter/Hommelhoff, SE, § 42 SEBG Rn. 14. Konsequenterweise muss dasselbe auch für das Benachteiligungsverbot des § 78 BetrVG gelten.

1034 *Feuerborn* in KK zum AktG, § 42 SEBG Rn. 13; *Jacobs* in MüKo, Europäisches Aktienrecht, § 42 SEBG Rn. 7.

erforderlich ist. Finden Sitzungen außerhalb der Arbeitszeit statt, kann zum Ausgleich entsprechende Arbeitsbefreiung verlangt werden.[1035]

2. *Arbeitnehmervertreter im Aufsichts- oder Verwaltungsorgan*

Für die Arbeitnehmervertreter in einem Aufsichtsrat gibt es in der deutschen Rechtsordnung keine besonderen Freistellungs- und Entgeltfortzahlungsregelungen.[1036] Deshalb gilt auch hier § 44 Nr. 2 und 3 SEBG.[1037] Die Arbeitnehmervertreter sind von ihrer Arbeit freizustellen, wenn sich die besonderen Aufgaben nicht in ihrer Freizeit erledigen lassen.[1038] Eine Entgeltfortzahlung scheidet grundsätzlich aus, da der etwaige Verlust eines Arbeitsentgeltes regelmäßig durch die Mandatsvergütung ausgeglichen ist.[1039]

C. Arbeitnehmervertreter aus anderen Mitgliedstaaten

Der Begriff Arbeitnehmervertreter umfasst im Folgenden die BVG-Mitglieder, SE-Betriebsratsmitglieder und die von den Arbeitnehmern bestimmten Mitglieder des Aufsichts- oder Verwaltungsorgans der SE. Eine Differenzierung erfolgt nur, wenn für die verschiedenen Personengruppen unterschiedliche Schutzregelungen gelten. Finden sich in dem jeweiligen Umsetzungsrecht keine konkreten Schutzvorschriften, ist auf das nationale Arbeitsrecht zurückzugreifen. Dies gebietet das Gleichstellungsgebot in Art. 10 SE-Richtlinie. Wie im deutschen Recht muss ermittelt werden, mit welchen nationalen Arbeitnehmervertretern die betreffenden Arbeitnehmervertreter in der SE hinsichtlich ihrer Aufgaben und Funktionen zu vergleichen sind.

I. Besonderer Kündigungsschutz

1. *Kündigungsverbot*

Die in **Luxemburg** beschäftigten SE-Arbeitnehmervertreter kommen sämtlich in den Genuss der Schutzrechte und Garantien, die in den Artt. L. 415-11 f. Code

---

1035 *Feuerborn* in KK zum AktG, § 42 SEBG Rn. 13.

1036 *Feuerborn* in KK zum AktG, § 42 SEBG Rn. 16. Vereinzelt werden auch die § 37 Abs. 4 und 5 BetrVG für anwendbar erklärt, z.B. *Jacobs* in MüKo, Europäisches Aktienrecht, § 42 SEBG Rn. 7; diese Vorschriften werden jedoch von der spezielleren Norm des § 44 SEBG verdrängt.

1037 *Henssler* in Ulmer/Habersack/Henssler, Mitbestimmung, § 42 SEBG Rn. 8 f.

1038 *Henssler* in Ulmer/Habersack/Henssler, Mitbestimmung, § 42 SEBG Rn. 8.

1039 Ähnlich *Henssler* in Ulmer/Habersack/Henssler, Mitbestimmung, § 42 SEBG Rn. 9; *Hohenstatt/Müller-Bonanni* in Habersack/Drinhausen, SE, § 42 SEBG Rn. 4.

du Travail (LU) vorgesehen sind.[1040] Diese Vorschriften enthalten einen besonderen Kündigungsschutz sowohl für Vertreter, die derzeit ein Amt innehaben, als auch für ehemalige Repräsentanten in den ersten sechs Monaten nach Ablauf ihrer Amtszeit. Eine vom Arbeitgeber ausgesprochene Kündigung während dieses Zeitraums ist nichtig und ohne Auswirkungen.[1041] Liegen allerdings Gründe vor, die eine Kündigung rechtfertigen, kann der Arbeitgeber den betreffenden Arbeitnehmer suspendieren und die gerichtliche Auflösung des Arbeitsverhältnisses beantragen.[1042]

In den **Niederlanden** legt Art. 1:4 WRW-ER (NL) die Rechte der SE-Arbeitnehmervertreter fest. Danach hat der Arbeitgeber sicherzustellen, dass sowohl die Wahlkandidaten als auch die aktiven und ehemaligen Repräsentanten innerhalb der Gesellschaft nicht benachteiligt werden.[1043] Die niederländischen Mitglieder des BVG und SE-Betriebsrats sowie die Arbeitnehmervertreter im Aufsichts- oder Verwaltungsorgan der SE dürfen nicht gekündigt werden.[1044] Der besondere Kündigungsschutz gilt nicht für eine Kündigung während der Probezeit, eine betriebsbedingte oder außerordentliche Kündigung sowie bei Beendigung durch das Gericht.[1045] Ehemalige Mitglieder des BVG und SE-Betriebsrats dürfen in den ersten zwei Jahren nach dem Ende ihrer Amtszeit nicht ohne vorherige Zustimmung des zuständigen Bezirksrichters gekündigt werden.[1046] Die oben genannten Ausnahmen gelten entsprechend.[1047]

2. Zustimmungsvorbehalt

a. Zustimmung des Gerichts oder der Behörde

aa. Belgien

Der belgische Gesetzgeber hat Art. 10 SE-Richtlinie durch das SE-BegleitmaßnahmenG (BE) in das belgische Recht integriert. Im Einklang mit

---

1040 Art. L. 444-3 Abs. 1 Code du Travail (LU).

1041 Art. L. 415-11 Abs. 1 S. 1 Code du Travail (LU).

1042 Art. L. 415-11 Abs. 2 S. 1 Code du Travail (LU); *Europäische Kommission*, Die Regelung der Arbeitsbedingungen in den Mitgliedstaaten der Europäischen Union, S. 107.

1043 Art. 1:4 Abs. 7 WRW-ER (NL).

1044 Art. 7:670 Abs. 4 Nr. 3 BW (NL).

1045 Art. 7:670b Abs. 1 und 2 BW (NL); *Hoogendorn/Rogmans* in Henssler/Braun, Arbeitsrecht in Europa, Niederlande Rn. 238.

1046 Art. 7:670a Abs. 1 Buchst. a BW (NL).

1047 *Hoogendorn/Rogmans* in Henssler/Braun, Arbeitsrecht in Europa, Niederlande Rn. 239.

der SE-Richtlinie bestimmt Art. 7 SE-BegleitmaßnahmenG (BE), dass auf die Rechtsstellung der Arbeitnehmervertreter das Recht des Mitgliedstaates anwendbar ist, in dem der jeweilige Arbeitgeber niedergelassen ist. Sowohl die BVG- und SE-Betriebsratsmitglieder als auch die Arbeitnehmervertreter im Aufsichts- oder Verwaltungsorgan der SE profitieren von dem besonderen Kündigungsschutz zugunsten der Mitglieder in den Betriebsräten und Ausschüssen für Sicherheit und Gesundheit. Dieser besondere Kündigungsschutz ist im KSchG (BE) verortet.[1048]

In zeitlicher Hinsicht beginnt der besondere Kündigungsschutz am dreißigsten Tag vor der Ernennung und endet mit der Mandatsbeendigung.[1049] In diesem Zeitraum können die Arbeitnehmervertreter der SE nur aus bestimmten Gründen und unter Einhaltung eines bestimmten Verfahrens gekündigt werden.[1050] Der Kündigungsgrund muss von den Arbeitsgerichten bzw. der paritätischen Kommission vorab als rechtfertigend anerkannt werden. Gegebenenfalls hat der Arbeitnehmervertreter einen Wiedereinstellungs- bzw. Entschädigungsanspruch.[1051]

bb. Bulgarien

In Bulgarien befinden sich die Vorschriften über die persönliche Rechtsstellung der Arbeitnehmervertreter im ArbGB (BG). Die Regelungen, die sich ursprünglich nur auf die nationalen Arbeitnehmervertreter bezogen, erstrecken sich nun auch auf die SE. Arbeitnehmer, die Mitglied im BVG oder SE-Betriebsrat sind, dürfen in bestimmten Fällen nur mit vorheriger Zustimmung der Arbeitsinspektion gekündigt werden.[1052] Der Zustimmungsvorbehalt ist nur bei Kündigungen erforderlich, die auf der Schließung eines Teils des Unternehmens bzw. Abbau des Personalbestands, Verringerung des Arbeitsumfangs, fehlender Eignung des Arbeitnehmers oder Änderungen der Arbeitsplatzanforderungen basieren.[1053] Des Weiteren bedarf eine fristlose Kündigung aus „Disziplinargründen" der Zustimmung der Arbeitsinspektion.[1054]

1048 Vgl. Art. 9 S. 1 SE-BegleitmaßnahmenG (BE).

1049 Art. 9 S. 2 SE-BegleitmaßnahmenG (BE).

1050 *Matray/Hübinger* in Henssler/Braun, Arbeitsrecht in Europa, Belgien Rn. 167.

1051 *Matray/Hübinger* in Henssler/Braun, Arbeitsrecht in Europa, Belgien Rn. 100 Fn. 83.

1052 Art. 333 Abs. 1 Nr. 6 ArbGB (BG); die Hauptarbeitsinspektion ist beim Ministerium für Arbeit und Sozialpolitik eingerichtet (Art. 399 ArbGB (BG)).

1053 Art. 333 Abs. 1 i.V.m. Art. 328 Abs. 1 Nr. 2, 3, 5 und 11 ArbGB (BG).

1054 Art. 333 Abs. 1 i.V.m. Art. 330 Abs. 2 Nr. 6 ArbGB (BG).

Die Arbeitnehmervertreter im Aufsichts- oder Verwaltungsorgan sind von dieser Schutzvorschrift nicht umfasst. Andere vergleichbare Regelungen für nationale Arbeitnehmervertreter in den Gesellschaftsorganen existieren nicht, da in Bulgarien eine Mitbestimmung in den Gesellschaftsorganen weitgehend unbekannt ist.[1055]

cc. Frankreich

In Frankreich profitieren alle Arbeitnehmer, die ihre Rechte in Zusammenhang mit der Etablierung einer Arbeitnehmerbeteiligung in der SE wahrnehmen, von einem besonderen Kündigungs- und Benachteiligungsverbot aufgrund ihrer Amtsträgerschaft.[1056] Daneben enthält der Code du Travail (FR) konkrete Regelungen über die persönliche Rechtsstellung der Arbeitnehmervertreter, die zwischen den verschiedenen Gremien und Funktionen der Arbeitnehmervertreter differenzieren.

Sowohl die Mitglieder des BVG als auch die Mitglieder des SE-Betriebsrats genießen einen besonderen Kündigungsschutz. Die Kündigung eines solchen Funktionsträgers bedarf der vorherigen Zustimmung des Arbeitsinspektors und der vorherigen Anhörung des Betriebsrats, sofern ein solcher eingerichtet ist.[1057] Davor haben die betreffenden Personen Anspruch auf ein Gespräch, zu dem ein Arbeitnehmer- oder Gewerkschaftsvertreter hinzugezogen werden darf.[1058]

Für die Arbeitnehmervertreter im Aufsichts- oder Verwaltungsorgan enthält Art. L. 225-32 Abs. 2 Code de Commerce (FR) einen speziellen Kündigungsschutz. Nach dieser Vorschrift dürfen die betreffenden Aufsichtsratsmitglieder nur auf Antrag der Mehrheit des Aufsichtsrats gekündigt werden, wenn sie sich bei der Ausübung ihres Mandats eines Fehlverhaltens schuldig gemacht haben. Zwar wird die Anwendbarkeit dieser Vorschrift auf Vertreter im Aufsichts- oder Verwaltungsorgan der SE nicht ausdrücklich angeordnet. Aufgrund des Gleichstellungsgebotes in Art. 10 SE-Richtlinie ist dies jedoch zwingend geboten.

1055 *Stollt/Wolters*, Arbeitnehmerbeteiligung in der SE, S. 75.

1056 Art. L. 2352-14 Code du Travail (FR).

1057 Artt. L. 2411-12, L 2421-3 f. Code du Travail (FR); dies gilt auch für die Entlassung von befristet beschäftigten Arbeitnehmern wegen eines schwerwiegenden Grundes und wenn ein befristeter Arbeitsvertrag nicht verlängert wird, Art. L. 2412-6 Code du Travail (FR).

1058 Artt. R. 2421-3 f. Code du Travail (FR); weiterführend *Krebber*, S. 110 f.

dd. Österreich

In Österreich verweist § 251 Abs. 1 ArbVG (AT) für die persönliche Rechtsstellung der österreichischen SE-Arbeitnehmervertreter auf die Bestimmungen der §§ 115 Abs. 2 S. 1 und Abs. 3, 116 und 120 bis 122 ArbVG (AT). Die Verweisung differenziert nicht zwischen den verschiedenen Repräsentationsorganen. Dies ist sachgerecht, da die Arbeitnehmervertreter in einem österreichischen Aufsichts- oder Verwaltungsrat zugleich einem Betriebsrat angehören müssen.[1059] Die verschiedenen Amtsinhaber sind bei der Ausübung ihrer Tätigkeit weisungsunabhängig und gegenüber Beschränkungen und Benachteiligungen geschützt.[1060] Das Beschränkungs- und Benachteiligungsverbot gilt insbesondere hinsichtlich der Lohnzahlung, etwaigen Aufstiegsmöglichkeiten, betrieblichen Schulungs- und Umschulungsmaßnahmen sowie Versetzungen.[1061]

Die Bestimmungen der §§ 120 bis 122 ArbVG (AT) enthalten einen besonderen Kündigungs- und Entlassungsschutz, der aufgrund der Verweisung in § 251 Abs. 1 ArbVG (AT) sowohl für die Mitglieder des BVG und SE-Betriebsrats als auch für die Arbeitnehmervertreter im Aufsichts- und Verwaltungsorgan der SE gilt. Die zwei Beendigungstatbestände sind mit der ordentlichen und außerordentlichen Kündigung im deutschen Recht vergleichbar, da für eine fristlose Entlassung im Unterschied zur Kündigung ein wichtiger Grund erforderlich ist[1062]. Sowohl die Kündigung als auch die Entlassung der Amtsträger bedarf der vorherigen Zustimmung des Arbeits- und Sozialgerichts.[1063] Das Gericht darf einer Kündigung nur zustimmen, wenn ein betriebsbedingter Grund gegeben ist, der betreffende Arbeitnehmer arbeitsunfähig ist oder eine „beharrliche Pflichtverletzung" des Arbeitnehmers vorliegt.[1064] Eine Entlassung darf genehmigt werden, wenn der Arbeitnehmer beim Abschluss des Arbeitsvertrages getäuscht hat, sich bestimmter Straftaten schuldig gemacht hat, im Dienst untreu oder bestechlich ist, gegen die Verschwiegenheitspflicht verstößt, einen unberechtigten Nebenerwerb ausübt oder das Vertrauen zwischen ihm und dem Betriebsinhaber zerstört.[1065] Eine Weiterbeschäftigung darf gemäß § 122 Abs. 2 i.V.m. § 251 Abs. 1

1059 §§ 110 Abs. 1 S. 1, 217 Abs. 1 S. 1 ArbVG; *Oetker* in Lutter/Hommelhoff, SE, § 42 SEBG Rn. 5.

1060 § 115 Abs. 2 S. 1 und Abs. 3 i.V.m. § 251 Abs. 1 ArbVG (AT).

1061 Weitere Beispiele bei *Gahleitner* in Kalss/Hügel, SE-Kommentar, § 251 ArbVG Rn. 2.

1062 *Pelzmann* in Henssler/Braun, Arbeitsrecht in Europa, Österreich Rn. 128 ff., 175.

1063 § 251 Abs. 1 i.V.m. § 120 Abs. 1 S. 1 ArbVG (AT).

1064 § 251 Abs. 1 i.V.m. § 121 ArbVG (AT).

1065 § 251 Abs. 1 i.V.m. § 122 Abs. 1 ArbVG (AT).

ArbVG (AT) nach den besonderen Umständen des Falles nicht zumutbar sein. Bei der Abwägung ist das Beschränkungs- und Benachteiligungsverbot des § 115 Abs. 3 ArbVG (AT) zu beachten. Der Schutz gegen Kündigungen und Entlassungen beginnt mit der Bestellung und endet drei Monate nach Mandatsende.[1066]

b. Zustimmung des Vertreterorgans

Das Umsetzungsrecht in **Slowenien** differenziert nicht zwischen den verschiedenen Funktionsträgern. Für alle geschützten Personen gilt sowohl Art. 67 ZSDU (SI) als auch Art. 112 ZDR-1 (SI).[1067] Gemäß Art. 67 ZSDU (SI) dürfen Arbeitnehmervertreter, die sich ordnungsgemäß verhalten, nicht ohne Zustimmung des jeweiligen Vertreterorgans versetzt werden. Darüber hinaus darf der Arbeitgeber ihr Gehalt nicht reduzieren oder sie zum Objekt einer Disziplinarmaßnahme machen.

Gemäß Art. 112 Abs. 1 ZDR-1 (SI) darf ein Arbeitnehmervertreter nicht ohne die Zustimmung des Organs gekündigt werden, dem er angehört. Voraussetzung ist, dass die betreffende Person weder gegen das Gesetz noch gegen Tarifverträge oder seinen Arbeitsvertrag verstößt. Keine Zustimmung ist erforderlich, wenn der Arbeitnehmer aus betrieblichen Gründen an seinem bisherigen Arbeitsplatz nicht mehr beschäftigt werden kann und eine andere zumutbare Arbeit ablehnt. Im Übrigen ist eine Zustimmung entbehrlich, wenn die Kündigung auf einer Betriebsschließung beruht. Gemäß Art. 112 Abs. 2 ZDR-1 (SI) gilt dieser Kündigungsschutz für die Dauer der Amtszeit und im Jahr nach Ablauf derselben.[1068]

In der **Slowakischen Republik** setzt § 55 Abs. 1 SE-Gesetz (SK) Art. 10 Abs. 1 SE-Richtlinie nahezu wortgleich um. Abweichend von der SE-Richtlinie ist der Schutzbereich zwar nicht auf diejenigen Arbeitnehmervertreter beschränkt, die zugleich Belegschaftsmitglied sind. Im Ergebnis spielt dies jedoch keine Rolle, da die zu gewährenden Rechte ohnehin auf das Arbeitsverhältnis bezogen sind und dementsprechend ins Leere gehen, sofern ein externer Arbeitnehmervertreter betroffen ist.

Die Mitglieder des BVG und SE-Betriebsrats unterliegen einem allgemeinen Diskriminierungs- und Benachteiligungsverbot, das auch in den ersten sechs Monaten nach Mandatsende gilt.[1069] Zudem ist für die Kündigung eines Arbeitnehmervertreters die Zustimmung des Organs erforderlich, dem er angehört. Die Zustimmung gilt als erteilt, wenn sie nicht innerhalb von fünfzehn Tagen

1066 § 251 Abs. 1 i.V.m. § 120 Abs. 3 ArbVG (AT).

1067 Art. 37 ZSDUEDD (SI).

1068 Vgl. auch *Hainz*, Arbeits- und Sozialrecht in Mittel- und Osteuropa, S. 195.

1069 § 55 Abs. 2 S. 2 SE-Gesetz (SK) i.V.m. § 240 Abs. 7 und 8 ArbG (SK).

abgelehnt wird.[1070] Bei einer Ablehnung kann der Arbeitgeber gerichtlich feststellen lassen, dass die Kündigung auf einem anderen Grund beruht und ihm eine Weiterbeschäftigung nicht zumutbar ist.[1071]

Die slowakischen Arbeitnehmervertreter im Aufsichts- oder Verwaltungsorgan genießen keinen Diskriminierungs- oder Kündigungsschutz. Hinsichtlich ihrer Rechtsstellung bestimmt § 53 Abs. 6 SE-Gesetz (SK) lediglich, dass sie die gleichen Rechte und Pflichte wie die Anteilseignervertreter haben.

Für die in **Ungarn** beschäftigten Mitglieder und Ersatzmitglieder des BVG und SE-Betriebsrats sowie für die Arbeitnehmervertreter im Aufsichts- oder Verwaltungsorgan der SE sind die auf das Betriebsratsmitglied bezogenen Bestimmungen des ArbG (HU) entsprechend anzuwenden.[1072] Einen besonderen Kündigungsschutz genießt demnach nur der Vorsitzende der jeweiligen Gremien. Gemäß § 260 Abs. 1 ArbG (HU) ist nur für die Kündigung des Betriebsratsvorsitzenden während dessen Wahlperiode und in den ersten sechs Monaten nach Mandatsende die vorherige Zustimmung des Betriebsrats erforderlich. Parallel zum deutschen Recht ist nicht der nationale Betriebsrat sondern der SE-Betriebsrat bzw. das Aufsichts- oder Verwaltungsorgan das für die Zustimmung zuständige Organ.[1073]

c. Zustimmung des Wahlkörpers

In **Estland** ist die persönliche Rechtsstellung der SE-Arbeitnehmervertreter in § 80 i.V.m. § 40 SEBG (EE) geregelt. Neben den Mitgliedern des BVG und SE-Betriebsrats sind auch die Arbeitnehmervertreter im Aufsichts- oder Verwaltungsrat in den Schutzbereich einbezogen.[1074] Für die besonderen Schutzvorschriften verweist § 40 Abs. 1 SEBG (EE) auf das TLS (EE). Da das TLS (EE) nicht zwischen den Arbeitnehmervertretern auf Betriebs- und Unternehmensebene unterscheidet[1075] und die Verweisung des SEBG (EE) eindeutig ist, gelten für alle estnischen SE-Arbeitnehmervertreter dieselben Vorschriften.

§ 92 TLS (EE) normiert einen besonderen Kündigungsschutz zugunsten der Arbeitnehmervertreter. Gemäß § 92 Abs. 1 Nr. 4 TLS (EE) darf eine Kündigung

1070 § 55 Abs. 2 S. 2 SE-Gesetz (SK) i.V.m. § 240 Abs. 9 ArbG (SK).
1071 § 55 Abs. 2 S. 2 SE-Gesetz (SK) i.V.m. § 240 Abs. 10 ArbG (SK).
1072 § 33 Abs. 1 SE-Gesetz (HU).
1073 Für das deutsche Recht vgl. § 5 B. II. 1 (S. 171).
1074 § 80 Abs. 2 SEBG (EE).
1075 Dies ist darauf zurückzuführen, dass es in Estland keine zwingende Mitbestimmung der Arbeitnehmer in den Gesellschaftsorganen gibt, vgl. *Jürgen* in Henssler/Braun, Arbeitsrecht in Europa, Estland Rn. 108.

nicht darauf gestützt werden, dass der betreffende Arbeitnehmer das Amt eines Arbeitnehmervertreters ausübt. Diese Regelung kommt einem allgemeinen Diskriminierungsverbot gleich und ist in ihrer Wirksamkeit nicht besonders hoch einzustufen. Ergänzend wird gemäß § 92 Abs. 2 TLS (EE) widerleglich vermutet, dass grundsätzlich eine unzulässige Kündigung vorliegt, wenn der Arbeitnehmervertreter während seiner Amtsperiode oder innerhalb von einem Jahr nach deren Beendigung gekündigt wird. Die Regelung differenziert nicht zwischen ordentlicher und außerordentlicher Kündigung. Dem Arbeitgeber fällt die Widerlegung der Vermutung jedoch regelmäßig leichter, wenn eine außerordentliche Kündigung im Raum steht.

Ergänzend sieht § 94 TLS (EE) ein besonderes Verfahren für die Kündigung von Arbeitnehmervertretern vor: Vor der Kündigung sind die Arbeitnehmer, die den betreffenden Vertreter gewählt haben, oder die repräsentative Gewerkschaft anzuhören. Folgt der Arbeitgeber der innerhalb von zehn Arbeitstagen abzugebenden Stellungnahme des angehörten Personenkreises nicht, muss er seine Entscheidung rechtfertigen. Auch bei einer unrechtmäßigen Kündigung besteht allerdings keine Möglichkeit, dass der Arbeitnehmer seinen Arbeitsplatz behält.[1076]

In **Finnland** wurde Art. 10 SE-Richtlinie durch die §§ 33 f. SEBG (FI) in nationales Recht transformiert. § 33 SEBG (FI) regelt den besonderen Kündigungsschutz der Arbeitnehmervertreter. Geschützt sind neben den Mitgliedern des BVG und SE-Betriebsrats auch die in Finnland beschäftigten Arbeitnehmervertreter im Aufsichts- oder Verwaltungsorgan der SE. Diese Personen genießen den besonderen Schutz, der in Kapitel 7 § 10 AVG (FI) für die Vertragsbeendigung von Vertrauens- und gewählten Vertretern vorgesehen ist. Danach sind die finnischen Arbeitnehmervertreter aus persönlichen Gründen nur kündbar, wenn die Mehrheit der von ihnen repräsentierten Arbeitnehmer zustimmt. Dies gilt nicht im Falle eines groben Fehlverhaltens, das zu einer Auflösung des Arbeitsvertrages berechtigt.[1077] Aus anderen Gründen kann dem Arbeitnehmervertreter nur gekündigt werden, wenn sein Arbeitsplatz wegfällt und der Arbeitgeber nicht in der Lage ist, eine andere zumutbare Arbeit anzubieten oder die betreffende Person umzuschulen.[1078]

Das in **Litauen** geltende Umsetzungsgesetz enthält in Art. 8 umfassende Regelungen zur persönlichen Rechtsstellung der Arbeitnehmervertreter. Dabei

---

1076 *Tavits*, EuZA 2013, 124 (131 f.).

1077 *Klinkhammer/Welslau*, Mitbestimmung in Deutschland und Europa, Rn. 411; *Leppä/Henne* in Henssler/Braun, Arbeitsrecht in Europa, Finnland Rn. 140.

1078 *Klinkhammer/Welslau*, Mitbestimmung in Deutschland und Europa, Rn. 411; *Leppä/Henne* in Henssler/Braun, Arbeitsrecht in Europa, Finnland Rn. 141.

wird im Bereich des Kündigungsschutzes zwischen den Mitgliedern des BVG und SE-Betriebsrats sowie den Arbeitnehmervertretern im Aufsichts- oder Verwaltungsorgan differenziert. Während ihrer Amtszeit dürfen die Mitglieder des BVG und des SE-Betriebsrats nur mit Genehmigung der nationalen Arbeitnehmervertreter entlassen werden, die das betroffene Mitglied entsandt haben.[1079] Ist dieses Mitglied von den Arbeitnehmern direkt gewählt worden, kann die Arbeitsaufsichtsbehörde die Genehmigung erteilen.[1080]

Für das Kündigungsverfahren gilt Art. 134 ArbG (LT) entsprechend.[1081] Abs. 1 dieser Regelung kann entnommen werden, dass der besondere Kündigungsschutz der Arbeitnehmervertreter grundsätzlich auf die ordentliche Kündigung beschränkt ist. Etwas anderes gilt nur für den Vorsitzenden der Arbeitnehmervertretung.[1082] Würde diese Regelung auf die SE nicht entsprechend angewendet, wäre vorliegend sowohl bei einer ordentlichen als auch bei einer außerordentlichen Kündigung eine Genehmigung erforderlich wäre. Gegen eine entsprechende Anwendung könnte sprechen, dass der eigentliche Kündigungstatbestand bereits in Art. 8 Abs. 2 SEBG (LT) enthalten ist. Für eine entsprechende Anwendung spricht das Gleichstellungsgebot des Art. 10 Abs. 1 SE-Richtlinie. Es ist davon auszugehen, dass der litauische Gesetzgeber die SE-Arbeitnehmervertreter gegenüber den nationalen Arbeitnehmervertretern nicht bevorzugen wollte. Die Genehmigung ist daher nur in Zusammenhang mit einer ordentlichen Kündigung einzuholen.

Die betroffene Arbeitnehmervertretung muss innerhalb von vierzehn Tagen eine schriftliche Stellungnahme abgeben. Wird diese Frist versäumt, hat der Arbeitgeber das Recht zu kündigen.[1083] Die Verweigerung der Genehmigung kann vom Arbeitgeber gerichtlich angefochten werden. Das Gericht kann die Entscheidung der Arbeitnehmervertretung aufheben, wenn es feststellt, dass der Arbeitnehmer die Interessen des Arbeitgebers erheblich verletzt hat.[1084] Folglich ist die ordentliche Kündigung eines Arbeitnehmervertreters de facto ausgeschlossen. Verstößt der Arbeitgeber bei einer Kündigung gegen diese Schutzvorschriften, kann der Arbeitnehmer seine Wiedereinstellung beanspruchen.[1085]

Die Arbeitnehmervertreter im Aufsichts- oder Verwaltungsorgan unterliegen keinem besonderen Kündigungsschutz. Dies ist darauf zurückzuführen, dass es

1079 Art. 8 Abs. 2 S. 1 SEBG (LT).
1080 Art. 8 Abs. 2 S. 2 SEBG (LT).
1081 Art. 8 Abs. 2 S. 3 SEBG (LT).
1082 Art. 134 Abs. 1 S. 2 ArbG (LT).
1083 Art. 134 Abs. 2 ArbG (LT).
1084 Art. 134 Abs. 3 ArbG (LT).
1085 Art. 134 Abs. 5 S. 2 ArbG (LT).

in Litauen keine gesetzliche Mitbestimmung in den Gesellschaftsorganen gibt und es daher an einem nationalen Pendant fehlt.[1086]

Keine Vorschriften über die persönliche Rechtsstellung der SE-Arbeitnehmervertreter enthält das Umsetzungsrecht in **Norwegen**. Aufgrund der Verweisung des Art. 10 Abs. 1 SE-Richtlinie ist zu ermitteln, welchen Schutz und welche Garantien die nationalen Arbeitnehmervertreter auf betrieblicher und auf Unternehmensebene haben. Die betriebliche Repräsentation der norwegischen Arbeitnehmer wird primär von den Gewerkschaften wahrgenommen. Deren Status ist in einem Manteltarifvertrag („MTV (NO)") geregelt, der zwischen den großen Arbeitgeber- und Arbeitnehmerverbänden abgeschlossen wird.[1087] Gemäß § 6-1 Abs. 3 Teil A MTV (NO) soll beim Abbau von Arbeitsplätzen, Umstrukturierungen und Entlassungen die besondere Position der Gewerkschaftsvertreter berücksichtigt werden. Die Kündigungsfrist beträgt drei Monate. Dies gilt nicht, wenn die Kündigung auf einem Verhalten der betreffenden Person beruht.[1088] Ist eine Kündigung geplant, muss dies mit dem Exekutivausschuss der Gewerkschaft besprochen werden. Hält die betreffende Gewerkschaft die Kündigung für nicht gerechtfertigt, ist eine gerichtliche Entscheidung erforderlich.[1089] Dieser Kündigungsschutz gilt auch für Arbeitnehmervertreter in den Gesellschaftsorganen.[1090] Damit erübrigt sich eine Differenzierung zwischen den verschiedenen Arbeitnehmervertretern in der SE.

Tarifverträge gehören zu den „Gepflogenheiten", auf die verwiesen werden kann.[1091] Aus deutscher Sicht könnte der Verweisung auf den MTV (NO) nach der Rechtsprechung des BVerfG das Rechtsstaatlichkeits- und Demokratieprinzip entgegenstehen. Zwar anerkannt ist, dass der Gesetzgeber auch auf Vorschriften eines anderen Normgebers verweisen darf. Es bestehen jedoch verfassungsrechtliche Grenzen. So muss aus der Verweisung klar hervorgehen, welche Vorschriften im Einzelnen anzuwenden sind. Der Inhalt der in Bezug genommenen Regelungen muss im Wesentlichen feststehen.[1092] Fraglich ist, ob

1086 Zur Unternehmensmitbestimmung *Povilaitinė* in Henssler/Braun, Arbeitsrecht in Europa, Litauen Rn. 33.

1087 *Aune/Mo* in Henssler/Braun, Arbeitsrecht in Europa, Norwegen Rn. 306, 309.

1088 § 6-11 Abs. 2 Teil A MTV (NO).

1089 § 6-11 Abs. 3 und 5 Teil A MTV (NO).

1090 § 6-11 Abs. 7 Teil A MTV (NO).

1091 20. Erwägungsgrund SE-Richtlinie; § 1 D. IV. 2 (S. 15).

1092 BVerfG vom 25.02.1988, Az. 2 BvL 26/84, BVerfGE 78, 32; BVerfG vom 14.06.1983, Az. 2 BvR 488/80, BVerfGE 64, 208.

diese Voraussetzungen vorliegend erfüllt sind. Dem könnte entgegenstehen, dass die Verweisung mit dem Begriff „Gepflogenheit" sehr offen formuliert ist. Für eine hinreichende Bestimmtheit spricht jedoch das Gleichbehandlungsgebot. Es besteht die klare Anweisung, die Arbeitnehmervertreter in einer SE den nationalen Arbeitnehmervertretern gleichzustellen. Die Rechtsstellung der norwegischen Arbeitnehmervertreter ist in dem MTV (NO) geregelt. Insofern besteht kein Zweifel, welche Regelungen aufgrund der Verweisung Anwendung finden.

Auch die in **Polen** beschäftigten Mitglieder des BVG und SE-Betriebsrats und die Arbeitnehmervertreter im Aufsichts- oder Verwaltungsorgan der SE genießen einen besonderen Kündigungsschutz. Während der Amtszeit und in dem Jahr danach ist die Aufhebung ihres Arbeitsvertrags oder eine Kündigung nicht ohne Zustimmung der zuständigen Gewerkschaftsorganisation erlaubt.[1093] Dieser Schutz entspricht dem der nationalen Gewerkschaftsvertreter.[1094] Ist der betreffende Arbeitnehmer nicht gewerkschaftlich organisiert, ist die Genehmigung des am Sitz des Arbeitgebers zuständigen Arbeitsinspektors einzuholen. Dasselbe gilt für jede benachteiligende Veränderung der Arbeitsbedingungen oder des Gehalts.[1095]

3. *Nur Diskriminierungsverbot*

a. Irland

Art. 19 Abs. 1 SE-Regulations 2006 (IE) verbietet es, die Arbeitnehmervertreter in der SE aufgrund der Ausübung ihres Amtes zu benachteiligen. Die betreffenden Personen gelten als benachteiligt, wenn sie gekündigt werden oder in Bezug auf ihre Arbeitsbedingungen bzw. in sonstiger Weise unfair behandelt werden.[1096] Die Rechtsfolgen einer sozialwidrigen Kündigung sind im Anhang Teil 2 SE-Regulations 2006 (IE) geregelt. Dieses Diskriminierungsverbot entspricht dem Schutz der irischen Gewerkschaftsvertreter, deren Rechtsstatus in einem Leitfaden der Kommission für Arbeitsbeziehungen (IE) geregelt ist.

b. Island

In Island regelt Art. 18 SEBG (IS) die persönliche Rechtsstellung der SE-Arbeitnehmervertreter. In den Schutzbereich einbezogen sind sowohl die

---

1093 Art. 116 EWIV/SE-Gesetz (PL).

1094 *Hainz*, Arbeits- und Sozialrecht in Mittel- und Osteuropa, S. 83.

1095 Art. 117 EWIV/SE-Gesetz (PL).

1096 Art. 19 Abs. 2 SE-Regulations 2006 (IE).

Mitglieder des BVG und SE-Betriebsrats als auch die Arbeitnehmervertreter im Aufsichts- oder Verwaltungsorgan. Es wird nicht danach differenziert, in welchen Staaten die Arbeitnehmervertreter beschäftigt sind. Aufgrund der eindeutigen kollisionsrechtlichen Anweisung in Art. 10 SE-Richtlinie ist die Regelung so auszulegen, dass sie nur für die in Island beschäftigten Arbeitnehmer gilt.

Kündigungen und sonstige Sanktionen, die auf die Amtstätigkeit zurückzuführen sind, sind unzulässig.[1097] Ergänzend statuiert Art. 18 Abs. 4 SEBG (IS), dass die Arbeitnehmervertreter, die für die Unterrichtung- und Anhörung zuständig sind, denselben Schutz des GewerkschaftsG (IS) genießen wie die nationalen Gewerkschaftsvertreter. Erfasst sind nach dem Wortlaut alle Personen, die entweder in einem SE-Betriebsrat oder in einem alternativen Unterrichtungs- und Anhörungsverfahren tätig sind. Gemäß Art. 11 S. 1 Gewerkschafts- und Arbeitskampfgesetz (IS) sind Kündigungen, die auf der Amtstätigkeit beruhen, unzulässig.[1098] Bei Personalabbauplänen des Arbeitgebers sollen die Arbeitnehmervertreter grundsätzlich bevorzugt behandelt werden.[1099]

c. Italien

Das Umsetzungsrecht in Italien hat den Wortlaut des Art. 10 SE-Richtlinie übernommen.[1100] Aufgrund der Definition des Begriffs der Arbeitnehmervertreter in Art. 2 Abs. 1 Buchst. e Legislativdekret Nr. 188/05 (IT) sind die Mitglieder des BVG und SE-Betriebsrats sowie die Arbeitnehmervertreter im Aufsichts- oder Verwaltungsorgan den Mitgliedern der RSU bzw. den Gewerkschaftsfunktionären gleichzustellen. Deren Rechte sind in Teil III des Arbeitnehmerstatuts (IT) verankert. Sie umfassen ein Diskriminierungsverbot, das die betreffenden Personen vor Entlassungen, Versetzungen und disziplinarischen Maßnahmen aufgrund der Amtsträgerschaft schützt.[1101]

d. Liechtenstein

Für die in Liechtenstein beschäftigten Arbeitnehmervertreter gilt Art. 51 SEBG (LI), der den Wortlaut von Art. 10 Abs. 1 SE-Richtlinie nahezu wörtlich

---

1097 Art. 18 Abs. 1 SEBG (IS).

1098 Welche Rechtsfolgen eine unzulässige Kündigung hat, ist soweit ersichtlich nicht geregelt.

1099 Art. 11 S. 2 GewerkschaftsG (IS).

1100 Art. 10 Abs. 1 Legislativdekret Nr. 188/05 (IT).

1101 *Radoccia* in Henssler/Braun, Arbeitsrecht in Europa, Italien Rn. 396.

übernimmt. Auch die liechtensteinischen Arbeitnehmervertreter sind hinsichtlich ihres Schutzes den Arbeitnehmervertretern nach nationalem Recht gleichzustellen. Folglich dürfen die in Liechtenstein beschäftigten SE-Arbeitnehmervertreter nicht behindert und während oder nach ihrer Amtstätigkeit nicht benachteiligt werden.[1102] Wie lange der Nachwirkungszeitraum dauert, ist nicht gesetzlich geregelt.

e. Malta

Für die auf Malta beschäftigten Mitglieder des BVG, SE-Betriebsrats und Arbeitnehmervertreter im Aufsichts- oder Verwaltungsorgan gelten die Schutzvorschriften für Arbeitnehmervertreter im Sinne des ArbG (MT).[1103] Dieses Gesetz enthält nur Regelungen für die betrieblichen Arbeitnehmervertreter in maltesischen Unternehmen. Aufgrund des eindeutigen Wortlauts der Verweisung werden die verschiedenen Repräsentanten in der SE jedoch gleichbehandelt. Der maltesische Gesetzgeber wendet die Schutzvorschriften auch auf die Arbeitnehmervertreter im Aufsichts- oder Verwaltungsorgan der SE an.

Der Schutz umfasst ein Verbot gegen Diskriminierungen aufgrund der Mitgliedschaft in einer Gewerkschaft.[1104] Als Ausfluss dieses Diskriminierungsverbotes bestimmt Art. 36 Abs. 14 Buchst. a ArbG (MT), dass die Mitgliedschaft in einer Gewerkschaft oder die Tätigkeit als Arbeitnehmervertreter keinen ordnungsgemäßen Kündigungsgrund darstellen.

f. Portugal

Die portugiesischen SE-Arbeitnehmervertreter sind wie ihr nationales Pendant gegen Disziplinarmaßnahmen, Kündigungen und Versetzungen geschützt.[1105] Art. 406 ArbG (PT) statuiert zu diesem Zweck ein allgemeines Diskriminierungsverbot. Bei der Kündigung eines Arbeitnehmervertreters wird widerlegbar vermutet, dass diese ohne triftigen Grund erfolgte und somit rechtswidrig ist. Diese Schutzvorschrift erstreckt sich auch auf ehemalige Amtsträger, deren Mandatsende noch nicht mehr als drei Jahre zurückliegt.[1106] Außerdem besteht eine im Vergleich zu anderen Arbeitnehmern verbesserte

1102 Art. 10 MWG (LI).
1103 Art. 13 SEBG (MT).
1104 Art. 26 i.V.m. Art. 2 ArbG (MT).
1105 Art. 44 Abs. 1 Buchst. d Legislativdekret Nr. 215/2005 (PT).
1106 Art. 410 Abs. 3 und 4 ArbG (PT); *E. Fedtke/ J.J. Fedtke* in Henssler/Braun, Arbeitsrecht in Europa, Portugal Rn. 138.

Abfindungsregelung.[1107] Die Arbeitnehmervertreter dürfen nicht ohne ihre Zustimmung versetzt werden. Dies gilt nicht, wenn der Grund für die Versetzung darin liegt, dass die betreffende Einheit geschlossen oder ausgegliedert wird.[1108]

g. Tschechische Republik

Hinsichtlich der Rechtsstellung der Arbeitnehmervertreter, die in der Tschechischen Republik beschäftigt sind, ist zwischen den verschiedenen Vertreterorganen zu differenzieren. Die Mitglieder des BVG sind gegen Diskriminierung und Benachteiligung geschützt.[1109] § 276 Abs. 2 ArbG (CZ) gilt aufgrund des Gleichstellungsgebotes auch für die SE-Betriebsratsmitglieder. Ein besonderes Kündigungsverbot existiert nicht. Dies überrascht nicht, da das Kündigungsschutzniveau in der Tschechischen Republik nicht hoch ist.[1110] Für die Arbeitnehmervertreter im Aufsichts- oder Verwaltungsorgan der SE sieht das Umsetzungsrecht keine besonderen Schutzvorschriften vor.

h. Vereinigtes Königreich

Das Umsetzungsgesetz des Vereinigten Königreichs enthält in den Artt. 26 ff. ausführliche Regelungen über die persönliche Rechtsstellung der Arbeitnehmervertreter. Diese differenzieren nicht zwischen den verschiedenen Gremien, denen die Vertreter angehören. Die Schutzvorschriften gelten für die Mitglieder des BVG, die Mitglieder des SE-Betriebsrats, die Arbeitnehmervertreter im Aufsichts- oder Verwaltungsorgan und die Kandidaten in den entsprechenden Abstimmungen.[1111]

Die Kündigung eines Arbeitnehmervertreters sowie der Wahlkandidaten ist sozialwidrig im Sinne von Teil 10 ArbG (GB),[1112] wenn sie sich auf dort näher bezeichnete Gründe stützt.[1113] So darf eine Kündigung insbesondere nicht damit begründet werden, dass die betreffende Person als Arbeitnehmervertreter tätig ist oder damit zusammenhängende Rechte wie etwa den Freistellungsanspruch

---

1107 Art. 410 Abs. 6 Arbeitsgesetz 2009; *E. Fedtke/ J.J. Fedtke* in Henssler/Braun, Arbeitsrecht in Europa, Portugal Rn. 138.

1108 Art. 411 Abs. 1 ArbG (PT).

1109 § 50 Abs. 4 S. 1 SE-Gesetz (CZ) i.V.m. § 276 Abs. 2 ArbG (CZ).

1110 *Pačić/Nikšová*, EuZA 2008, 78 (84 ff.).

1111 Artt. 27 Abs. 1, 29 Abs. 2, 31 Abs. 2 SE-Regulations 2009 (GB).

1112 Das Umsetzungsgesetz für Nordirland nimmt an dieser Stelle auf das in seinem Hoheitsgebiet geltende Gesetz Bezug.

1113 Art. 29 SE-Regulations 2009 (GB).

einfordert.[1114] Dies kommt einem allgemeinen Diskriminierungsverbot gleich. Keine Anwendung findet der Kündigungsschutz, wenn die Person gegen das Geheimhaltungsverbot des Art. 24 SE-Regulations 2009 (GB) verstoßen hat.[1115] Als Besonderheit sieht das Umsetzungsgesetz des Vereinigten Königreichs auch einen Schutz der gewöhnlichen Arbeitnehmer vor, wenn diese aus einem Grund gekündigt werden, der in Zusammenhang mit der Einführung der Arbeitnehmerbeteiligung in einer SE steht.[1116] Neben diesem speziellen Kündigungsschutz sind die Arbeitnehmervertreter und Arbeitnehmer auch gegen jede andere Benachteiligung geschützt, die ihnen durch die Anwendung oder bewusste Nichtanwendung eines Gesetzes zuteilwird.[1117]

4. Vorrang bei der Sozialauswahl

Für alle SE-Arbeitnehmervertreter, die üblicherweise in **Schweden** beschäftigt sind, gelten die §§ 3 Abs. 1, 4, 6 bis 8 ANVertrG (SE).[1118] Dementsprechend sind die Arbeitnehmervertreter bei der Ausübung ihrer Funktionen durch ein allgemeines Behinderungsverbot geschützt. Darüber hinaus dürfen die geschützten Personen aufgrund ihres Mandats hinsichtlich ihrer Beschäftigungspositionen und Arbeitsbedingungen nicht benachteiligt werden. Ein besonderer Kündigungsschutz ist nicht vorgesehen. Bei der Sozialauswahl haben die Arbeitnehmervertreter grundsätzlich Vorrang.[1119]

In **Spanien** genießen alle SE-Arbeitnehmervertreter bei der Ausführung ihrer Aufgaben den Schutz, der im Arbeitnehmerstatut (ES) festgelegt ist.[1120] Die Verweisung bezieht sich auf Art. 68 Arbeitnehmerstatut (ES), in dem die Garantien für die nationalen Arbeitnehmervertreter verortet sind.[1121] Gemäß Art. 68 Buchst. a Arbeitnehmerstatut (ES) haben die geschützten Personen Anspruch auf ein streitiges Verfahren, wenn Sanktionen gegen sie im Raum stehen. Darüber hinaus sollen die Arbeitnehmervertreter bei einer möglichen Sozialauswahl bevorzugt behandelt werden.[1122] Während ihrer Amtszeit und in dem Jahr

---

1114 Art. 29 Abs. 3 SE-Regulations 2009 (GB).

1115 Art. 29 Abs. 4 SE-Regulations 2009 (GB).

1116 Art. 29 Abs. 5 und 6 SE-Regulations 2009 (GB).

1117 Art. 31 Art. 26 Abs. 2 SE-Regulations 2009 (GB).

1118 § 65 SEBG (SE).

1119 § 8 Abs. 1 ANVertrG (SE); *Kurz* in Henssler/Braun, Arbeitsrecht in Europa, Schweden Rn. 171.

1120 Art. 31 Abs. 1 SEBG (ES).

1121 Vgl. *Calle/Prehm* in Henssler/Braun, Arbeitsrecht in Europa, Spanien Rn. 182.

1122 Art. 68 Buchst. b Arbeitnehmerstatut (ES).

danach dürfen die Arbeitnehmervertreter aufgrund ihrer besonderen Funktionen weder entlassen noch bestraft werden.[1123] Im Übrigen ist eine Diskriminierung in Zusammenhang mit der wirtschaftlichen und beruflichen Position der Arbeitnehmervertreter verboten.[1124]

Das Kündigungsrecht in Spanien ist im Hinblick auf Entschädigungsleistungen vereinfacht worden. Diese Entschädigungsleistungen haben den Arbeitgeber in der Vergangenheit oftmals von einer Kündigung abgehalten.[1125] Aus diesem Grund besteht in Spanien nunmehr ein niedriges Kündigungsschutzniveau.

5. *Kollektivvertragliche Regelung*

Die in **Dänemark** beschäftigten Mitglieder des BVG und des SE-Betriebsrats genießen in Zusammenhang mit ihrer Tätigkeit denselben Schutz gegen Kündigung oder andere Schlechterstellung wie Vertrauensvertreter in den relevanten oder vergleichbaren Bereichen.[1126] Die Regelung gilt auch für die aus Dänemark zu entsendenden Arbeitnehmervertreter im Aufsichts- oder Verwaltungsorgan.[1127] Die Rechtsstellung der Vertrauensvertreter entbehrt einer gesetzlichen Grundlage und ist ausschließlich in den jeweils anwendbaren Kollektivverträgen geregelt.[1128] Auch der Kündigungsschutz kann deshalb sehr unterschiedlich ausgestaltet sein. Es handelt sich um eine ungenaue Regelung des dänischen Gesetzes, die erhebliche Rechtsunsicherheiten birgt.

Wie schon bei dem Verweis auf den MTV (NO) stellt sich auch hier die Frage, ob die Verweisung aus Sicht des BVerfG zulässig ist. Aus § 42 SEBG ergibt sich, dass die Arbeitnehmervertreter in einer SE den nationalen Arbeitnehmervertretern gleichzustellen sind. Dieses Gebot weist hinreichend bestimmt die Anwendung der in dem betreffenden Betrieb oder Unternehmen geltenden kollektivvertraglichen Regelungen an.[1129]

1123 Art. 68 Buchst. c S. 1 Arbeitnehmerstatut (ES).

1124 Art. 68 Buchst. c S. 2 Arbeitnehmerstatut (ES).

1125 *Navarro Nieto*, EuZA 2012, 564 (568 f.).

1126 § 43 Abs. 1 SEBG (DK).

1127 § 43 Abs. 2 SEBG (DK).

1128 *Steinrücke/Würtz* in Henssler/Braun, Arbeitsrecht in Dänemark, Rn. 128 mit Beispielen für kündigungsschutzrechtliche Regelungen in Kollektivverträgen.

1129 Vgl. zu Norwegen § 5 C. I. 2. c (S. 180).

II. Freistellung und Entgeltfortzahlung

1. *Erforderliche Freistellung*

In Belgien, Bulgarien, Estland, Finnland, Frankreich, Irland, Italien, Liechtenstein, Litauen, Malta, den Niederlanden, Österreich, Polen, der Tschechischen Republik und dem Vereinigten Königreich sind die SE-Arbeitnehmervertreter von ihrer Pflicht zur Erbringung der Arbeitsleistung freizustellen, um die ihnen übertragenen Aufgaben zu erfüllen.[1130] Der Freistellungsumfang ist zwar nicht konkret festgelegt, umfasst aber insbesondere die Teilnahme an den Sitzungen. Während der Freistellung besteht ein Anspruch auf Lohnfortzahlung bzw. entsprechende Entschädigungsleistungen.[1131] Folgende Besonderheiten sind zu beachten:

In **Belgien** ist die Freistellung und Entgeltfortzahlung weder im CCT Nr. 84 (BE) noch im SE-BegleitmaßnahmenG (BE) geregelt. Entsprechend dem Gleichstellungsgebot des Art. 10 SE-Richtlinie muss auf Regelungen zurückgegriffen werden, die dem Schutz vergleichbarer Arbeitnehmervertreter auf nationaler Ebene dienen. Sowohl die Mitglieder des Unternehmensrates als auch die Vertreter im Ausschuss für Gesundheit und Sicherheit sind für die Sitzungen ihrer Gremien freizustellen. Die Freistellungszeit wird als reguläre Arbeitszeit betrachtet und entsprechend vergütet.[1132]

In **Bulgarien** bemisst sich die Höhe des Entgeltes nach der durchschnittlichen Bruttotagesarbeitsvergütung für den letzten Kalendermonat, in dem der Arbeitnehmer mindestens zehn Tage gearbeitet hat. Formal handelt es sich bei der Freistellung um einen bezahlten Urlaub.[1133]

1130 Art. 23 WirtschaftsorganisationsG (BE) und Art. 66 ArbeitnehmerschutzG (BE); Art. 157 Abs. 1 Nr. 5a ArbGB (BG); § 80 i.V.m. § 40 Abs. 2 S. 1 SEBG (EE); § 34 S. 1 SEBG (FI); Art. 19 Abs. 4 und 7 SE-Regulations 2006 (IE); Art. 10 Abs. 2 Legislativdekret Nr. 188/05 (IT); Art. 9 Abs. 3 MWG (LI); Art. 8 Abs. 1 SEBG (LT); Art. 13 Abs. 2 SEBG (MT); Art. 1:4 Abs. 1 und 2 WRW-ER (NL); § 116 i.V.m. § 251 Abs. 1 ArbVG (AT); Art. 118 EWIV/SE-Gesetz (PL); § 50 Abs. 4 S. 2, Abs. 5 SE-Gesetz (CZ); Art. 26 Abs. 1 SE-Regulations 2009 (GB).

1131 Art. 23 WirtschaftsorganisationsG (BE) und Art. 66 ArbeitnehmerschutzG (BE); Art. 157 Abs. 3 Nr. 2 i.V.m. Art. 177 ArbGB (BG); § 80 i.V.m. § 40 Abs. 2 S. 2 SEBG (EE); § 34 S. 2 SEBG (FI); Art. 19 Abs. 5 SE-Regulations 2006 (IE), Art. 10 Abs. 2 Legislativdekret Nr. 188/05 (IT); Art. 9 Abs. 3 MWG (LI); Art. 8 Abs. 1 SEBG (LT); Art. 13 Abs. 2 SEBG (MT); Art. 1:4 Abs. 1 und 2 WRW-ER (NL); § 251 Abs. 1 i.V.m. § 116 ArbVG (AT); Art. 118 EWIV/SE-Gesetz (PL) i.V.m. Art. 31.3 GewerkschaftsG (PL), § 50 Abs. 4 S. 2 SE-Gesetz (CZ); Art. 27 Abs. 1 SE-Regulations 2009 (GB).

1132 Art. 23 WirtschaftsorganisationsG (BE), Art. 66 ArbeitnehmerschutzG (BE).

1133 Art. 157 Abs. 3 Nr. 2 i.V.m. Art. 177 ArbGB (BG).

In **Estland** haben die Arbeitnehmervertreter während der Ausfallzeit Anspruch auf Zahlung des Durchschnittlohns.[1134] Das Umsetzungsgesetz führt nicht aus, was unter einem Durchschnittslohn zu verstehen ist. Aus § 29 TLS (EE) ergibt sich, dass dies die Regierung in einer Verordnung festlegt. Die allgemeine Freistellungsregelung des SEBG (EE) wird ergänzt durch § 19 Nr. 3 TLS (EE).[1135] Danach darf der Amtsträger die Arbeitsleistung verweigern, sofern er in den gesetzlich vorgesehenen Fällen als Arbeitnehmervertreter tätig ist. Gemäß § 36 TLS (EE) bleibt bei einer rechtmäßigen Arbeitsverweigerung der Vergütungsanspruch des Arbeitnehmers erhalten.

In **Finnland** muss der Arbeitgeber den SE-Arbeitnehmervertreter für jeden Einkommensverlust entschädigen.[1136] Die gesetzlichen Vorgaben sind als Mindestschutz zu verstehen. Der Arbeitgeber und die einzelnen Arbeitnehmervertreter können weitergehende Vereinbarungen treffen.[1137] Diese Regelung steht im Dienst des Gleichstellungsgebotes des Art. 10 SE-Richtlinie, da die Rechtsposition von Vertrauensvertretern in Finnland regelmäßig in Tarifverträgen geregelt ist.[1138]

In **Frankreich** gelten für die verschiedenen Arbeitnehmervertreter unterschiedliche Schutzregelungen. Die BVG-Mitglieder werden durch Art. L. 2352-10 Code du Travail (FR) geschützt. Dieser Artikel regelt, dass die Teilnahme an den Sitzungen des BVG als gewöhnliche Arbeitszeit betrachtet und zur üblichen Fälligkeit vergütet wird.

Die Freistellung der französischen Arbeitnehmervertreter im Aufsichts- oder Verwaltungsorgan ist im Code de Commerce (FR) geregelt.[1139] Sie verfügen ebenfalls über die erforderliche Zeit, um ihr Amt zweckmäßig ausüben zu können. Ihr Vergütungsanspruch verringert sich dadurch nicht.[1140] Darüber hinaus haben die in Frankreich gewählten Vertreter einen Schulungsanspruch.[1141] Dies ist eine Besonderheit, da aufgrund der Richtlinienvorgabe regelmäßig nur die Mitglieder des SE-Betriebsrats einen Anspruch auf Fortbildung haben.

In **Irland** besteht die Möglichkeit, dass weitergehende Rechte zur Anwendung kommen. Diese können etwa in den maßgeblichen Tarifverträgen für

---

1134 § 80 i.V.m. § 40 Abs. 2 S. 2 SEBG (EE).

1135 § 80 i.V.m. § 40 Abs. 1 SEBG (EE) verweist auf das TLS (EE).

1136 § 34 S. 2 SEBG (FI).

1137 § 34 S. 3 SEBG (FI).

1138 *Leppä/Henne* in Henssler/Braun, Arbeitsrecht in Europa, Finnland Rn. 171.

1139 Vgl. Art. L. 2352-31 Abs. 2 Code du Travail (FR).

1140 Artt. L. 225-30-1, L. 225-31 Code de Commerce (FR).

1141 Art. L. 225-30-2 Code de Commerce (FR).

vergleichbare Personengruppen vereinbart sein. Die Freistellungsregelung der SE-Regulations 2006 (IE) setzt andere Rechte der Interessensvertreter nicht außer Kraft.[1142]

In **Italien** besteht ein Anspruch auf bezahlten Urlaub, um an den Sitzungen teilzunehmen.[1143] Darüber hinaus können die SE-Arbeitnehmervertreter die Erstattung von Reise- und Unterhaltskosten für die Zeit verlangen, die zur Erfüllung ihrer Aufgaben erforderlich ist. Der konkrete Umfang richtet sich nach dem jeweils anwendbaren Tarifvertrag.[1144]

In **Liechtenstein** ist die Bezahlung der Arbeitnehmer während der Freistellung nicht ausdrücklich geregelt. Aus Art. 9 Abs. 3 MWG (LI) ergibt sich jedoch, dass die Tätigkeit während der Arbeitszeit ausgeübt werden darf. Dies lässt darauf schließen, dass die benötigte Zeit auch als Arbeitszeit vergütet wird.

Malta verweist für den Schutz und die Garantien der SE-Arbeitnehmervertreter auf das ArbG (MT). Dies umfasst insbesondere auch die Sitzungsteilnahme und Lohnzahlung.[1145] Das ArbG (MT) enthält keine Konkretisierung der Freistellungs- und Entgeltfortzahlungsregelung. Möglich sind entsprechende Vereinbarungen zwischen den Tarifpartnern. Sofern die Dauer der Freistellung oder der Umfang der Entgeltfortzahlung Gegenstand des anwendbaren Tarifvertrags ist, gelten diese Bestimmungen aufgrund des Gleichstellungsgebotes auch für die vergleichbaren Arbeitnehmervertreter in der SE. Ob ein Tarifvertrag Anwendung findet, unterliegt einer Einzelfallbetrachtung.

SE-Arbeitnehmervertreter, die in den **Niederlanden** beschäftigt sind, behalten ihren Lohnanspruch auch, wenn sie sich zur Erfüllung ihrer Aufgaben außerhalb der Sitzungen beraten oder an Schulungen teilnehmen.[1146]

In Österreich besteht im Gegensatz zum nationalen Recht kein Anspruch auf gänzliche Freistellung eines Arbeitnehmervertreters.[1147]

In der **Tschechischen Republik** haben die BVG-Mitglieder anstelle ihres regulären Lohnanspruchs das Recht auf eine Vergütung. Aus § 111 Abs. 1 ArbG (CZ) ergibt sich, dass Vergütungen in der Tschechischen Republik nicht unter dem gesetzlichen Mindestlohn liegen dürfen. Der gesetzliche Mindestlohn ist in einer Regierungsverordnung geregelt.[1148] Für die tschechischen Mitglieder

---

1142 Art. 19 Abs. 9 SE-Regulations 2006 (IE).
1143 Art. 10 Abs. 2 Legislativdekret Nr. 188/05 (IT).
1144 Art. 10 Abs. 2 Legislativdekret Nr. 188/05 (IT).
1145 Art. 13 Abs. 1 und 2 SEBG (MT).
1146 Art. 1:4 Abs. 3 WRW-ER (NL).
1147 *Gahleitner* in Kalss/Hügel, SE-Kommentar, § 251 ArbVG Rn. 2.
1148 § 111 Abs. 2 ArbG (CZ).

des gesetzlichen SE-Betriebsrats müssen aufgrund ihrer vergleichbaren Aufgaben dieselben Regelungen gelten.

Im **Vereinigten Königreich** gilt als Arbeitszeit jede Zeit, in welcher der Arbeitnehmer gewöhnlich seine Arbeitsleistung zu erbringen hat.[1149] Die Höhe der Vergütung bestimmt sich nach dem durchschnittlichen Stundenlohn, für dessen Berechnung Art. 27 Abs. 2 bis 5 SE-Regulations 2009 (GB) detaillierte Bestimmungen enthält. Die Zahlung einer doppelten Vergütung aufgrund des Arbeitsvertrags und des hier festgelegten Anspruchs ist ausgeschlossen.[1150]

In persönlicher Hinsicht erfassen die Freistellungsregelungen zum Teil nicht die Arbeitnehmervertreter im Aufsichts- oder Verwaltungsorgan der SE. Hierzu gehört das Umsetzungsrecht in **Belgien**, **Bulgarien** und der **Tschechischen Republik**. In einer SE kann diese Regelungslücke zu Schwierigkeiten führen, wenn der Arbeitnehmervertreter mangels eines gesetzlich normierten Anspruchs nicht für die Sitzungen des Aufsichts- oder Verwaltungsorgans freigestellt wird. In einer „deutschen" SE werden derartige Unstimmigkeiten allerdings durch das länderübergreifende Behinderungs- und Benachteiligungsverbot des § 44 SEBG vermieden.[1151]

2. Konkrete Freistellungsregelung

In einigen Ländern ist der Umfang des Freistellungsanspruchs für alle oder einzelne SE-Arbeitnehmervertreter konkretisiert.

In **Frankreich** haben die Mitglieder des nationalen Betriebsrats einen exakt vorgegebenen Zeitrahmen von zwanzig Monatsstunden zur Erfüllung ihrer Aufgaben.[1152] Etwas anderes gilt bei Vorliegen außergewöhnlicher Umstände.[1153] Die Zeit für die Sitzungsteilnahme wird nicht angerechnet.[1154] Der Lohnanspruch besteht fort und wird zum üblichen Zeitpunkt fällig.[1155] Aufgrund des Gleichstellungsgebotes des Art. 10 SE-Richtlinie gelten diese Regelungen für die Mitglieder des SE-Betriebsrats entsprechend.

In **Luxemburg** sind die SE-Arbeitnehmervertreter berechtigt, ihren Arbeitsplatz ohne Verringerung ihres Lohnanspruchs zu verlassen, um die ihnen

1149 Art. 26 Abs. 2 SE-Regulations 2009 (GB).
1150 Art. 27 Abs. 7 SE-Regulations 2009 (GB).
1151 Hierzu § 2 F. II. 2 (S. 65).
1152 Für die Freistellung der BVG-Mitglieder und Arbeitnehmervertreter im Aufsichts- oder Verwaltungsorgan vgl. § 5 C. II. 1 (S. 190).
1153 Art. L. 2325-6 Abs. 1 Code du Travail (FR).
1154 Vgl. Art. L. 2325-8 Abs. 1 Code du Travail (FR).
1155 Art. L. 2325-7 Abs. 1 Code du Travail (FR).

übertragenen Aufgaben zu erfüllen.[1156] Der Arbeitgeber ist gemäß Art. L. 444-3 Abs. 3 Code du Travail (LU) verpflichtet, die erforderliche Zeit zur Verfügung zu stellen und diese ohne Lohnkürzung als Arbeitszeit anzurechnen. Für die Mitglieder des BVG und SE-Betriebsrats kann der Freistellungsanspruch durch eine gemeinsame Absprache mit der zentralen Leitung oder der Leitung des einzelnen Betriebs bzw. Unternehmens konkretisiert werden.[1157] Anderenfalls gilt die nationale Freistellungsregelung des Art. L. 415-5 Abs. 2 Code du Travail (LU). Dann sind die Mitglieder des BVG und SE-Betriebsrats für je 500 Arbeitnehmer, die sie vertreten, für vierzig Stunden pro Woche freizustellen. Diese Stundenzahl erhöht sich um zwei Stunden pro Monat, wenn die beteiligten oder betroffenen luxemburgischen Gesellschaften und Betriebe bis zu 500 Arbeitnehmer beschäftigen. Zusätzliche drei Stunden pro Monat erhalten die luxemburgischen BVG- und SE-Betriebsratsmitglieder bei 501 bis 1.500 vertretenen Arbeitnehmern und weitere vier Stunden pro Monat bei über 1.500 vertretenen Arbeitnehmern.[1158]

Die in **Portugal** beschäftigten SE-Arbeitnehmervertreter haben zur Erfüllung ihrer Aufgaben Anspruch auf einen sogenannten monatlichen Stundenkredit.[1159] Dieser Anspruch ist aufgrund der Verweisung auf die entsprechende Regelung für nationale Betriebsratsmitglieder auf 25 Monatsstunden begrenzt.[1160] Darüber hinaus besteht ein Freistellungsanspruch, um an den verschiedenen Gremiensitzungen sowie an vorbereitenden Sitzungen teilnehmen zu können. Umfasst ist auch die erforderliche Reisezeit.[1161] Gehört der Arbeitnehmervertreter mehr als einem Organ an, erhöht sich die Stundenzahl nicht.[1162]

Die Schutzrechte der Arbeitnehmervertreter im Aufsichts- oder Verwaltungsorgan sind beschränkt. Sie umfassen die Freistellung, die zur Erfüllung ihrer Aufgaben erforderlich ist.[1163] Die Systematik der Regelung lässt darauf schließen, dass ihr Freistellungsanspruch nicht begrenzt ist. Dies ist sachgerecht, da sich die Begrenzung an dem Recht der nationalen Betriebsratsmitglieder orientiert. Deren Aufgaben sind nicht mit den Arbeitnehmervertretern im Aufsichts- oder Verwaltungsorgan zu vergleichen.

1156 Art. L. 444-3 Abs. 2 Code du Travail (LU).
1157 Art. L. 444-3 Abs. 4 Code du Travail (LU).
1158 Art. L. 444-3 Abs. 5 S. 1 Code du Travail (LU).
1159 Art. 44 Abs. 1 Buchst. a Legislativdekret Nr. 215/2005 (PT).
1160 Art. 422 Abs. 1 Buchst. b ArbG (PT).
1161 Art. 44 Abs. 1 Buchst. b Legislativdekret Nr. 215/2005 (PT).
1162 Art. 44 Abs. 3 Legislativdekret Nr. 215/2005 (PT).
1163 Art. 44 Abs. 4 Legislativdekret Nr. 215/2005 (PT).

Der Freistellungsanspruch der SE-Arbeitnehmervertreter, die in **Spanien** beschäftigt sind, ergibt sich aus Art. 31 Abs. 2 und 3 SEBG (ES). Die geschützten Personen sind berechtigt, an den jeweiligen Sitzungen ihres Gremiums teilzunehmen. Daneben stehen ihnen weitere sechzig Stunden pro Jahr für die Ausführung ihrer Aufgaben zu. Dieser Stundensatz kann gegebenenfalls dem Freistellungsanspruch angerechnet werden, der denselben Personen aufgrund ihrer Tätigkeit als nationale Arbeitnehmervertreter zusteht. Die Freistellungszeiten werden wie bezahlter Urlaub behandelt.

Die in **Ungarn** beschäftigten SE-Arbeitnehmervertreter werden für die Erfüllung ihrer Aufgaben von ihrer Pflicht zur Erbringung der Arbeitsleistung freigestellt. Sie haben Anspruch auf ein sogenanntes Abwesenheitsgeld, dessen Höhe nicht gesetzlich geregelt ist. Die Dauer der Freistellung richtet sich nach § 260 Abs. 1 ArbG (HU).[1164] Dementsprechend steht den in Ungarn beschäftigten Vorsitzenden des BVG bzw. SE-Betriebsrats eine Arbeitszeitvergünstigung zu, die fünfzehn Prozent ihrer monatlichen Arbeitszeit beträgt. Reguläre Mitglieder haben eine Arbeitszeitvergünstigung in Höhe von zehn Prozent ihrer monatlichen Arbeitszeit. Dies gilt nach dem eindeutigen Wortlaut des § 33 Abs. 1 und Abs. 2 S. 3 SE-Gesetz (HU) auch für die Arbeitnehmervertreter im Aufsichts- oder Verwaltungsorgan der SE.

3. *Freistellung nach Vereinbarung*

In Dänemark, Island, Norwegen, Schweden, der Slowakischen Republik und Slowenien hängt der Umfang der Freistellung von kollektivvertraglichen Regelungen oder einer einzelvertraglichen Vereinbarung mit dem Arbeitgeber ab.

In **Dänemark** sind die SE-Arbeitnehmervertreter hinsichtlich ihrer Rechtsstellung den Vertrauensvertretern gleichzustellen. Diese Rechtsstellung ergibt sich aus den jeweiligen Kollektivverträgen.[1165] Grundsätzlich ist davon auszugehen, dass eine Freistellung für die Amtsausübung nicht erforderlich ist. Soweit eine Freistellung in Betrieben mit einer größeren Arbeitnehmerzahl nötig ist, sind die Voraussetzungen und der Anspruch auf Entgeltfortzahlung dem entsprechenden Kollektivvertrag zu entnehmen.[1166] Aufgrund des grenzüberschreitenden Charakters und der nötigen Abstimmung mit den Vertretern aus anderen Mitgliedstaaten ist davon auszugehen, dass in der SE eine Freistellung auch aus Sicht des dänischen Rechtssystems erforderlich ist. Existiert kein

---

1164 § 33 Abs. 2 S. 1 und 3 SE-Gesetz (HU).

1165 Vgl. § 5 C. I. 5 (S. 189).

1166 *Steinrücke/Würtz* in Henssler/Braun, Arbeitsrecht in Dänemark, Rn. 125.

entsprechender Kollektivvertrag, sind Grundlage und Zeitrahmen der Freistellung aber offen.

In **Island** müssen die SE-Arbeitnehmervertreter mit ihrem Arbeitgeber eine Freistellungsvereinbarung abschließen, um die ihnen übertragenen Aufgaben pflichtgemäß zu erledigen. Diese Vereinbarung soll insbesondere die Teilnahme an den Sitzungen der verschiedenen Gremien und die Lohnzahlung regeln.[1167] Ihr Freistellungsanspruch ist nicht gesetzlich festgeschrieben, sondern muss mit dem jeweiligen Arbeitgeber verhandelt werden. Die isländischen Arbeitnehmervertreter haben demzufolge eine sehr schwache Rechtsstellung.

Die in **Norwegen** beschäftigten SE-Arbeitnehmervertreter sind den norwegischen Gewerkschaftsvertretern gleichzustellen.[1168] Diesen ist die Zeit, die sie für die Erfüllung ihrer Pflichten benötigen, zur Verfügung zu stellen.[1169] Da mit den lokalen Betriebsleitungen eine genaue Stundenanzahl festgelegt werden kann, gelten in der Praxis häufig unterschiedliche Freistellungsregelungen.[1170] Es muss für jedes norwegische Mitglied des BVG und SE-Betriebsrats ermittelt werden, ob in dem betreffenden Betrieb eine Stundenvereinbarung bezüglich der Freistellung der Gewerkschaftsvertreter abgeschlossen wurde. Entsprechend § 6-8 Teil A MTV (NO) sind die BVG- und SE-Betriebsratsmitglieder für jeden Einkommensverlust zu entschädigen, den sie aufgrund ihrer besonderen Aufgaben erleiden. Bezüglich der Arbeitnehmervertreter in den Gesellschaftsorganen gibt es keine entsprechenden Freistellungsregelungen.[1171]

Die in **Schweden** beschäftigten SE-Arbeitnehmervertreter haben zur Erfüllung ihrer Aufgaben einen Anspruch auf bezahlte Freistellung.[1172] Der Umfang der Freistellung muss mit den Anforderungen der beruflichen Tätigkeit vereinbar sein.[1173] Den konkreten Rahmen für die Freistellung legen der Arbeitgeber und die Arbeitnehmer im Einvernehmen fest.[1174]

In der **Slowakischen Republik** umfasst der besondere Schutz nach § 55 Abs. 2 S. 1 SE-Gesetz (SK) das Recht der Arbeitnehmervertreter, an den Sitzungen der verschiedenen Organe teilzunehmen. Die Mitglieder des BVG und SE-Betriebsrats haben einen Anspruch auf bezahlte Freistellung. Für den Umfang

---

1167 Art. 18 Abs. 2 und 3 SEBG (IS).
1168 Hierzu bereits § 5 C. I. 2. c (S. 180).
1169 § 6-6 Abs. 1 S. 1 Teil A MTV (NO).
1170 § 6-6 Abs. 1 S. 2Teil A MTV (NO).
1171 Vgl. *Hagen*, The current system of board-level representation in Norway, S. 5.
1172 § 65 SEBG (SE) i.V.m. §§ 6 Abs. 1, 7 Abs. 2 ANVertrG (SE).
1173 § 65 SEBG (SE) i.V.m. § 6 Abs. 2 ANVertrG (SE).
1174 § 65 SEBG (SE) i.V.m. § 6 Abs. 3 ANVertrG (SE).

der Schutzrechte der BVG- und SE-Betriebsratsmitglieder gilt § 240 ArbG (SK) entsprechend.[1175] Danach sollen sich die Arbeitnehmervertreter mit dem Arbeitgeber darüber einigen, wie viel Zeit in Anspruch genommen wird und auf welche Höhe sich der Lohnersatz beläuft.[1176] Die slowakischen Arbeitnehmervertreter im Aufsichts- oder Verwaltungsorgan haben keinen Anspruch auf bezahlte Freistellung.[1177]

In **Slowenien** sind die SE-Arbeitnehmervertreter den nationalen Arbeitnehmervertretern gleichzustellen.[1178] Letztere haben einen Anspruch darauf, ihre Aufgaben während der Arbeitszeit zu erledigen. Die konkret benötigten Stunden werden mit dem Arbeitgeber vereinbart oder in einem Branchenkollektivvertrag geregelt.[1179] Die Erlaubnis, die Aufgaben während der Arbeitszeit zu erledigen, deutet darauf hin, dass die Freistellungen auch als reguläre Arbeitszeiten vergütet werden.

D. Vergleich

Die einzelstaatlichen Regelungen hinsichtlich der persönlichen Rechtsstellung der Arbeitnehmervertreter differenzieren sowohl im Bereich des besonderen Kündigungsschutzes als auch bei der Freistellung und Entgeltfortzahlung. Im Gegensatz zu § 42 SEBG sehen die wenigstens Umsetzungsgesetze nur eine pauschale Gleichstellung mit den nationalen Arbeitnehmervertretern vor. Die meisten Umsetzungsgesetze enthalten konkrete Verweisungen oder detaillierte Vorschriften. Lediglich das norwegische Umsetzungsgesetz setzt Art. 10 SE-Richtlinie nicht um.

I. Schutz gegen Kündigung und Diskriminierung

1. Allgemeines

Außer in Deutschland profitieren die SE-Arbeitnehmervertreter nur noch in zwei weiteren Mitgliedstaaten von einem konkreten Kündigungsverbot (LU, NL). In den Niederlanden und in Luxemburg beschränkt sich dieses Kündigungsverbot nicht – wie in Deutschland – auf die Mitglieder des BVG und SE-Betriebsrats, sondern bezieht sich auch auf die Arbeitnehmervertreter im

1175 § 55 Abs. 2 S. 2 SE-Gesetz (SK).
1176 § 240 Abs. 3 ArbG (SK).
1177 Hierzu bereits § 5 C. I. 2. b (S. 179).
1178 Vgl. Art. 37 ZSDUEDD (SI), § 42 SEBG.
1179 *Hainz*, Arbeits- und Sozialrecht in Mittel- und Osteuropa, S. 195.

Aufsichts- oder Verwaltungsorgan. Den Regelungen in den Niederlanden und Luxemburg ist außerdem gemeinsam, dass eine Beendigung durch das Gericht möglich bleibt. Sie bleiben hinter dem deutschen Kündigungsschutz zurück, der eine ordentliche Kündigung grundsätzlich ausschließt.

Die weit überwiegende Zahl der Mitgliedstaaten schützen ihre Arbeitnehmervertreter durch einen Zustimmungsvorbehalt zugunsten

- des zuständigen Gerichts bzw. einer Behörde (AT, BE, BG, FR),
- des betroffenen Organs (HU, SI, SK) oder
- des Wahlkörpers, der die Person entsandt hat (EE, FI, LT, NO, PL).

In manchen Ländern ist diese Zustimmung nur bei Vorliegen bestimmter Kündigungstatbestände erforderlich (BG, SI, FI, LT).

Einige Umsetzungsgesetze schützen die in ihrem Geltungsbereich beschäftigten Arbeitnehmervertreter lediglich durch ein allgemeines Diskriminierungsverbot (CZ, GB, IE; IS, IT, LI, MT, PT). In Schweden und Spanien sind die Arbeitnehmervertreter zusätzlich bei der Sozialauswahl bevorzugt zu behandeln.

Außer in Deutschland bezieht sich der besondere Kündigungs- bzw. Benachteiligungsschutz in zwölf weiteren Ländern auf einen längeren Zeitraum als die eigentliche Wahlperiode (AT, BE, EE, ES, HU, LI, LU, NL, PL, PT, SI, SK). Der Nachwirkungszeitraum reicht von drei Monaten (AT) bis zu drei Jahren (PT). Als einziges Land sieht Belgien einen Kündigungsschutz vor, der bereits dreißig Tage vor der Ernennung greift.

2. *Gleichstellungsgebot*

Die SE-Richtlinie fordert eine Gleichstellung der SE-Arbeitnehmervertreter mit vergleichbaren Arbeitnehmervertretern auf nationaler Ebene. Die Aufgaben der Mitglieder des BVG und SE-Betriebsrats sind nicht identisch mit denen der Arbeitnehmervertreter im Aufsichts- oder Verwaltungsorgan. Das Gleichstellungsgebot macht bei der Bezugnahme auf den Schutz der nationalen Arbeitnehmervertreter eine Differenzierung erforderlich.[1180] Nur wenige Umsetzungsgesetze unterscheiden zwischen den Mitgliedern des BVG und SE-Betriebsrats einerseits und den Arbeitnehmervertretern im Aufsichts- oder Verwaltungsorgan der SE andererseits (BG, CZ, FR, LT, SK).

In der Mehrzahl der untersuchten Umsetzungsgesetze gelten sowohl für die Mitglieder des BVG und SE-Betriebsrats als auch für die Arbeitnehmervertreter im Aufsichts- oder Verwaltungsorgan der SE dieselben Schutzvorschriften (AT,

1180 Zum Bezugspunkt der Verweisung § 2 F. III. 2 (S. 68).

BE, DK, EE, ES, FI, GB, HU, IE, IS, IT, LI, LU, MT, NL, NO, PL, PT, SE, SI). In einigen dieser Länder gibt es (jedenfalls im Privatsektor) keine Unternehmensmitbestimmung (BE, EE, ES, IE, IT, GB, LI, MT, PL, PT),[1181] sodass das Gleichstellungsgebot für die Arbeitnehmervertreter im Aufsichts- oder Verwaltungsorgan der SE ins Leere ginge. Eine Schutzlosigkeit sollte vermieden werden. Daher werden in diesen Ländern die Schutzvorschriften zugunsten der nationalen Arbeitnehmervertreter auf betrieblicher Ebene auch auf die Arbeitnehmervertreter im Aufsichts- oder Verwaltungsorgan der SE angewandt. Bei einer SE mit Sitz in Deutschland würden derartige Unstimmigkeiten durch das transnational geltende Benachteiligungsverbot des § 44 Nr. 3 SEBG ausgeglichen werden.[1182]

II. Freistellung und Entgeltfortzahlung

Im Bereich der Freistellung und Entgeltfortzahlung unterscheiden sich die einzelstaatlichen Regelungen auf den ersten Blick kaum. So räumen die meisten Umsetzungsgesetze wie auch das deutsche Recht den SE-Arbeitnehmervertretern einen Anspruch auf Arbeitsfreistellung mit Lohnfortzahlung oder Entschädigungsleistungen ein (AT, BG, BE, CZ, EE, FI, FR, GB, IE, IT, LI, LT, MT, NL, PL). Diese Ansprüche sind von dem Prinzip der Erforderlichkeit geprägt. Der Arbeitgeber muss die Zeit zur Verfügung stellen, die für eine ordnungsgemäße Wahrnehmung der Aufgaben des Arbeitnehmervertreters benötigt wird.

Nur in wenigen Ländern besteht ein zeitlich konkretisierter Anspruch (ES, HU, LU, PT und teilweise FR). In vier Staaten müssen die Einzelheiten der Freistellung zwischen den Arbeitnehmern und dem Arbeitgeber einzelvertraglich vereinbart werden (IS, SE, SI, SK). In Dänemark und Norwegen hängen die Einzelheiten der zu gewährenden Freistellung von den jeweils anwendbaren Kollektivverträgen ab.

Es können Schwierigkeiten in der praktischen Umsetzung entstehen, wenn Arbeitnehmervertreter mit zeitlich begrenztem Freistellungsanspruch mehr Zeit für die Erfüllung ihrer Aufgaben in der SE benötigen. Eine Verweigerung ginge zum Nachteil des gesamten Vertreterorgans.

Die weit überwiegende Zahl der ausländischen Gesetze sieht im Gegensatz zum deutschen Recht auch zugunsten der Arbeitnehmervertreter im Aufsichts- oder Verwaltungsorgan eine Entgeltfortzahlung vor. Lediglich in vier Ländern existieren keine Regelungen über die bezahlte Freistellung dieser

1181 Übersicht bei *Stollt/Wolters*, Arbeitnehmerbeteiligung in der SE, S. 73 f.
1182 § 2 F. II. 2 (S. 65).

Arbeitnehmervertreter (BE, BG, CZ, SK). Das Fehlen eines Entgeltfortzahlungsanspruchs beruht in Deutschland auf dem Umstand, dass die Tätigkeit der nationalen Arbeitnehmervertreter im Aufsichtsrat deutscher Gesellschaften regelmäßig nicht ehrenamtlich erfolgt. Ihre Tätigkeit wird ebenso wie die der Anteilseignervertreter gesondert vergütet.[1183] Bei der Vergütung der Aufsichtsratsmitglieder darf nicht zwischen Anteilseigner- und Arbeitnehmervertretern differenziert werden.[1184] Werden nun in ein Aufsichts- oder Verwaltungsorgan Arbeitnehmervertreter mit und ohne Entgeltfortzahlungsanspruch entsandt, könnte es zu Doppelvergütungen kommen. Um dies zu vermeiden, kommt eine Anrechnung des Lohnfortzahlungsanspruchs der ausländischen Arbeitnehmervertreter auf die gesonderte Vergütung in Betracht.

1183 § 5 B. III. 2 (S. 174).

1184 *Hüffer*, AktG, § 113 Rn. 2; *Raiser/Veil*, MitbestG und DrittelbG, § 25 Rn. 104.

§ 6 Zusammenfassung und Ergebnisse

Die SE-Richtlinie stellt kein einheitliches supranationales Modell der Arbeitnehmerbeteiligung zur Verfügung. Sie ist das Ergebnis jahrzehntelanger Verhandlungen, in deren Verlauf sich die Mitgliedstaaten auf keine homogene Regelungen einigen konnten. Grundprinzipien sind die vorrangige Verhandlungslösung und der Schutz bereits erworbener Beteiligungsrechte der Arbeitnehmer. Statt Einheitlichkeit setzt die SE-Richtlinie auf Vielstaatlichkeit. Allein die Rechtsform der Richtlinie mit ihren Gestaltungsspielräumen zugunsten der nationalen Gesetzgeber hat zur Folge, dass in den Mitgliedstaaten unterschiedliche Regelungen gelten. Die Bestimmung des auf die Arbeitnehmerbeteiligung anzuwendenden Rechts ist zwingend erforderlich.

Grundsätzlich findet das Umsetzungsrecht des Sitzstaates Anwendung. Da das Sitzstaatrecht das Arbeitnehmerbeteiligungsverfahren nicht umfassend regeln kann, verweist das SEBG für bestimmte auslandsbezogene Aspekte in das Recht anderer Mitgliedstaaten. Hiervon betroffen sind einzelne Begriffsbestimmungen, die Bestimmung der Informationsadressaten, die Verfahren zur Bestellung der verschiedenen Arbeitnehmervertreter in einer SE und deren persönliche Rechtsstellung. Die Kollisionsnormen des SEBG knüpfen an den Sitz der Gesellschaften und Betriebe an, in denen die zu beteiligenden Arbeitnehmer beschäftigt sind.

Die Gestaltungsmöglichkeiten der SE-Richtlinie haben zur Folge, dass das auf diese Aspekte anzuwendende Recht erhebliche Unterschiede aufweist. Obendrein sorgt die Einbeziehung der Gepflogenheiten dafür, dass der Spielraum der nationalen Gesetzgeber erweitert wird. Es entsteht das Bild einer multinationalen Rechtsordnung. Diese Multinationalität hat den Vorteil, dass die Mitgliedstaaten in der Umsetzung der SE-Richtlinie flexibel sind. Die Möglichkeit, die mitgliedstaatlichen Traditionen der nationalen Arbeitnehmerbeteiligung zu berücksichtigen, macht das SE-Statut für die Mitgliedstaaten attraktiver. Negativ wirken sich die Schwierigkeiten bei der Frage des anzuwendenden Rechts, die komplexen Regelungen und Abweichungen der einzelstaatlichen Vorschriften aus. Trotz dieser negativen Folgen muss die Multinationalität der SE-Mitbestimmungsordnung aber nicht grundsätzlich in Frage gestellt werden. Die Nachteile könnten mit nur geringfügigen Änderungen bzw. Ergänzungen der SE-Richtlinie ausgeglichen werden.

Dies vorausgeschickt, lassen sich die wesentlichen Ergebnisse der Untersuchung wie folgt zusammenfassen:

1. Bereits bei der Einleitung des Verhandlungsverfahrens durch die Information der Arbeitnehmer gibt es Unklarheiten bei der Frage des anzuwendenden Rechts.[1185] Dies könnte durch einen Zusatz in Art. 6 SE-Richtlinie vermieden werden:

„Sofern in dieser Richtlinie nichts anderes vorgesehen ist, ist für das Verhandlungsverfahren gemäß den Artikeln 3 bis 5, einschließlich der Unterrichtung, das Recht des Mitgliedstaates maßgeblich, in dem die SE ihren Sitz haben wird."

(Anm.: Unterstrichene Einfügung durch die Verf.)

2. Bei der Adressatenfrage ergeben sich Abweichungen im Verhältnis der verschiedenen Rechtsordnungen. Nicht alle Mitgliedstaaten berücksichtigen den Zusammenhang der Information mit der Bildung des BVG.[1186] Sinnvoll wäre eine konkrete Vorgabe der SE-Richtlinie, an wen die Information zu richten ist. Dies würde auch etwaigen Kompetenzkonflikten vorbeugen. Art. 3 Abs. 1 SE-Richtlinie könnte wie folgt angepasst werden:

„Wenn die Leitungs- oder die Verwaltungsorgane der beteiligten Gesellschaften die Gründung einer SE planen, leiten sie [...] so rasch wie möglich die erforderlichen Schritte [...] für die Aufnahme von Verhandlungen mit den Arbeitnehmervertretern der Gesellschaften über die Vereinbarung über die Beteiligung der Arbeitnehmer in der SE ein. Hierzu gehört auch die Unterrichtung der Organe oder Personen, die für die Bestellung der Mitglieder des Besonderen Verhandlungsgremiums zuständig sind, über die Identität der beteiligten Gesellschaften und der betroffenen Tochtergesellschaften oder betroffenen Betriebe sowie die Zahl ihrer Beschäftigten."

(Anm.: Unterstrichene Einfügung durch die Verf.)

3. Bei der Bestimmung der BVG-Mitglieder lassen viele Umsetzungsgesetze konkrete Regelungen über die interne Sitzverteilung vermissen.[1187] Hilfreich wäre eine Vorgabe der SE-Richtlinie, die in Art. 3 Abs. 2 Buchst. b Unterabs. 1 S. 2 wie folgt aufgenommen werden könnte:

„Sie ergreifen die erforderlichen Maßnahmen, um sicherzustellen, dass nach Möglichkeit jede beteiligte Gesellschaft, die in dem jeweiligen Mitgliedstaat Arbeitnehmer beschäftigt, durch mindestens ein Mitglied in dem Gremium vertreten ist und treffen Regelungen für den Fall, dass nicht jede beteiligte Gesellschaft durch ein eigenes Mitglied vertreten sein kann."

(Anm.: Unterstrichene Einfügung durch die Verf.)

1185 § 2 B. I. 1 (S. 24).
1186 § 3 B. IV (S. 88).
1187 § 3 C. IV (S. 138).

4. Viele Mitgliedstaaten setzen Art. 3 Abs. 2 Buchst. b Unterabs. 3 SE-Richtlinie nur mangelhaft um. Dadurch entsteht ein Legitimationsdefizit in der Zusammensetzung des BVG. Vertreterlose oder nicht gewerkschaftlich organisierte Arbeitnehmer haben in einigen Ländern keine Möglichkeit, an dem Wahl- oder Ernennungsverfahren zu partizipieren, wenn ihnen kein eigener Sitz im BVG zugewiesen ist.[1188] Diesem Defizit könnte die SE-Richtlinie mit einem klarstellender Hinweis in Art. 3 Abs. 2 Buchst. b Unterabs. 3 begegnen:

„Unbeschadet der einzelstaatlichen Rechtsvorschriften und/oder Gepflogenheiten betreffend Schwellen für die Einrichtung eines Vertretungsorgans sehen die Mitgliedstaaten vor, dass die Arbeitnehmer der Unternehmen oder Betriebe, in denen unabhängig vom Willen der Arbeitnehmer keine Arbeitnehmervertreter vorhanden sind, selbst Mitglieder für das besondere Verhandlungsgremium wählen oder bestellen dürfen. Für den Fall, dass diese Arbeitnehmer nicht durch ein eigenes Mitglied im besonderen Verhandlungsgremium vertreten sind, sehen die Mitgliedstaaten die Möglichkeit einer Teilnahme an dem Wahl- oder Ernennungsverfahren vor.“

(Anm.: Unterstrichene Einfügung durch die die Verf.)

5. Nicht alle Mitgliedstaaten sehen die Bestellung von Ersatzmitgliedern vor. Dies kann zu einer Verzögerung im gesamten Verhandlungsverfahren führen.[1189] Art. 3 Abs. 2 Buchst. b Unterabs. 1 S. 1 SE-Richtlinie sollte wie folgt ergänzt werden:

„Die Mitgliedstaaten legen das Verfahren für die Wahl oder die Bestellung der Mitglieder und Ersatzmitglieder des besonderen Verhandlungsgremiums fest, die in ihrem Hoheitsgebiet zu wählen oder zu bestellen sind.“

(Anm.: Unterstrichene Einfügung durch die Verf.)

6. Die im SEBG vorgesehenen Sitzgarantien zugunsten der Gewerkschaften und leitenden Angestellten sind richtlinienwidrig. Die zwingende Einbeziehung der Gewerkschaften und leitenden Angestellten widerspricht dem Prinzip der SE-Richtlinie, wonach die verschiedenen mitgliedstaatlichen Arbeitnehmerbeteiligungsmodelle in Ausgleich zu bringen sind.[1190] In vielen Ländern können externe Gewerkschaftsvertreter ins BVG entsandt werden. Vergleichbare Sitzansprüche sieht kein anderes untersuchtes Umsetzungsgesetz vor. Lediglich das französische Umsetzungsrecht räumt den leitenden Angestellten unter bestimmten Voraussetzungen einen Sitzanspruch ein.[1191]

1188 § 3 C. IV (S. 138).
1189 § 3 C. IV (S. 138).
1190 § 3 C. II. 3. b (S. 98) und § 3 C. II. 3. c (S. 100).
1191 § 3 C. III. 2. a. bb (S. 112).

7. Die Frist des § 11 Abs. 1 S. 1 SEBG zur Bildung des BVG kann mit ausländischen Regelungen kollidieren, die für die Entsendung der SE-Arbeitnehmervertreter andere Zeitpunkte festlegen.[1192] Da sich das Verhandlungsverfahren grundsätzlich nach dem Recht des Sitzstaates beurteilt, muss § 11 Abs. 1 S. 1 SEBG als vorrangig ausgelegt werden. Praktische Auswirkungen können dann nicht entstehen.
8. Die Wahlanfechtung der BVG-Mitglieder ist weder in der SE-Richtlinie noch im SEBG geregelt. Lediglich in Österreich, auf Malta und im Vereinigten Königreich kann die Wahl nach dem Umsetzungsgesetz angefochten werden.[1193] Schon aus Rechtsstaatlichkeitsgründen muss dies auch in den anderen Ländern möglich sein. Eine diesbezügliche Klarstellung der SE-Richtlinie wäre sinnvoll. Bei einer „deutschen" SE muss die Wahlanfechtung vor dem zuständigen Arbeitsgericht in Deutschland durchgeführt werden.[1194]
9. Bei der Bestimmung der SE-Betriebsratsmitglieder können unterschiedliche Amtszeiten gelten.[1195] Die Vorgabe einer einheitlichen Amtszeit widerspräche nicht dem Ziel der SE-Richtlinie, die mitgliedstaatlichen Traditionen zu wahren. In den meisten Ländern beträgt die Amtszeit vier Jahre. Der SE-Betriebsrat ist ein einheitliches Vertretungsorgan, dessen Rechtsverhältnisse nach dem Recht des Sitzstaates beurteilt werden. Ein Interesse der Mitgliedstaaten, die Amtszeit autonom zu regeln, besteht nicht.
10. Auch die anzuwendenden Verfahren zur Bestimmung der Arbeitnehmervertreter im Aufsichts- oder Verwaltungsorgan können voneinander abweichen. In einigen Staaten entscheiden paritätisch besetzte Wahlgremien über die Entsendung der Arbeitnehmervertreter. Nach deutschem Verständnis muss die Auswahlentscheidung stets auf die Arbeitnehmer zurückzuführen sein.[1196] Diese Unstimmigkeit ist hinzunehmen, da die SE-Richtlinie bewusst auf eine vollständige Harmonisierung verzichtet hat und die einzelnen Mitgliedstaaten diesbezüglich eine begründete Regelungshoheit haben.
11. Das SEBG erweitert seinen Schutzbereich zum Teil richtlinienwidrig auf betroffene Tochtergesellschaften. Bei der Frage, wie viele Arbeitnehmer zu schützende Mitbestimmungsrechte haben, berücksichtigt das SEBG

1192 § 3 C. IV (S. 138).
1193 § 3 C. III. 1. e. dd (S. 109); § 3 C. III. 4. d. cc (S. 135); § 3 C. III. 4. f (S. 135).
1194 § 2 C. II. 3 (S. 38).
1195 § 4 A. IV (S. 151).
1196 § 4 B. IV (S. 164).

auch die Arbeitnehmer der betroffenen Tochtergesellschaften. Die Frage ist relevant bei einem BVG-Beschluss über die Minderung von Mitbestimmungsrechten. Das gleiche Problem stellt sich bei dem erforderlichen Schwellenwert für die Mitbestimmung kraft Gesetzes. Die Richtlinienabweichung wirkt sich unmittelbar auf das Berechnungsergebnis aus und kann die im Ausland beschäftigten Arbeitnehmer benachteiligen.[1197]

12. Auf die persönliche Rechtsstellung der SE-Arbeitnehmervertreter ist das Recht ihres Beschäftigungslandes anzuwenden. Sie sind den Arbeitnehmervertretern nach den innerstaatlichen Rechtsvorschriften und Gepflogenheiten gleichzustellen. Aufgrund dieser kollisionsrechtlichen Verweisung herrscht in den verschiedenen Vertreterorganen ein ungleiches Schutzniveau. Die einzelstaatlichen Regelungen und Gepflogenheiten divergieren im Bereich des besonderen Kündigungsschutzes und der Freistellung erheblich.[1198] Aufgrund der zwingenden Wirkung des Gleichstellungsgebotes in § 42 SEBG kann dem auch nicht durch Vereinbarung eines einheitlichen Schutzniveaus in der Beteiligungsvereinbarung abgeholfen werden.[1199]
13. In einigen Staaten gibt es keine gesetzliche Unternehmensmitbestimmung. Für die dort beschäftigten Arbeitnehmervertreter im Aufsichts- oder Verwaltungsorgan der SE geht das Gleichstellungsgebot hinsichtlich ihrer persönlichen Rechtsstellung grundsätzlich ins Leere. In der Folge wenden einige dieser Länder die betriebsverfassungsrechtlichen Schutzvorschriften auch auf die Arbeitnehmervertreter im Aufsichts- oder Verwaltungsorgan an.[1200]
14. Schwierigkeiten in der praktischen Umsetzung können bei der Entlohnung der Mitglieder des Aufsichts- oder Verwaltungsorgans der SE entstehen. Während die Arbeitnehmervertreter in den meisten Ländern einen Anspruch auf Entgeltfortzahlung haben, wird die Tätigkeit der deutschen Aufsichtsratsmitglieder regelmäßig gesondert vergütet. Die Entgeltfortzahlungsansprüche der ausländischen Mitglieder sind auf die besondere Vergütung anzurechnen.[1201]
15. Bei der Freistellung und Entgeltfortzahlung wäre eine Vereinheitlichung hilfreich. Dem stünde auch nicht das Bestreben der SE-Richtlinie entgegen, die einzelstaatlichen Rechtsordnungen zu wahren. Denn

1197 § 2 E. I. 1 (S. 45) und § 2 E. II. 1 (S. 52).
1198 Zum Vergleich § 5 D (S. 197).
1199 § 2 F. IV (S. 71).
1200 § 5 D. I. 2 (S. 198).
1201 § 5 D. II (S. 199).

die unterschiedlichen Freistellungsregelungen des nationalen Rechts resultieren aus den verschiedenen Funktionen, welche die nationalen Arbeitnehmervertreter zu erfüllen haben.[1202] In der SE agieren die Arbeitnehmervertreter einheitlich. Die verschiedenen Vertreterorgane weisen in ihrer Gesamtheit keinen Bezug zu den nationalen Arbeitnehmervertretungen auf. Eine entsprechende Regelung in der SE-Richtlinie könnte wie folgt lauten:

„Die Mitglieder des besonderen Verhandlungsgremiums, die Mitglieder des Vertretungsorgans, Arbeitnehmervertreter, die bei einem Verfahren zur Unterrichtung und Anhörung mitwirken oder im Aufsichts- oder Verwaltungsorgan der SE sitzen, sind von ihrer beruflichen Tätigkeit ohne Minderung des Arbeitsentgelts zu befreien, wenn und soweit es zur ordnungsgemäßen Durchführung ihrer Aufgaben erforderlich ist."

16. Eine große Zahl der untersuchten Mitgliedstaaten stellt das Kündigungsrecht unter einen Zustimmungsvorbehalt. Zustimmen können ein Gericht bzw. eine Behörde, das jeweilige Vertreterorgan oder der Wahlkörper. Sinnvoll wäre eine entsprechende Regelung in der SE-Richtlinie. Die Kündigung eines SE-Arbeitnehmervertreters könnte beispielsweise von der Zustimmung des Organs abhängig macht, in dem die betreffende Person tätig ist. Die Aufnahme einer solchen Regelung in die SE-Richtlinie würde für eine Art Mindestkündigungsschutz sorgen. Darüber hinaus gehende Regelungen zugunsten des Arbeitnehmers sind weiterhin zulässig. Die Vereinheitlichung wäre ein Impuls für die Entwicklung des europäischen Arbeitsrechts und würde zur Harmonisierung der nationalen Arbeitsrechtsordnungen beitragen.

1202 § 2 F. III. 1 (S. 67).

Literaturverzeichnis

Gesetzesänderungen, Rechtsprechung und Literatur wurden berücksichtigt bis zum 31.01.2014.

Abele, Roland	Formen der betrieblichen Mitbestimmung in Italien, ZIAS 1990, 193–237
Arbeitskreis Aktien- und Kapitalmarktrecht	Vorschläge zur Reform der Mitbestimmung in der Societas Europaea (SE), ZIP 2010, 2221–2228
Bamberger, Heinz Georg/ Roth, Herbert (Hrsg.)	Beck'scher Online-Kommentar BGB, Edition 29, Stand 01.11.2013 (zit.: *Bearbeiter* in Bamberger/ Roth, BeckOK BGB)
BDA/ BDI/ DIHK/ GDV/ BdB/ DAI	Stellungnahme zum Referentenentwurf des Bundesministeriums der Justiz und des Bundesministeriums für Wirtschaft und Arbeit eines Gesetzes zur Einführung der Europäischen Gesellschaft (SEEG), 03.05.2004 (zit.: *BDA u.a.*, Stellungnahme SEEG)
Blanke, Thomas	Europäische Betriebsräte-Gesetz, Europäische Mitbestimmung – SE, 2. Auflage 2006 (zit.: *Blanke*, EBRG)
Blanquet, Françoise	Das Statut der Europäischen Aktiengesellschaft (Societas Europaea „SE"), ZGR 2002, 20–65
Breidenbach, Stephan (Hrsg.)	Handbuch Wirtschaft und Recht in Osteuropa, Band 1, 112. Ergänzungslieferung Stand Oktober 2013 (zit.: *Bearbeiter* in Breidenbach, Handbuch Wirtschaft und Recht in Osteuropa, Band 1)
derselbe	Handbuch Wirtschaft und Recht in Osteuropa, Band 2, 112. Ergänzungslieferung Stand Oktober 2013 (zit.: *Bearbeiter* in Breidenbach, Handbuch Wirtschaft und Recht in Osteuropa, Band 2)
derselbe	Handbuch Wirtschaft und Recht in Osteuropa, Band 3, 112. Ergänzungslieferung Stand Oktober 2013 (zit.: *Bearbeiter* in Breidenbach, Handbuch Wirtschaft und Recht in Osteuropa, Band 3)

Buschermöhle, Ulrich	Grenzüberschreitende Beschäftigung in der EU – Koordinierung der Systeme der sozialen Sicherheit ab 1.5.2010, DStR 2010, 1845–1848
Calliess, Christian/ Ruffert, Matthias (Hrsg.)	EUV/AEUV, Das Verfassungsrecht der Europäischen Union mit Europäischer Grundrechtecharta Kommentar, 4. Auflage 2011 (zit.: *Bearbeiter* in Calliess/ Ruffert, EUV/AEUV)
Creifelds, Carl/ Weber, Klaus	Rechtswörterbuch, 20. Auflage 2011
Deinert, Olaf	Internationales Arbeitsrecht, Deutsches und europäisches Arbeitskollisionsrecht, 2013 (zit.: *Deinert*, Internationales Arbeitsrecht)
Degenhart, Christoph	Staatrecht I, Staatsorganisationsrecht, Mit Bezügen zum Europarecht, 29. Auflage 2013 (zit.: *Degenhart*, Staatrecht I)
DAV	Stellungnahme des Deutschen Anwaltsvereins durch den Handelsrechtsausschuss zu dem Regierungsentwurf eines Gesetzes zur Einführung der Europäischen Gesellschaft (SEEG), Juli 2004 (zit.: *DAV*, Stellungnahme SEEG)
Dornbusch, Gregor/ Fischermeier, Ernst/ Löwisch, Manfred (Hrsg.)	Fachanwaltskommentar Arbeitsrecht, 5. Auflage 2013 (zit.: *Bearbeiter* in Dornbusch/Fischermeier/ Löwisch)
Dudenredaktion (Hrsg.)	Duden, Deutsches Universalwörterbuch, 7. Auflage 2011
Europäische Kommission	Die Regelung der Arbeitsbedingungen in den Mitgliedstaaten der Europäischen Union, Band 1 1999
Fischer, Ulrich	Der internationale Betrieb – Prüf- oder Stolperstein für das Territorialitätsprinzip?, RdA 2002, 160–167
Fleischer, Holger	Der Einfluß der Societas Europaea auf die Dogmatik des deutschen Gesellschaftsrechts, AcP Band 204 (2004), 502–543
Forst, Gerrit	Die Beteiligungsvereinbarung nach § 21 SEBG (2010), zugl. Diss. Bonn 2009/2010

Franke, Katja Die betriebliche Mitwirkung der Arbeitnehmer in Belgien (1997), zugl. Diss. Göttingen 1996/1997

Fulton, Lionel Arbeitnehmervertretung in Europa, Betriebliche Interessensvertretung in Finnland, Online-Publikation 2013, abrufbar unter http://de.worker-participation.eu/Nationale-Arbeitsbeziehungen/Laender/Finnland/Betriebliche-Interessensvertretung, zuletzt abgerufen am 09.02.2014 (zit.: *Fulton*, Arbeitnehmervertretung in Europa, Finnland)

Gamillscheg, Franz Internationales Arbeitsrecht (Arbeitsverweisungsrecht), 1959 (zit.: *Gamillscheg*, Internationales Arbeitsrecht)

Goette, Wulf/ Habersack, Mathias/ Kalss, Susanne (Hrsg.) Münchener Kommentar zum Aktiengesetz, Band 7, Europäisches Aktienrecht SE-VO, SEBG, Europäische Niederlassungsfreiheit, 3. Auflage 2012 (zit.: *Bearbeiter* in MüKo, Europäisches Aktienrecht)

Grabitz, Eberhard (Begr.) Das Recht der Europäischen Union, EUV/AEUV, Band I, 51. Ergänzungslieferung Stand September 2013 (zit.: *Bearbeiter* in Grabitz, Das Recht der EU)

Grobys, Marcel SE-Betriebsrat und Mitbestimmung in der Europäischen Gesellschaft, NZA 2005, 84–91

derselbe Das geplante Umsetzungsgesetz zur Beteiligung von Arbeitnehmern in der Europäischen Aktiengesellschaft, NZA 2004, 779–781

Hagen, Inger Marie The current system of board-level representation in Norway, Fafo Institute for Applied Social Science (Oslo), abrufbar unter http://www.seeurope-network.org/homepages/seeurope/countries/norway.html, zuletzt abgerufen am 09.02.2014 (zit.: *Hagen*, The current system of board-level representation in Norway)

Hainz, Bernhard (Hrsg.) Arbeits- und Sozialrecht in Mittel- und Osteuropa, 2. Auflage 2010

Hanau, Peter/ Steinmeyer, Heinz-Dietrich/ Wank, Rolf (Hrsg.) Handbuch des europäischen Arbeits- und Sozialrechts, 2002 (zit.: *Bearbeiter* in Hanau/Steinmeyer/Wank, Europäisches Arbeitsrecht)

Habersack, Mathias/ Drinhausen, Florian (Hrsg.) — SE-Recht mit grenzüberschreitender Verschmelzung, 2013 (zit.: *Bearbeiter* in Habersack/Drinhausen, SE)

Heinze, Meinhard — Die Vertretung der Führungskräfte in der Europäischen Aktiengesellschaft, in Bauer, Jobst-Hubertus/ Boewer, Dietrich (Hrsg.), Festschrift für Peter Schwerdtner zum 65. Geburtstag (2003), S. 741–750

Heinze, Wolfgang/ Seifert, Achim/ Teichmann, Christoph — Vorschlag für eine Mustervereinbarung zu Unterrichtung, Anhörung und Mitbestimmung in der Europäischen Gesellschaft (SE), BB 2005, 2524–2530

Henssler, Martin — Erfahrungen und Reformbedarf bei der SE – Mitbestimmungsrechtliche Reformvorschläge, ZHR 173 (2009), 222–249

Henssler, Martin/ Braun, Axel (Hrsg.) — Arbeitsrecht in Europa, 3. Auflage 2011 (zit.: *Bearbeiter* in Henssler/Braun, Arbeitsrecht in Europa)

Henssler, Martin/ Willemsen, Josef/ Kalb, Heinz-Jürgen (Hrsg.) — Arbeitsrecht, Kommentar, 5. Auflage 2012 (zit. *Bearbeiter* in Henssler/Willemsen/Kalb, Arbeitsrecht)

Herfs-Röttgen, Ebba — Probleme der Arbeitnehmerbeteiligung in der Europäischen Aktiengesellschaft, NZA 2002, 358–365

dieselbe — Arbeitnehmerbeteiligung in der Europäischen Aktiengesellschaft, NZA 2001, 424–435

Heyde, Christiane von der — Die Beteiligung der Arbeitnehmer in der Societas Europaea (SE) (2007), zugl. Diss. Frankfurt (Oder) 2006

Hinrichs, Lars/ Plitt, David — Die Wahl der Mitglieder des besonderen Verhandlungsgremiums in betriebsratslosen Gesellschaften bei SE-Gründung/ grenzüberschreitender Verschmelzung, NZA 2010, 204–209

Hoffmann, Bernd von — Richtlinien der Europäischen Gemeinschaft und Internationales Privatrecht, ZfRV 1995, 45–54

Hoops, Antje — Die Mitbestimmungsvereinbarung in der Europäischen Aktiengesellschaft (2009), zugl. Diss. Hamburg 2008

Hüffer, Uwe — Aktiengesetz, 10. Auflage 2012 (zit.: *Hüffer*, AktG)

Ihrig, Hans-Christoph/ Wagner, Jens Diskussionsentwurf für ein SE-Ausführungsgesetz, BB 2003, 969–976

Ismayr, Wolfgang (Hrsg.) Die politischen Systeme Westeuropas, 4. Auflage 2009 (zit.: *Bearbeiter* in Ismayr, Die politischen Systeme Westeuropas)

Jacobs, Matthias Privatautonome Unternehmensmitbestimmung in der SE, in Bitter, Georg/ Lutter, Marcus/ Priester, Hans-Joachim/ Schön, Wolfgang/ Ulmer, Peter (Hrsg.), Festschrift für Karsten Schmidt zum 70. Geburtstag (2009), S. 795–815

Jannott, Dirk/ Frodermann, Jürgen (Hrsg.) Handbuch der Europäischen Aktiengesellschaft – Societas Europaea –, 2005 (zit.: *Bearbeiter* in Jannott/Frodermann, SE)

Junker, Abbo Unternehmensmitbestimmung in Deutschland – Anpassungsbedarf durch internationale und europäische Entwicklungen, ZfA 2005, 1–44

derselbe Betriebsverfassung im europäischen Vergleich, ZfA 2001, 225–243

Kallmeyer, Harald Die Beteiligung der Arbeitnehmer in einer Europäischen Gesellschaft – Anmerkungen zum Regierungsentwurf des SE-Beteiligungsgesetzes, ZIP 2004, 1442–1445

Kalss, Susanne/ Hügel, Hanns F. Europäische Aktiengesellschaft, SE-Kommentar: SE-Verordnung – SE-Gesetz, Arbeitnehmerbeteiligung (ArbVG), Steuerrecht, 2004 (zit.: *Bearbeiter* in Kalss/ Hügel, SE-Kommentar)

Kiem, Roger Erfahrungen und Reformbedarf bei der SE – Entwicklungsstand, ZHR 173 (2009), 156–180

Kirchner, Hildebert/ Butz, Cornelie Abkürzungsverzeichnis der Rechtssprache, 7. Auflage 2013

Kleinsorge, Georg Europäische Gesellschaft und Beteiligungsrechte der Arbeitnehmer, RdA 2002, 343–352

Klinkhammer, Heiner/ Welslau, Dietmar Mitbestimmung in Deutschland und Europa – Eine Einführung für Praktiker, 1995 (zit.: *Klinkhammer/Welslau*, Mitbestimmung in Deutschland und Europa)

Köklü, Alper Die Beteiligung der Arbeitnehmer und die Corporate Governance in der Europäischen Aktiengesellschaft („Societas Europaea“) mit Sitz in Deutschland (2006), zugl. Diss. Kassel 2006

Körner, Marita Das andere Modell: Die französische Betriebsverfassung, NZA 2001, 429–435

Kowalski, André Praxisfragen bei der Umwandlung einer Aktiengesellschaft in eine Europäische Gesellschaft (SE), DB 2007, 2243–2249

Kraft, Julia Die Europäisierung der deutschen Mitbestimmung durch das SE-Beteiligungsgesetz: Eine europa- und verfassungsrechtliche Analyse der Richtlinienumsetzung 2001/86/EG zur Ergänzung des Statuts der Europäischen Gesellschaft hinsichtlich der Beteiligung der Arbeitnehmer (2005), zugl. Diss. Bayreuth 2005

Kraft, Julia/ Redenius-Hövermann, Julia Zur Einführung einer gesetzlichen Geschlechterquote im Aufsichts- oder Verwaltungsrat einer SE, AG 2012, 28–33

Krause, Rüdiger Die Mitbestimmung der Arbeitnehmer in der Europäischen Gesellschaft (SE), BB 2005, 1221–1229

Kraushaar, Martin Europäische Aktiengesellschaft (SE) und Unternehmensmitbestimmung, BB 2003, 1614–1620

Krebber, Sebastian Internationales Privatrecht des Kündigungsschutzes bei Arbeitsverhältnissen (1997), zugl. Diss. Trier 1996/1997

Kropholler, Jan Internationales Privatrecht – einschließlich der Grundbegriffe des Internationalen Zivilverfahrensrechts, 6. Auflage 2006 (zit.: *Kropholler*, IPR)

Latzel, Clemens Gleichheit in der Unternehmensmitbestimmung (2010), zugl. Diss. München 2010

Lexikonredaktion des Verlags F.A. Brockhaus (Hrsg.) Der Brockhaus, Wirtschaft, 2. Auflage 2008 (zit.: Der Brockhaus, Wirtschaft)

Lunk, Stefan /Hinrichs, Lars Die Mitbestimmung der Arbeitnehmer bei grenzüberschreitenden Verschmelzungen nach dem MgVG, NZA 2007, 773–780

Lutter, Marcus — Europäische Aktiengesellschaft – Rechtsfigur mit Zukunft?, BB 2002, 1–7

Lutter, Marcus/ Hommelhoff, Peter (Hrsg.) — SE-Kommentar – SE-VO, SEAG, SEBG, Steuerrecht, 2008 (zit.: *Bearbeiter* in Lutter/Hommelhoff, SE)

Manz, Gerhard/ Mayer, Barbara/ Schröder, Albert (Hrsg.) — Europäische Aktiengesellschaft SE, 2. Auflage 2010 (zit.: *Bearbeiter* in Manz/Mayer/Schröder, Europäische Aktiengesellschaft)

dieselben — Europäische Aktiengesellschaft SE, 1. Auflage 2005 (zit.: *Bearbeiter* in Manz/Mayer/Schröder, Europäische Aktiengesellschaft, 1. Auflage 2005)

Maschmann, Frank — Welchen Einfluss darf der Arbeitgeber auf die Betriebsratswahl nehmen?, BB 2010, 245–252

Mengel, Anja — Compliance und Arbeitsrecht, Implementierung Durchsetzung – Organisation, 2009 (zit.: *Mengel*, Compliance und Arbeitsrecht)

Müller, Thomas — Europäische Betriebsräte-Gesetz (EBRG) Kommentar, 1997

Müller-Glöge, Rudi/ Preis, Ulrich/ Schmidt, Ingrid (Hrsg.) — Erfurter Kommentar zum Arbeitsrecht, 14. Auflage 2014 (zit.: *Bearbeiter* in ErfK)

Nagel, Bernhard/ Freis, Gerhild/ Kleinsorge, Georg (Hrsg.) — Die Beteiligung der Arbeitnehmer im Unternehmen auf der Grundlage des europäischen Rechts, Kommentar zum SE-Beteiligungsgesetz – SEBG, SCE-Beteiligungsgesetz – SCEBG, Gesetz über die Mitbestimmung der Arbeitnehmer bei einer grenzüberschreitenden Verschmelzung – MgVG, 2. Auflage 2009 (zit.: *Bearbeiter* in Nagel/Freis/Kleinsorge, SE)

Navarro Nieto, Frederico — Spanisches Arbeitsrecht in den Jahren 2010 bis 2012: eine Zeit bedeutsamer Änderungen, EuZA 2012, 564–570

Neye, Hans-Werner — Kein neuer Stolperstein für die Europäische Aktiengesellschaft, ZGR 2002, 377–382

Niklas, Thomas — Beteiligung der Arbeitnehmer in der Europäischen Gesellschaft (SE) – Umsetzung in Deutschland, NZA 2004, 1200–1206

Nikšová, Diana — Mehr Flexibilität im slowakischen Arbeitsrecht seit dem 1.9.2011 – Eine Darstellung der wichtigsten Änderungen des slowakischen Arbeitsgesetzbuches durch das Gesetz Nr. 257/2011, EuZA 2012, 105–113

Oetker, Hartmut — Unternehmerische Mitbestimmung kraft Vereinbarung in der Europäischen Gesellschaft (SE), in Dauner-Lieb, Barbara/ Hommelhoff, Peter/ Jacobs, Matthias/ Kaiser, Dagmar/ Weber, Christoph (Hrsg.), Festschrift für Horst Konzen zum 70. Geburtstag (2006), S. 635–662

derselbe — Die Beteiligung der Arbeitnehmer in der Europäischen Aktiengesellschaft (SE) unter besonderer Berücksichtigung der leitenden Angestellten, BB-Special 1/2005, 2–13

Oppermann, Thomas/ Classen, Claus Dieter/ Nettesheim, Martin — Europarecht – Ein Studienbuch, 5. Auflage 2011 (zit.: *Oppermann/Classen/Nettesheim*, Europarecht)

Pačić, Jasmin/ Nikšová, Diana — Das neue tschechische Arbeitsgesetzbuch auf dem Weg zur Flexibilität?, EuZA 2008, 78–88

Palandt, Otto (Begr.) — Bürgerliches Gesetzbuch mit Nebengesetzen, 73. Auflage 2014 (zit.: *Bearbeiter* in Palandt, BGB)

Raiser, Thomas/ Veil, Rüdiger (Hrsg.) — Mitbestimmungsgesetz und Drittelbeteiligungsgesetz, 5. Auflage 2009 (zit.: *Raiser/Veil*, MitbestG und DrittelbG)

Ranke, Fritz — Arbeitsrecht in Frankreich, 1995

Rebhahn, Robert — Der Arbeitnehmerbegriff in vergleichender Perspektive, RdA 2009, 154–175

derselbe — Das Kollektive Arbeitsrecht im Rechtsvergleich, NZA 2001, 763–774

Rehwinkel, Tim — Die gesetzliche Auffanglösung der Unternehmensmitbestimmung in der Europäischen Aktiengesellschaft, ZESAR 2008, 74–79

Reithmann, Christoph/ Martiny, Dieter	Internationales Vertragsrecht, 7. Auflage 2010 (zit.: *Bearbeiter* in Reithmann/Martiny, Internationales Vertragsrecht)
Richardi, Reinhard (Hrsg.)	Betriebsverfassungsgesetz mit Wahlordnung, 14. Auflage 2014 (zit.: *Bearbeiter* in Richardi, BetrVG)
Richardi, Reinhard/ Wlotzke, Otfried/ Wissmann, Hellmut/ Oetker, Hartmut (Hrsg.)	Münchener Handbuch zum Arbeitsrecht, Band 1 Individualarbeitsrecht, 3. Auflage 2009 (zit.: *Bearbeiter* in Münchener Handbuch Arbeitsrecht, Band 1)
Rieble, Volker/ Junker, Abbo (Hrsg.)	Vereinbarte Mitbestimmung in der SE, 5. ZAAR Kongress München 2008 (zit.: *Bearbeiter* in Rieble/ Junker, Vereinbarte Mitbestimmung)
Rieble, Volker/ Latzel, Clemens	Inlandsmitbestimmung als Ausländerdiskriminierung bei Standortkonflikten, EuZA 2011, 145–170
Riesenhuber, Karl (Hrsg.)	Europäische Methodenlehre, Grundfragen der Methoden des Europäischen Privatrechts, 2. Auflage 2010 (zit.: *Bearbeiter* in Riesenhuber, Europäische Methodenlehre)
derselbe	Europäisches Arbeitsrecht, Eine systematische Darstellung, 2009 (zit.: *Riesenhuber*, Europäisches Arbeitsrecht)
Rolfs, Christian/ Giesen, Richard/ Kreikebohm, Ralf/ Udsching, Peter (Hrsg.)	Beck'scher Onlinekommentar Arbeitsrecht, Edition 30, Stand 01.12.2013 (zit.: *Bearbeiter* in Rolfs/Giesen/Kreikebohm/Udsching, BeckOK Arbeitsrecht)
Rose, Edgar/ Köstler, Roland	Mitbestimmung in der Europäischen Aktiengesellschaft (SE), Betriebs- und Dienstvereinbarungen, 2011
Säcker, Franz Jürgen/ Rixecker, Roland (Hrsg.)	Münchener Kommentar zum Bürgerlichen Gesetzbuch, Band 10, Internationales Privatrecht, Rom I-Verordnung, Rom II-Verordnung, Einführungsgesetz zum Bürgerlichen Gesetzbuch (Art. 1–24), 5. Auflage 2010 (zit.: *Bearbeiter* in MüKo, BGB)

dieselben Münchener Kommentar zum Bürgerlichen Gesetzbuch, Band 11, Internationales Privatrecht, Internationales Wirtschaftsrecht, Einführungsgesetz zum Bürgerlichen Gesetzbuch (Art. 25–248), 5. Auflage 2010 (zit.: *Bearbeiter* in MüKo, BGB)

Scheibe, Andrea Die Mitbestimmung der Arbeitnehmer in der SE unter besonderer Berücksichtigung des monistischen Systems (2007), zugl. Diss. Kiel 2006

Schiessl, Maximilian Leitungs- und Kontrollstrukturen im internationalen Wettbewerb – Dualistisches System und Mitbestimmung auf dem Prüfstand, ZHR 167 (2003), 235–256

Schotten, Günther/ Schmellenkamp, Cornelia (Hrsg.) Das Internationale Privatrecht in der notariellen Praxis, 2. Auflage 2007 (zit.: *Schotten/Schmellenkamp*, IPR)

Schwarze, Jürgen (Hrsg.) EU-Kommentar, 3. Auflage 2012 (zit.: *Bearbeiter* in Schwarze, EU)

Seibt, Christoph H. Größe und Zusammensetzung des Aufsichtsrats in der SE – Zugleich Besprechung LG Nürnberg-Fürth vom 8.2.2010 – 1 HK 8471/09, ZIP 2010, 1057–1065

Spindler, Gerald/ Stilz, Eberhard (Hrsg.) Kommentar zum Aktiengesetz, Band 1 §§ 1–149, 2. Auflage 2010 (zit.: *Bearbeiter* in Spindler/Stilz, AktG)

Staudinger, Julius von (Begr.) Kommentar zum Bürgerlichen Gesetzbuch mit Einführungsgesetz und Nebengesetzen – EGBGB IPR Internationales Privatrecht (Einleitung zum IPR), Neubearbeitung 2012 (zit.: *Bearbeiter* in Staudinger, Kommentar zum BGB)

derselbe Kommentar zum Bürgerlichen Gesetzbuch mit Einführungsgesetzen und Nebengesetzen – Einführungsgesetz zum Bürgerlichen Gesetzbuche Art. 1, 2, 50–218 EGBGB (Inkrafttreten, Verhältnis zu anderen Vorschriften, Übergangsvorschriften), Neubearbeitung 2013 (zit.: *Bearbeiter* in Staudinger, Kommentar zum BGB)

derselbe	Kommentar zum Bürgerlichen Gesetzbuch mit Einführungsgesetzen und Nebengesetzen – Einführungsgesetz zum Bürgerlichen Gesetzbuche Art. 3–6 EGBGB (IPR–Allgemeiner Teil), Neubearbeitung 2013 (zit.: *Bearbeiter* in Staudinger, Kommentar zum BGB)
derselbe	Kommentar zum Bürgerlichen Gesetzbuch mit Einführungsgesetzen und Nebengesetzen – EGBGB/IPR Einleitung zur Rom I-VO; Art. 1–10 Rom I-VO (Internationales Vertragsrecht 1), Neubearbeitung 2011 (zit.: *Bearbeiter* in Staudinger, Kommentar zum BGB)
Stoffels, Markus	Die Betriebsverfassung unter dem Einfluss des Europarechts, in Söllner, Alfred (Hrsg.), Gedächtnisschrift für Meinhard Heinze (2005), S. 885–899
Stollt, Michael/ Wolters, Elwin	Arbeitnehmerbeteiligung in der Europäischen Aktiengesellschaft – Ein Handbuch für die Praxis, 2012
Streinz, Rudolf (Hrsg.)	EUV/AEUV Vertrag über die Europäische Union und Vertrag über die Arbeitsweise der Europäischen Union, 2. Auflage 2012 (zit.: *Bearbeiter* in Streinz, EUV/AEUV)
Tavits, Gaabriel	Entwicklungen und aktueller Stand des estnischen Arbeitsrechts, EuZA 2013, 124–132
Tilch, Horst/ Arloth, Frank (Hrsg.)	Deutsches Rechts-Lexikon, Band 2 G–P, 3. Auflage 2001 (zit.: *Tilch/Arloth*, Deutsches Rechts-Lexikon)
dieselben	Deutsches Rechts-Lexikon, Band 3 Q–Z, 3. Auflage 2001 (zit.: *Tilch/Arloth*, Deutsches Rechts-Lexikon)
Thüsing, Gregor	Europäisches Arbeitsrecht, 2. Auflage 2011
derselbe	SE-Betriebsrat kraft Vereinbarung, ZIP 2006, 1469–1478
Thüsing, Gregor/ Forst, Gerrit	Kündigung und Kündigungsschutz von Arbeitnehmervertretern in der SE, in Martinek, Michael/ Rawert, Peter/ Weitemeyer, Birgit (Hrsg.), Festschrift für Dieter Reuter zum 70. Geburtstag (2010), S. 851–865
Ulmer, Peter/ Habersack, Mathias/ Henssler, Martin (Verf.)	Mitbestimmungsrecht – Kommentierung des MitbestG, des DrittelbG, des SEBG und des MgVG, 3. Auflage 2013 (zit.: *Bearbeiter* in Ulmer/Habersack/Henssler, Mitbestimmung)

Van Hulle, Karel/ Drinhausen, Florian/ Maul, Silja (Hrsg.)	Handbuch zur Europäischen Gesellschaft (SE), 2007 (zit.: *Bearbeiter* in Van Hulle/Maul/Drinhausen, SE)
Vedder, Christoph/ Heintschel von Heinegg, Wolff (Hrsg.)	Europäisches Unionsrecht – EUV, AEUV, Grundrechte-Charta Handkommentar, 2012 (zit.: *Bearbeiter* in Vedder/Heintschel von Heinegg, EU-Recht)
Waas, Bernd	Modell Holland – Flexibilität und Sicherheit im Arbeitsrecht der Niederlande, 2003 (zit.: *Waas*, Modell Holland)
Weiss, Manfred	Die Europäisierung des Arbeitsrechts und die Osterweiterung: Eine Skizze, in Söllner, Alfred (Hrsg.), Gedächtnisschrift für Meinhard Heinze (2005), S. 1067–1079
derselbe	Arbeitnehmermitwirkung in Europa, NZA 2003, 177–184
Wisskirchen, Gerlind/ Prinz, Thomas	Das Gesetz über die Beteiligung der Arbeitnehmer in einer Europäischen Gesellschaft (SE), DB 2004, 2638–2643
Wissmann, Hellmut	Die Arbeitnehmerbeteiligung in der „deutschen" SE vor Gericht, in Annuss, Georg/ Picker, Eduard/ Wissmann, Hellmut (Hrsg.), Festschrift für Reinhard Richardi zum 70. Geburtstag (2007), S. 841–858
derselbe	„Deutsche" Europäische Aktiengesellschaft und Mitbestimmung, in Wank, Rolf/ Hirte, Heribert/ Frey, Kaspar/ Fleischer, Holger/ Thüsing/ Georg (Hrsg.), Festschrift für Herbert Wiedemann zum 70. Geburtstag (2002), S. 687–700
Ziegler, Ulrich/ Gey, Annika	Arbeitnehmermitbestimmung im Aufsichtsrat der Europäischen Gesellschaft (SE) im Vergleich zum Mitbestimmungsgesetz, BB 2009, 1750–1758
Zöllner, Wolfgang/ Noack, Ulrich (Hrsg.)	Kölner Kommentar zum Aktiengesetz, Band 8/1, Art. 1–42 SE-VO, 3. Auflage 2012 (zit.: *Bearbeiter* in KK zum AktG)
	Kölner Kommentar zum Aktiengesetz, Band 8/2, Art. 43–70 SE-VO, §§ 1–47 SEBG, Schlussanhänge, 3. Auflage 2010 (zit.: *Bearbeiter* in KK zum AktG)

Anhang: Ausländische Gesetze

Staat	Gesetze/Tarifverträge[1203]	zitiert als[1204]
Belgien (BE)	Loi du 10 août 2005 portant des mesures d'accompagnement en ce qui concerne l'institution d'un groupe spécial de négociation, d'un organe de représentation et de procédures relatives à l'implication des travailleurs au sein de la Société européenne (M.B. vom 07.09.2005); geändert durch Loi du 6 juin 2010 (M.B. vom 01.07.2010)	SE-Begleitmaßnahmen G (BE)
	Convention Collective de travail n° 84 du 6 octobre 2004 concernant l'implication des travailleurs dans la société européenne); für allgemeinverbindlich erklärt am 22.12.2004 (M.B. vom 19.01.05);[1205] geändert durch Convention Collective de travail n° 84/2 vom 21.12.2010	CCT Nr. 84 (BE)
	Loi du 4 août 1996 relative au bien-être des travailleurs lors de l'exécution de leur travail (M.B. vom 18.09.1996) zuletzt geändert durch Gesetz vom 22.04.2012 (M.B. vom 28.08.2012)	ArbeitnehmerschutzG (BE)
	Loi du 19 mars 1991 portant un régime de licenciement particulier pour les délégués du personnel aux conseils d'entreprise et aux comités de sécurité, d'hygiène et d'embellissement des lieux de travail, ainsi que pour les candidats délégués du personnel (M.B. vom 29.03.1991), zuletzt geändert durch Gesetz vom 26.06.2002 (M.B. vom 09.08.2002)	KSchG (BE)

1203 Die Gesetze/Tarifverträge sind in deutscher, englischer oder französischer Sprache aufgelistet. In der Klammer findet sich, soweit erforderlich der landessprachliche Titel sowie einen Hinweis auf den Ort und das Datum der Veröffentlichung.

1204 Das Kurzzitat orientiert sich an dem landessprachlichen Titel, soweit dies in der jeweiligen Rechtsordnung üblich ist. In allen anderen Fällen stellt die Zitierweise auf die deutsche Übersetzung ab.

1205 Der Tarifvertrag wurde im Nationalen Arbeitsrat abgeschlossen; dieser ist in Belgien das für die überbetriebliche Beteiligung der Arbeitnehmer auf nationaler Ebene zuständige Organ (*Matray/Hübinger* in Henssler/Braun, Arbeitsrecht in Europa, Belgien Rn. 168).

Staat	Gesetze/Tarifverträge	zitiert als
	Convention Collective de travail n°5 du 24 mai 1971 concernant le statut des délégations syndicales du personnel des entreprises, geändert und ergänzt durch die Nationalen Arbeitstarifverträge Nr. 5/2 vom 30.06.1971, Nr. 5/3 vom 21.12.1978 und Nr. 5/4 vom 5.10.2011	CCT Nr. 5 (BE)
	Loi du 5 décembre 1968 sur les conventions collectives de travail et les commissions paritaires (M.B. vom 15.01.1969), zuletzt geändert durch Gesetz vom 29.03.2012 (M.B. vom 30.03.2012)	ArbeitstarifvertragsG (BE)
	Loi du 20 septembre 1948 portant organisation de l'économie (M.B. vom 27.09.1948); zuletzt geändert durch Gesetz vom 12.07.2013 (M.B. vom 26.07.2013)	WirtschaftsorganisationsG (BE)
Bulgarien (BG)	Gesetz vom 14.07.2006 über die Information und Beteiligung der Arbeitnehmer multinationaler Unternehmen, Unternehmensgruppen und Gesellschaften (Staatsanzeiger Nr. 57 vom 14.07.2006)[1206]	SEBG (BG)
	Arbeitsgesetzbuch vom 09.12.1992 (Staatsanzeiger Nr. 100/1992), zuletzt geändert durch Gesetz vom 30.07.2010 (Staatsanzeiger Nr. 58/2010)[1207]	ArbG (BG)
Dänemark (DK)	Gesetz Nr. 281 vom 26.04.2004 über die Arbeitnehmerbeteiligung in Europäischen Gesellschaften (Lov om medarbejderindflydelse i SE-selskaber 26/04/2004; Lovtidende A 27.04.2004)	SEBG (DK)
	Kooperationsvereinbarung vom 09.06.1968 i.d.F. vom 27.10.2006, abrufbar auf der Homepage des dänischen Gewerkschaftsbundes http://www.lo.dk/kontakt/Bestilpublikationer/English/4003_CooperationAgreement_2006.aspx, zuletzt abgerufen am 09.02.2014	Kooperationsvereinbarung (DK)

1206 Auf die landessprachliche Bezeichnung wird aufgrund der kyrillischen Schrift, in der das Bulgarische geschrieben wird, verzichtet.

1207 Grundlage der Bearbeitung ist die Übersetzung von *Sabine Schrameyer/Klaus Schrameyer* in Breidenbach/Ries, Handbuch Wirtschaft und Recht in Osteuropa, Band 1, Rechtsstand 30.09.2010.

Staat	**Gesetze/Tarifverträge**	**zitiert als**
Estland (EE)[1208]	Arbeitsvertragsgesetz vom 17.12.2008 (Töölepingu seadus; RT I 2009, 5, 35), zuletzt geändert durch Gesetz vom 12.12.2012 (RT I 22.12.2012, 15)	TLS (EE)
	Gesetz vom 12.01.2005 über die gemeinschaftsweite Arbeitnehmerbeteiligung (Töötajate üleühenduselise kaasamise seadus; RT I 01.02.2005, 6, 21), zuletzt geändert durch Gesetz vom 16.06.2011 (RT I 04.07.2011, 1)	SEBG (EE)
	Gewerkschaftsgesetz vom 14.06.2000 (Ametiühingute seadus; RT I 2000, 57, 372), zuletzt geändert durch Gesetz vom 29.10.2009 (RT I 2009, 54, 363)	ATS (EE)
Finnland (FI)	Gesetz Nr. 758/2004 vom 13.08.2004 über die Arbeitnehmerbeteiligung in der Europäischen Gesellschaft und der Europäischen Genossenschaft (Laki henkilöstöedustuksesta eurooppayhtiössä (SE) ja eurooppaosuuskunnassa (SCE); SDK vom 18.08.2004, zuletzt geändert durch Gesetz Nr. 221/2010 vom 30.06.2010 (SDK vom 06.04.2010)	SEBG (FI)
	Arbeitsvertragsgesetz Nr. 55/2001 vom 26.01.2001 (Työsopimuslaki; SDK vom 02.02.2001), zuletzt geändert durch Gesetz Nr. 398/2001 vom 07.06.2013 (SDK vom 12.06.2013)[1209]	AVG (FI)
Frankreich (FR)	Art. 12 Loi n° 2005-842 du 26 juillet 2005 pour la confiance et la modernisation de l'économie J.O. Nr. 173 vom 27.07.2005, S. 12160) und Décret n° 2006-1360 du 9 novembre 2006 relatif à l'implication des salariés dans la société européenne et modifiant le code du travail (J.O. Nr. 2006 vom 10.11.2006) [1210]	Code du Travail (FR)
	Code de Commerce (i.d.F. vom 01.01.2014), abrufbar unter http://www.legifrance.gouv.fr/, zuletzt abgerufen am 09.02.2014	Code de Commerce (FR)

1208 Die Bearbeitung der estnischen Gesetze basiert auf den nichtamtlichen englischen Übersetzungen, die von der offiziellen Datenbank der estnischen Gesetzgebung Rigi Teataja I („RT I") zur Verfügung gestellt werden.

1209 Die Bearbeitung basiert auf der nichtamtlichen englischen Übersetzung des finnischen Arbeitsministeriums.

1210 Die Vorschriften sind in den Code du Travail (FR) integriert. Dementsprechend stellt die Bearbeitung auf den Code du Travail (FR) i.d.F. vom 01.01.2014 ab, abrufbar unter http://www.legifrance.gouv.fr/, zuletzt abgerufen am 09.02.2014.

Staat	Gesetze/Tarifverträge	zitiert als
Irland (IE)	European Communities (European Public Limited-Liability Company) (Employee Involvement) Regulations 2006, Statutory Instrument 623/2006 (Iris Oifigiúl vom 19.12.2006); geändert durch Protection of Employees (Temporary Agency Work) Act Nr. 13/2012 (Iris Oifigiúl vom 18.05.2012)[1211]	SE-Regulations 2006 (IE)
	Kommission für Arbeitsbeziehungen, Leitfaden für die Pflichten und die Verantwortung der Arbeitnehmervertreter sowie den Schutz und die Möglichkeiten, die ihnen vom Arbeitgeber bereitzustellen sind, S.I. 169/1993, abrufbar unter http://www.lrc.ie/docs/Duties_and_Responsibilities_of_Employee_Representatives/89.htm, zuletzt abgerufen am 09.02.2014	Leitfaden der Kommission für Arbeitsbeziehungen (IE)
Island (IS)	Gesetz über die Arbeitnehmerbeteiligung in Europäischen Gesellschaften (Lög um aðild starfsmanna að Evrópufélögum; veröffentlicht unter der Nr. 27/2004 vom 27.04.2004); geändert durch Gesetz Nr. 88/2008	SEBG (IS)
	Gesetz über die Gewerkschaften und arbeitsrechtlichen Streitigkeiten (Lög um stéttarfélög og vinnudeilur; veröffentlicht unter der Nr. 80/1938 vom 11.06.1938); zuletzt geändert durch Gesetz Nr. 126/2011[1212]	Gewerk-schaftsG (IS)
Italien (IT)	Legislativdekret Nr. 188 vom 19.08.2005 „Umsetzung der Richtlinie 2001/86/EG, die das Statut der Europäischen Gesellschaft im Hinblick auf die Arbeitnehmerbeteiligung ergänzt" (Decreto legislativo Nr. 188: Attuazione della direttiva 2001/86/CE che completa lo statuto della società europea per quanto riguarda il coinvolgimento dei lavoratori; Gazzetta Ufficiale 21.09.2005)	Legislativdekret Nr. 188/05 (IT)

1211 Durch dieses Gesetz werden Leiharbeitnehmer in den Schutzbereich des Transformationsgesetzes zur SE-Richtlinie einbezogen. Sie werden für die Zeit ihrer Beschäftigung in der betroffenen Einheit als reguläre Arbeitnehmer behandelt.

1212 Grundlage der Bearbeitung ist die vom isländischen Sozialministerium zur Verfügung gestellte englische Übersetzung (http://eng.velferdarraduneyti.is/acts-of-Parliament/nr/269, zuletzt abgerufen am 09.02.2014).

Staat	Gesetze/Tarifverträge	zitiert als
Liechtenstein (LI)	Gesetz vom 25.11.2005 über die Beteiligung der Arbeitnehmer in der Europäischen Gesellschaft (SE-Beteiligungsgesetz; SEBG) (Liechtensteinisches Landesgesetzblatt Nr. 27/2006 vom 10.02.2006), geändert durch Gesetz vom 23.11.2012 (LGBl. Nr. 6/2013 vom 21.01.2013)	SEBG (LI)
	Gesetz vom 23.10.1997 über die Unterrichtung und Anhörung der Arbeitnehmerschaft in den Betrieben (Mitwirkungsgesetz MWG), LGBl. Nr. 211/1997 vom 19.12.1997), geändert durch LGBl. Nr. 39/2006.	MWG (LI)
Litauen (LT)	Gesetz Nr. X-200 vom 12.05.2005 über die Beteiligung der Arbeitnehmer an der Entscheidungsfindung in Europäischen Gesellschaften (Lietuvos Respublikos įstatymas dėl darbuotojų dalyvavimo priimant sprendimus Europos bendrovėse Nr. X-200; Valstybės žinios Nr. 67-2407 vom 28.05.2005)	SEBG (LT)
	Arbeitsgesetz Nr. IX-926 (Valstybės žinios Nr. 64-2569 vom 26.06.2002), zuletzt geändert durch Gesetz Nr. XI-1219 (Valstybės žinios Nr. 153-7788 vom 28.12.2010)	ArbG (LT)
Luxemburg (LU)	Loi du 25 août 2006 1. complétant le statut de la société européenne (SE) pour ce qui concerne l'implication des travailleurs et 2. modifiant la loi modifiée du 6 mai 1974 instituant des comités mixtes dans les entreprises du secteur privé et organisant la représentation des salariés dans les sociétés anonymes. (Mémorial Luxembourgeois A Nr. 152 vom 31.08.2006)	Code du Travail (LU)[1213]
Malta (MT)	Rechtlicher Hinweis Nr. 10/2006: Vorschriften über die Unterrichtung und Anhörung der Arbeitnehmer (Regolamenti tal-2006 dwar Dritt għal Informazzjoni u Konsultazzjoni ma' l-Impjegati; tal-Gazzetta tal-Gvern Nr. 17,865 vom 13.01.2006)	Gesetz über die Unterrichtung und Anhörung (MT)
	Rechtlicher Hinweis Nr. 452/2004: Vorschriften über die Arbeitnehmerbeteiligung (Europäische Gesellschaft) (Leġislazzjoni sussidjarja 452.94 regolamenti dwar involviment ta' l-impjegati (kumpannija ewropea); tal-Gazzetta tal-Gvern Nr. 17,667 vom 22.10.2004), geändert durch den Rechtlichen Hinweis Nr. 427/2007	SEBG (MT)

1213 Durch Verordnung vom 22.12.2006 sind die Regelungen in den Code du Travail (LU) integriert worden. Es werden daher die Artikel des Code du Travail (LU) zitiert (abrufbar unter http://www.legilux.public.lu/, zuletzt abgerufen am 09.02.2014).

Staat	Gesetze/Tarifverträge	zitiert als
	Gesetz Nr. 452 über die Beschäftigung und arbeitsrechtlichen Beziehungen (XXII tal-2002-Att dwar l-Impiegi u r-Relazzjonijiet Industrijali, tal-Gazzetta tal-Gvern Nr. 17,305 vom 25.10.2002); zuletzt geändert durch den Rechtlichen Hinweis Nr. 426/2012	ArbG (MT)
Niederlande (NL)	Gesetz vom 17.03.2005 über die Arbeitnehmerbeteiligung in der Europäischen Gesellschaft (Wet van 17 maart 2005 tot uitvoering van richtlijn nr. 2001/86/EG van de Raad van de Europese Unie van 8 oktober 2001 tot aanvulling van het statuut van de Europese vennootschap met betrekking tot de rol van de werknemers (Wet rol werknemers bij de Europese vennootschap), Stb. Nr. 2005–166 vom 31.03.2005); zuletzt geändert durch Gesetz vom 12.07.2012 (Stb. Nr. 2012–313)	WRW-ER (NL)[1214]
	Betriebsratsgesetz (Wet op de ondernemingsraden; Identifikationsnummer BWBR0002747) i.d.F. vom 01.01.2014, abrufbar unter http://wetten.overheid.nl/zoeken/, zuletzt abgerufen am 09.02.2014	WOR (NL)
	Bürgerliches Gesetzbuch 7 (Burgerlijk Wetboek 7; Identifikationsnummer BWBR0005290) i.d.F. vom 01.01.2014, abrufbar unter http://wetten.overheid.nl/zoeken/, zuletzt abgerufen am 09.02.2014	BW (NL)
Norwegen (NO)	Vorschriften Nr. 273 vom 01.04.2005 über das Recht der Arbeitnehmer auf Einfluss in europäischen Gesellschaften (Forskrift om arbeidstakernes rett til innflytelse i europeiske selskaper; Lovtidend avdeling I Nr. 4/2005), geändert durch Vorschriften Nr. 230 vom 27.02.2007	SEBG (NO)
	Manteltarifvertrag zwischen den großen norwegischen Arbeitgeber- und Arbeitnehmerverbänden (Basic Agreement LO – NHO abrufbar unter http://www.lo.no/language/English/?tabid=1735, zuletzt abgerufen am 09.02.2014	MTV (NO)

1214 Der Titel durch Gesetz vom 05.07.2006 (Stb. Nr. 2006-361) geändert in „Wet rol werknemers bij Europese rechtspersonen“ (WRW-ER).

Staat	**Gesetze/Tarifverträge**	**zitiert als**
Österreich (AT)	82. Bundesgesetz: Änderung des Arbeitsverfassungsgesetzes, des Bundesgesetzes über die Post-Betriebsverfassung und des Arbeits- und Sozialgerichtsgesetzes (BGBl. I 82/2004)	ArbVG (AT)[1215]
Polen (PL)	Gesetz vom 04.03.2005 über die wirtschaftliche Interessensvereinigung und die Europäische Gesellschaft (Ustawa z dnia 4 marca 2005 r. o europejskim zgrupowaniu interesów gospodarczych i spółce europejskiej; Dz.U. 2005/62/551, zuletzt geändert durch Gesetz vom 16.09.2011 (Dz.U. 2011/234/1391)	EWIV/SE-Gesetz (PL)
	Gesetz vom 06.07.2001 über die dreigliedrige Kommission für soziale und wirtschaftliche Angelegenheiten und regionale Ausschüsse für sozialen Dialog (Ustawy z dnia 6 lipca 2001 r. o Trójstronnej Komisji do Spraw Społeczno-Gospodarczych i wojewódzkich komisjach dialogu społecznego; Dz.U. 2001/100/1080)[1216]	Gesetz über die dreigliedrige Kommission (PL)
	Arbeitsgesetz vom 26.06.1974 (Kodeks pracy; Dz.U. 1998/21/94)[1217]	ArbG (PL)
Portugal (PT)	Arbeitsgesetz Nr. 7/2009 (Código do Trabalho; Diaro da Republica I Serie A Nr. 30 vom 12.02.2009)	ArbG (PT)
	Legislativdekret Nr. 215/2005 (Decreto-Lei n.o 215/2005; Diaro da Republica I Serie A Nr. 237 vom 13.12.2005)	Legislativdekret Nr. 215/2005 (PT)
Schweden (SE)	Gesetz vom 10.06.2004 über die Arbeitnehmerbeteiligung in Europäischen Gesellschaften (Lag om arbetstagarinflytande i europabolag; SFS Nr. 2004:559 (18.06.2004)); zuletzt geändert durch SFS Nr. 2011:429	SEBG (SE)
	Gesetz über die Vertretung im Aufsichtsrat (Privatsektor) (Lag om styrelserepresentation för de privatanställda; SFS Nr. 1987:1245 (17.12.1987)), zuletzt geändert durch SFS Nr. 2011:428	AufsichtsR-VertrG (SE)

1215 Die Vorschriften über die Arbeitnehmerbeteiligung in einer SE sind in das österreichische Arbeitsverfassungsgesetz (ArbVG) integriert. Im Folgenden wird deshalb das ArbVG in seiner aktuellen Fassung (letzte Änderung in BGBl. I Nr. 71/2013) zitiert.

1216 Gesetzesänderungen sind in Art. 65 Abs. 5 EWIV/SE-Gesetz (PL) ausgewiesen.

1217 Gesetzesänderungen sind in Art. 65 Abs. 1 S. 1 EWIV/SE-Gesetz (PL) ausgewiesen.

Staat	Gesetze/Tarifverträge	zitiert als
	Gesetz über die betriebliche Arbeitnehmervertretung (Lag om facklig förtroendemans ställning på arbetsplatsen; SFS Nr. 1974:358 (31.05.1974)), zuletzt geändert durch SFS Nr. 2009:417	ANVertrG (SE)
Slowakische Republik (SK)	Gesetz Nr. 562/2004 vom 09.09.2004 über die Europäische Gesellschaft und die Änderung einiger Gesetze (Zákon 562/2004 Z.z. o európskej spoločnosti a o zmene a doplnení niektorých zákonov; Zbierka zákonov Nr. 236/2004 vom 23.10.2004), geändert durch Gesetz Nr. 487/2009 (Zbierka zákonov Nr. 171/2009)	SE-Gesetz (SK)
	Arbeitsgesetzbuch Nr. 311/2001 vom 02.07.2001 (Zákonník práce; Zbierka zákonov Nr. 130/2001), zuletzt geändert durch Gesetz Nr. 361/2012 (Zbierka zákonov Nr. 90/2012)[1218]	ArbG (SK)
	Handelsgesetzbuch Nr. 513/1991 vom 05.11.1991 (Obchodný zákonník; Zbierka zákonov Nr. 98/1991), zuletzt geändert durch Gesetz Nr. 357/2013 (Zbierka zákonov Nr. 88/2013)[1219]	HGB (SK)
Slowenien (SI)	Gesetz vom 02.03.2006 über die Arbeitnehmerbeteiligung in der Unternehmensführung der Europäischen Gesellschaft (SE) (Zakon o sodelovanju delavcev pri upravljanju evropske delniške družbe (SE) (ZSDUEDD); Ur.l. Nr. 28 vom 17.03.2006)	ZSDUEDD (SI)
	Gesetz über Arbeitsverhältnisse (Zakon o delovnih razmerjih (ZDR-1); Ur.l. Nr. 21/2013)	ZDR-1 (SI)
	Gesetz über die Arbeitnehmerbeteiligung in der Unternehmensführung (Zakon o sodelovanju delavcev pri upravljanju (ZSDU); Ur.l. Nr. 42/93); zuletzt geändert durch Ur.l. Nr. 23/2009	ZSDU (SI)

1218 Grundlage der Bearbeitung ist die Übersetzung von *Rogalska* in Breidenbach, Handbuch Wirtschaft und Recht in Osteuropa, Band 3, Rechtsstand 15.05.2013.

1219 Grundlage der Bearbeitung ist die Übersetzung von *Bohata* in Breidenbach, Handbuch Wirtschaft und Recht in Osteuropa, Band 3, Rechtsstand 30.05.2012.

Staat	Gesetze/Tarifverträge	zitiert als
Spanien (ES)	Gesetz 31/2006 vom 18.10.2006 über die Arbeitnehmerbeteiligung in Europäischen Aktiengesellschaften und Genossenschaften (Ley 31/2006, de 18 de octubre, sobre implicación de los trabajadores en las sociedades anónimas y cooperativas europeas; BOE Nr. 250 vom 19.10.2006), zuletzt geändert durch Gesetz 3/2009 (BOE Nr. 82 vom 04.04.2009)	SEBG (ES)
	Königliches Legislativdekret 1/1995 vom 24.03.1995 über das Arbeitnehmerstatut (Ley del Estatuto de los Trabajadores; BOE Nr. 75 vom 29.03.1995), zuletzt geändert durch Gesetz 11/2013 (BOE Nr. 185 vom 03.08.2013)	Arbeitnehmersta-tut (ES)
Tschechische Republik (CZ)	Gesetz vom 11.11.2004 über die Europäische Gesellschaft (Zákon o evropské společnostiin; veröffentlicht am 14.12.2004 im Sb. unter der Nr. 627/2004), zuletzt geändert durch Gesetz Nr. 303/2013	SE-Gesetz (CZ)
	Arbeitsgesetzbuch vom 21.04.2006 (Zákoník práce; veröffentlicht am 07.06.2006 im Sb. unter der Nr. 262/2006), zuletzt geändert durch Gesetz Nr. 155/2013[1220]	ArbG (CZ)
	Handelsgesetzbuch vom 05.11.1991 (Obchodní zákoník, veröffentlicht am 18.12.1991 im Sb. unter der Nr. 513/1991), revidierte Fassung Nr. 63/2001, zuletzt geändert durch Gesetz Nr. 179/2013[1221]	HGB (CZ)
Ungarn (HU)	Gesetz Nr. I von 2012 über das Arbeitsgesetzbuch (Törvény a munka törvénykönyvéről; Magyar Közlöny Nr. 2012/2 vom 06.01.2012); zuletzt geändert durch Gesetz Nr. CXCVI von 2013 (Magyar Közlöny Nr. 2013/194 vom 22.11.2013)	ArbG (HU)
	Gesetz Nr. XLV von 2004 über die Europäische Gesellschaft (Törvény az európai részvénytársaságról; Magyar Közlöny Nr. 2004/72 vom 28.05.2004), zuletzt geändert durch Gesetz Nr. CCXI von 2012 (Magyar Közlöny Nr. 2012/180 vom 27.12.2012)	SE-Gesetz (HU)

1220 Grundlage der Bearbeitung ist die Übersetzung von *Eck* in Breidenbach, Handbuch Wirtschaft und Recht in Osteuropa, Band 1, Rechtsstand 31.12.2012.

1221 Grundlage der Bearbeitung ist die Übersetzung von *Bohata* in Breidenbach/Ries, Handbuch Wirtschaft und Recht in Osteuropa, Band 1, Rechtsstand 30.08.2012.

Staat	Gesetze/Tarifverträge	zitiert als
Vereinigtes Königreich (GB)	The European Public Limited-Liability Company Regulations 2004 (S.I. 2326/2004), geändert durch The European Public Limited-Liability Company (Employee Involvement) Regulations 2009 (S.I. 2401/2009 und 2402/2009[1222]), zuletzt geändert durch Enterprise and Regulatory Reform Act 2013 (Consequential Amendments) (Employment) Order 2013 (S.I. 1956/2013)	SE-Regulations 2009 (GB)
	Employment Rights Act 1996 (S.I. 18/1996), zuletzt geändert durch Growth and Infrastructur Act 2013 (S.I. 27/2013)	ArbG (GB)
	Trade Union and Labour Relations Act 1992 (S.I. 52/1992), zuletzt geändert durch Trade Union and Labour Relations (Consolidation) Act 1992 (Amendment) Order 2013 (S.I. 763/2013)	TULR (GB)

1222 Zum Vereinigten Königreich gehört auch Nordirland, dessen nationale Arbeitnehmerbeteiligung sich von Großbritannien unterscheidet. Deshalb gelten auch hinsichtlich der Arbeitnehmerbeteiligung in der SE seit 2009 zwei getrennte Regularien. Dies ergibt sich aus einem Hinweis am Ende des Gesetzes. Zwischen den zwei Umsetzungsgesetzen wird in der Bearbeitung nur differenziert, sofern sich in den maßgeblichen Fragen Unterschiede ergeben.

Schriften zum Arbeitsrecht und Wirtschaftsrecht

Herausgegeben von Abbo Junker

Band 1 Christoph-N. Lerche: Der Europäische Betriebsrat und der deutsche Wirtschaftsausschuß. Eine vergleichende Analyse der betrieblichen Mitwirkung der Arbeitnehmer vor dem Hintergrund der Globalisierung der Märkte. 1997.

Band 2 Christian Walter Mecke: Zur rechtlichen Verbindlichkeit kollektiver Vereinbarungen in England. 1997.

Band 3 Katja Francke: Die betriebliche Mitwirkung der Arbeitnehmer in Belgien. Unter Berücksichtigung vergleichender Aspekte zum deutschen Betriebsverfassungsrecht. 1997.

Band 4 Christian Schulze: Die Zulässigkeit einstweiliger Verfügungen gegen Betriebsänderungen. 1998.

Band 5 Stefan Miersch: Die Rechtsfolgen mitbestimmungswidriger Maßnahmen für das Arbeitsverhältnis. Eine zivilrechtsdogmatische Untersuchung. 1998.

Band 6 Heike Wegner: Internationaler Verbraucherschutz beim Abschluß von Timesharingverträgen: § 8 Teilzeitwohnrechtegesetz. 1998.

Band 7 Julia Wichmann: Dienstleistungsfreiheit und grenzüberschreitende Entsendung von Arbeitnehmern. 1998.

Band 8 Johann-Volker Peter: Société par actions simplifiée (S.A.S.). Die Vereinfachte Aktiengesellschaft in Frankreich, eine Rechtsform für die Kooperation von Unternehmen. 1999.

Band 9 Sylvia Schnelle: Der Europäische Betriebsrat in Spanien. Zugleich eine Einführung in das spanische Recht der Arbeitnehmervertretung. 1999.

Band 10 Viktoria Bornhagen: Die Zumutbarkeit als Rechtsgedanke im Arbeitsrecht. 1999.

Band 11 Thorsten Schacht: Der Übereilungsschutz beim arbeitsrechtlichen Aufhebungsvertrag. Arbeitnehmerschutz bereits de lege lata? 2000.

Band 12 Marcus Hellmann: Immobilienkauf nach spanischem Recht. 1999.

Band 13 Nicolaus Johannes Ehinger: Die juristischen Personen des öffentlichen Rechts als herrschende Unternehmen. 2000.

Band 14 Alexander Lentz: Das kollektive Arbeitsrecht der Republik Südafrika. Eine Untersuchung mit Bezügen zum deutschen Recht. 2000.

Band 15 Michaela Brunssen: Der Arbeitgeberverbandswechsel. Tarifrechtliche und arbeitskampfrechtliche Konsequenzen. 2000.

Band 16 Morten Petersenn: Das Recht des Grundstückskaufs in Südafrika. 2000.

Band 17 Stefan Krüger: Die umwandlungsrechtliche Haftungsregelung bei der Betriebsaufspaltung und ihre Analogiefähigkeit. 2001.

Band 18 Jürgen Kitzinger: Der GmbH-Geschäftsführer zwischen Arbeits- und Gesellschaftsrecht. Im Blickpunkt: Zuständigkeit der Arbeitsgerichte. 2001.

Band 19 Anja Ruge: Die Lohnersatzansprüche ehemaliger Zwangsarbeiter gegen deutsche Industrieunternehmen. 2001.

Band 20 Michael Knoll: Die Sozialauswahl im Arbeitsrecht. 2001.

Band 21 Britta Albrecht: Mediation im Arbeitsrecht. Individualarbeitsrecht und Betriebsverfassungsrecht. 2001.

Band 22 Annusch Barten: Das System der Arbeitnehmervertretung in Frankreich. 2001.

Band 23 Diane Westera: Der Wiedereinstellungsanspruch nach wirksamer Kündigung. 2001.

Band 24 Kristin Doerlich: Die Tariffähigkeit der Gewerkschaft. Eine Analyse der Mächtigkeitsrechtsprechung des Bundesarbeitsgerichts im Lichte neuerer Erfahrungen. 2002.

Band 25 Tina Witten: Vertragsgestaltung und Gesetzesbindung im Recht der Zeitarbeit. 2002.

Band 26 Martin Hellfeier: Die Leistungszeit im Arbeitsverhältnis. Eine Untersuchung zum Fixschuldcharakter der Arbeitspflicht und zu den Folgen ihrer Nichterfüllung. 2003.

Band 27 Almut Maulshagen: Betriebliche Arbeitskampfregelungen. 2003.

Band 28 Maren Band: Tarifkonkurrenz, Tarifpluralität und der Grundsatz der Tarifeinheit. 2003.

Band 29 Manuela Schulz: Der Bereitschaftsdienst in öffentlich-rechtlich organisierten Krankenhäusern. Eine rechtliche Bewertung. 2003.

Band 30 Felix Benedikt: Die Kürzung von Tariflöhnen zur Sanierung. Eine verfassungskonforme Auslegung des § 3 III TVG entsprechend § 626 BGB. 2003.

Band 31 Tim Kaden: Individuelle Bündnisse für Arbeit und Günstigkeitsprinzip. 2003.

Band 32 Simone Kreiling: Die Erstreckung betrieblicher und betriebsverfassungsrechtlicher Tarifnormen auf Außenseiter. 2004.

Band 33 Carsten Beck: Betriebliche Mitbestimmung und Kündigungsschutz. Die Funktionen betrieblicher Mitbestimmung im und deren Einfluß auf den Kündigungsschutz nach dem KSchG. 2004.

Band 34 Jost Eder: Die Regelungsabrede als Alternative zur Betriebsvereinbarung bei der Gestaltung materieller Arbeitsbedingungen. 2004.

Band 35 Christian Pfab: Wirkungsweise und Reichweite tarifvertraglicher Öffnungsklauseln. 2004.

Band 36 Julia Amlang: Die unternehmerische Entscheidungsfreiheit bei „betriebsbedingten Kündigungen" im europäischen Rechtsvergleich. Kündigung aus wirtschaftlichen Gründen in Deutschland, Frankreich, Spanien, Großbritannien und Schweden. 2005.

Band 37 Alida Milthaler: Das Fragerecht des Arbeitgebers nach den Vorstrafen des Bewerbers. 2006.

Band 38 Doreen Peter: Nebentätigkeiten von Arbeitnehmern. Interessenkollisionen von Arbeitgebern und Arbeitnehmern. 2006.

Band 39 Julia V. C. Bartlog: Das Verhältnis von Gesetz und Tarifvertrag. 2006.

Band 40 Michael Fuhlrott: Der geschädigte Arbeitnehmer. Zur Verfassungsmäßigkeit des Ausschlusses von Schmerzensgeld in der Unfallversicherung sowie zur Herleitung der Haftung bei Eigenschäden im Hinblick auf das Verschuldensprinzip. 2006.

Band 41 Femke Reinecke: Leistungsbestimmung des Arbeitnehmers. 2006.

Band 42 Maria M. Bausback: Der Bestandsschutz des Arbeitsverhältnisses auf europäischer und internationaler Ebene. Entwicklungen vom Mittelalter bis zur Gegenwart. Teil 1 / Teil 2. 2007.

Band 43 Jens Günther: AGB-Kontrolle von Arbeitsverträgen. Analyse der deutschen Rechtslage nach der Schuldrechtsreform und vergleichende Betrachtung des österreichischen Kontrollsystems. 2007.

Band 44 Claudiana Triskatis: Ethikrichtlinien im Arbeitsrecht. 2008.

Band 45 Annette Bruder: Die Weitergabe von Insiderinformationen durch Arbeitnehmervertreter. 2008.

Band 46 Ute Dietrich: Nichtraucherschutz am Arbeitsplatz. 2008.

Band 47 Markus Ebert: Übertragung und Zuordnung von Versorgungsverpflichtungen gegenüber Arbeitnehmern im Rahmen einer umwandlungsrechtlichen Spaltung. 2008.

Band 48 Susanne Schneider: Broad-based Black Economic Empowerment in der Republik Südafrika. 2008.

Band 49 Mandy Reichel: Die Einbeziehung des Außenseiter-Arbeitgebers in den Verbandsarbeitskampf. 2008.

Band 50 Abbo Junker (Hrsg.): Betriebsübergang in Europa. Symposion aus Anlass des 10-jährigen Bestehens der Schriften zum Arbeitsrecht und Wirtschaftsrecht am 10.10.2008 in München. 2009.

Band 51 Till Bender: Vorschläge zur Neuordnung des Sonderkündigungsschutzes nach MuSchG und SGB IX. 2009.

Band 52 Manuela Rauch: Die geschlechtsbezogene Diskriminierung am Arbeitsplatz nach kalifornischem Recht. 2009.

Band 53 Tina Luise Allenberg: Das französische règlement intérieur d'entreprise. Die Arbeitsordnung im französischen Arbeitsrecht. 2009.

Band 54 Bernd Haas: Anwaltliches Mandatsverhältnis zum Betriebsrat. 2009.

Band 55 Martin Fröhlich: Die erweiterte Weisungsbefugnis des Arbeitgebers im spanischen Recht. 2009.

Band 56 Stefanie Lorenzen: Inhaltskontrolle beim Betriebsübergang. Die Anpassung tariflicher Arbeitnehmerpflichten nach Privatisierungen. 2009.

Band 57 Oliver E. Aldea: Das französische Kündigungsrecht im Spannungsfeld von Abfindungen und Bestandsschutz. 2010.

Band 58 Wolfgang Stock: Die Einsetzung einer Transfergesellschaft. Unter besonderer Berücksichtigung betriebsverfassungs- und arbeitsförderungsrechtlicher Vorgaben. 2010.

Band 59 Claudia Hagedorn: Zulässigkeit und Grenzen von Tarifsozialplänen. 2010.

Band 60 Daniela Quink: Inhaltskontrolle von Freiwilligkeitsvorbehalten in Arbeitsverträgen. 2010.

Band 61 Kathrin Kentner: Arbeitskampfmittel der Arbeitgeber. 2010.

Band 62 Angela Nunes Fernandes Gil Wolf: Arbeitnehmereinsatz im Ausland. Das auf doppelte Arbeitsverhältnisse anwendbare Recht am Beispiel der Vertragsgestaltung eines internationalen Konzerns. 2010.

Band 63 Annemarie Berthold: Whistleblowing in der Rechtsprechung des Bundesarbeitsgerichts. 2010.

Band 64 Malte Koch: Die Beteiligung von Arbeitnehmervertretern an Aufsichtsrats- und Verwaltungsratsausschüssen einer Europäischen Aktiengesellschaft. 2011.

Band 65 Agnes Maria Kollerbaur: Die französische Arbeitsinspektion. Eine Untersuchung unter besonderer Berücksichtigung ihrer Rolle bei Kündigungen. 2011.

Band 66 Marcus Christian Leinenweber: Landesschlichtungsgesetze? 2011.

Band 67 Frederike Cathérine Gärtner: Die gesetzliche Regulierung von Bahnstreiks in Frankreich. Arbeitskampf vs. Kontinuität öffentlicher Dienstleistungen. 2011.

Band 68 Carolin van Straelen: Der Rollenkonflikt des Arbeitnehmervertreters zwischen Betriebsratsmitglied und Gewerkschaftsfunktionär. 2012.

Band 69 Anna Maria Jordan: Entgeltdiskriminierung in Frauenberufen? 2012.

Band 70 Dominic Köstner: Compliance-Richtlinien im Unternehmen. Arbeits- und datenschutzrechtliche Implementierungsaspekte. 2012.

Band 71 Michael Kobler: Fremdeinflüsse auf die tarifliche Willensbildung. 2012.

Band 72 Anne Kraas: Zulässigkeit und Grenzen der arbeitsvertraglichen Entgeltflexibilisierung. 2012.

Band 73 Melanie Amann: Die Belegschaftsabstimmung. 2012.

Band 74 Christina Mennemeyer: „Dritter Weg" und rechtliche Grenzen der Flexibilisierung des Arbeitsrechts der katholischen Kirche. 2012.

Band 75 Joël Philipp Hofmann: Rechtsmissbrauch und Verwirkung bei Widerspruch gegen den Übergang des Arbeitsverhältnisses nach § 613a BGB. 2013.

Band 76 Jennifer Junker: Das Recht der Arbeitnehmerüberlassung in Japan. 2013.

Band 77 Gabriele Geiselhart: Tarifliche Regelungsmacht bei Haustarifverträgen und Unternehmerfreiheit. Dargestellt am Beispiel von Standortgarantien und Zeitarbeitsquoten. 2013.

Band 78 Lorenz Sylvester Mitterer: AGB-Korrektur in Dauer- und Langzeitschuldverhältnissen. 2013.

Band 79 Janina Morgenweck: Die Arbeitsgerichtsbarkeit in England. 2013.

Band 80 Christoph B. Kistler: Die Rechtmäßigkeit von Spartenstreiks. Alte Kriterien in neuem Licht. 2013.

Band 81 Julia Strasser: Die Haftung bei Lohnwucher im Arbeitsrecht der USA. 2014.

Band 82 Stephanie Amschler: Constructive dismissal. Fingierte Arbeitgeberkündigung im englischen Kündigungsschutzrecht. 2014.

Band 83 Felix Berding: Die Urabstimmung im britischen Arbeitskampfrecht im Licht der EMRK. 2014.

Band 84 Christine Kumpf: Multinationalität der SE-Mitbestimmungsordnung. 2014.

www.peterlang.com

www.ingramcontent.com/pod-product-compliance
Ingram Content Group UK Ltd.
Pitfield, Milton Keynes, MK11 3LW, UK
UKHW021845290926
8980IPUK00005B/664

9 783631 655641